L'ANALYSE L
NOTIONS ET

L'ANALYSE LITTÉRAIRE
NOTIONS ET REPÈRES

2ᵉ édition

Claire Barel-Moisan est l'auteur du chapitre 4.
Claire Barel-Moisan et Aude Déruelle sont les auteurs des chapitres 7, 8, 15.
Gilles Bonnet est l'auteur des chapitres 9, 10, 11, 12, 13, 19.
Éric Bordas est l'auteur du chapitre 5.
Aude Déruelle est l'auteur des chapitres 6, 14, 16.
Christine Marcandier est l'auteur des chapitres 1, 2, 3, 17, 18, 20.

Le pictogramme qui figure ci-contre mérite une explication. Son objet est d'alerter le lecteur sur la menace que représente pour l'avenir de l'écrit, particulièrement dans le domaine de l'édition technique et universitaire, le développement massif du photocopillage.
Le Code de la propriété intellectuelle du 1er juillet 1992 interdit en effet expressément la photocopie à usage collectif sans autorisation des ayants droit. Or, cette pratique s'est généralisée dans les établissements d'enseignement supérieur, provoquant une baisse brutale des achats de livres et de revues, au point que la possibilité même pour les auteurs de créer des œuvres nouvelles et de les faire éditer correctement est aujourd'hui menacée.
Nous rappelons donc que toute reproduction, partielle ou totale, de la présente publication est interdite sans autorisation de l'auteur, de son éditeur ou du Centre français d'exploitation du droit de copie (CFC, 20, rue des Grands-Augustins, 75006 Paris).

© Armand Colin, 2011, 2015 pour la nouvelle présentation

Armand Colin est une marque de
Dunod Éditeur, 11 rue Paul Bert, 92240 Malakoff

ISBN : 978-2-200-27026-1
Internet : http://www.armand-colin.com

Le Code de la propriété intellectuelle n'autorisant, aux termes de l'article L. 122-5, 2° et 3° a), d'une part, que les « copies ou reproductions strictement réservées à l'usage privé du copiste et non destinées à une utilisation collective » et, d'autre part, que les analyses et les courtes citations dans un but d'exemple et d'illustration, « toute représentation ou reproduction intégrale ou partielle faite sans le consentement de l'auteur ou de ses ayants droit ou ayants cause est illicite » (art. L. 122-4).
Cette représentation ou reproduction, par quelque procédé que ce soit, constituerait donc une contrefaçon sanctionnée par les articles L. 335-2 et suivants du Code de la propriété intellectuelle.

SOMMAIRE

Introduction générale   11

CONTEXTE

1| L'œuvre |19
1. Polysémie 19
2. Approches critiques 22
3. La naissance de l'œuvre 26
4. L'œuvre et ses limites 27
   - 4.1 L'œuvre, système clos 27
   - 4.2 L'œuvre ouverte 28
5. Lectures 29
   - 5.1 Un programme poétique 29
   - 5.2 Le discours de l'hommage 31

2| L'auteur |35
1. Une définition complexe 35
   - 1.1 Une reconnaissance problématique 35
   - 1.2 Une fonction sociale 36
   - 1.3 Qu'est-ce qu'un auteur ? 37
2. Le nom d'auteur 38
3. Le personnage de l'auteur 39
4. Lectures 40
   - 4.1 Une mise en scène auctoriale 40
   - 4.2 « Ah ! Insensé qui crois que je ne suis pas toi ! » 41

3| La lecture |47
1. Une activité plurielle 47
2. Théories de la lecture 49
3. Lectures du lecteur : « C'est en lisant qu'on devient liseron » (R. Queneau) 51
   - 3.1 Qu'est-ce qu'un lecteur ? 51
   - 3.2 L'auteur, l'œuvre, le lecteur 53
   - 3.3 Du *legendum* (à lire) au dialogue 54
4. Lectures 55
   - 4.1 L'avis au lecteur 55
   - 4.2 Ruses du roman 57

TEXTE

4. Langue et parole — 63
1. L'invention d'une dichotomie 63
2. Compétence et performance 64
3. La sociolinguistique et la variété des langues 65
4. Lecture : sous la parole, les tropismes 66

5. Discours — 71
1. Discours et énonciation 71
2. Discours et représentation 74
   - 2.1 Scénographies 75
   - 2.2 Polyphonies 76
   - 2.3 La question des identités 78
3. Lectures 78
   - 3.1 Le feuilleté* discursif : interactions énonciatives 78
   - 3.2 L'effet-voix* d'une fausse polyphonie* 80

6. Le rythme — 83
1. Une notion problématique 83
2. Rythme de la phrase, rythme du vers 84
3. La période 85
4. Le rythme et le sens : la question de l'expressivité 86
5. Lecture : la « phrase » de Proust 86

7. Les figures — 89
1. Qu'est-ce qu'une figure ? 89
   - 1.1 Définition 89
   - 1.2 Les conceptions antique et classique des figures 90
   - 1.3 Les approches modernes 90
2. D'une logique de la liste à une logique du texte 91
   - 2.1 Figure et littérarité 92
   - 2.2 La question du langage non figuré 92
   - 2.3 La tentation de l'interprétation « essentialiste » 94
   - 2.4 Pour une contextualisation de la figure 94
3. Lectures 95
   - 3.1 Un portrait en prétérition 95
   - 3.2 Le genre du blason 97

8 | L'intertextualité | 101

1. Une notion aux limites incertaines 101
    - 1.1 Naissance de la notion :
      une dynamique de production textuelle 101
    - 1.2 Une stylistique de l'intertextualité 102
    - 1.3 La typologie des relations transtextuelles 103
2. Le statut de l'intertexte : incorporation ou collage 104
3. Le lecteur face à l'intertextualité 105
4. Le rapport à la littérature : enjeux esthétiques
   et mémoriels de l'intertextualité 106
5. Lectures 108
    - 5.1 Une parodie de l'épopée 108
    - 5.2 Une représentation de *Phèdre* 109

TYPOLOGIES

9 | La narration | 115

1. La production du récit 115
    - 1.1 Définition 115
    - 1.2 Le récit 116
    - 1.3 Typologie des instances de la narration 117
2. Narration et histoire 119
    - 2.1 Temps et niveaux de la narration 119
    - 2.2 L'organisation du récit 120
3. Lectures 122
    - 3.1 Récit et poésie : la fable 122
    - 3.2 Récit du récit 123

10 | La description | 127

1. Vers l'essence de la description 127
    - 1.1 Définition 127
    - 1.2 Types de descriptions 128
    - 1.3 Une approche systématique de la description 129
    - 1.4 Fonctions de la description 130
2. Frontières de la description 131
    - 2.1 Description et narration 131
    - 2.2 Description et tableau 133
3. Lecture : la mise en mots d'un espace structuré 134

11 | L'argumentation …139
1. Une activité stratégique 139
2. Argumentation et rhétorique 139
3. Modes de fonctionnement 140
4. Les moyens mis en œuvre 141
5. Lecture : une argumentation polémique 143

12 | Le dialogue …145
1. Le dialogue, une interaction 145
    1.1 Définition 145
    1.2 Le modèle conversationnel 146
    1.3 Structure du dialogue 146
    1.4 Typologie 147
    1.5 Le dialogal et le dialogique 147
2. Transpositions de la parole 147
    2.1 De l'oral à l'écrit 147
    2.2 Spécificités du dialogue au théâtre 150
    2.3 Du texte au genre 153
3. Lectures 154
    3.1 Le dialogue de roman 154
    3.2 Le dialogue poétique 156

REPÈRES

13 | Le personnage …161
1. La représentation de l'individu 161
    1.1 Définition 161
    1.2 Typologies 162
2. Personnage et récit 163
    2.1 Personnage et rôles narratifs 163
    2.2 Personnage et personne : la part du lecteur 165
3. Lecture : un statut problématique 169

14 | Temps et espace …173
1. Des catégories de forme et de contenu 173
2. Des marques de genre 174
3. Des repères pour la représentation 175
4. Temps et espace de la lecture 175

5. Lecture : le paradis perdu nervalien 176
   Deux topoï du temps et de l'espace 176
   Symboles de la distance spatio-temporelle 177
   Refus de la linéarité 177

15| Tonalités et registres |179
1. Des outils peu théorisés 179
2. LE REGISTRE : un repère sémantique 180
3. Registre, contenu, genre 181
4. Lecture : le renouvellement du registre épique 182

GENRES

16| Le roman |187
1. Indétermination générique 187
   1.1 Un genre en quête de lettres de noblesse 187
   1.2 Un genre sans contraintes génériques 188
   1.3 La critique face au roman 188
2. Roman et réel 190
   2.1 Le réalisme du roman 190
   2.2 L'illusion référentielle 191
3. Mises en cause modernes du roman 192
4. Lectures 195
   4.1 Le réalisme balzacien 195
   4.2 *Incipit** d'un Nouveau Roman 196

17| Le théâtre |199
1. Histoire d'un genre 199
2. Un espace paradoxal 201
   2.1 Spécificités théâtrales 201
   2.2 « Le théâtre, c'est d'être réel dans l'irréel » (Giraudoux, *L'Impromptu de Paris*) 202
3. Un art du dialogue 204
   3.1 La double énonciation 204
   3.2 Dialogue de la scène et de la salle 205
   3.3 Dialogue du texte et de la mise en scène 206
4. Lectures 207
   4.1 Monologue et représentation 207

4.2 Le théâtre dans le roman 209

18| La poésie |213
1. Poésie et inspiration 213
2. Histoire d'un genre 214
3. « Vapeurs, ni vers ni prose » (Xavier Forneret, 1838) 216
4. Composantes poétiques 218
    4.1 « De la musique avant toute chose » (Verlaine) 218
    4.2 Le poème, alphabet d'images :
       « A noir, E blanc, I rouge, U vert, O bleu : voyelles » (Rimbaud) 219
    4.3 « Trouver une langue » (Rimbaud) 220
5. Lectures 221
    5.1 Jeux poétiques 221
    5.2 Pouvoirs poétiques 223

19| L'essai |227
1. Un héritage ambigu 227
2. L'essai comme expérience et tentative 228
3. Une quête de soi 229
4. Lecture : essai et idées 230

20| L'écriture de soi |233
1. Pratiques autobiographiques 233
2. « Ce qu'on dit de soi est toujours poésie » (Renan) 234
3. Écrire pour l'autre 235
4. Lecture : l'écriture du corps 236

Bibliographie générale |239

Glossaire |243

INTRODUCTION GÉNÉRALE

> « *Que* jouissons-*nous du texte* ?
> Cette question, il faut la poser,
> ne serait-ce que pour une raison tactique. »
>
> (Roland Barthes)

L'*Analyse littéraire, notions et repères*, est à l'entrecroisement de la linguistique, de la poétique, de la stylistique, de la sémiotique, mais aussi de l'histoire et de la philosophie. Position difficile : ces disciplines ne dialoguent pas toutes aisément les unes avec les autres, en particulier sans altérer leur vocabulaire ; surtout, leurs objets ne sont pas exactement comparables. Pourtant, le texte littéraire, dans son originalité profonde, oblige à ces interrogations croisées, afin d'être analysé, et donc compris.

L'analyse linguistique est une base évidente : **objet de langage** par définition, la littérature commence par s'appréhender à travers une réception, parfois idoine, parfois biaisée, de sa matérialité langagière. Des notions précises et exactes sur les productions de discours, dans des perspectives pragmatiques et sémantiques, sont indispensables. La part critique la plus active et la plus engagée de la seconde moitié du XXe siècle n'a d'ailleurs cessé d'approfondir cette approche matérielle du *texte* pour préciser exactement la nature même d'un énoncé verbal, son identité, esthétique et pragmatique.

Si l'on remonte, de la forme vers la mise en forme, l'approche linguistique est suivie inévitablement d'une démarche d'**analyse poétique** et **stylistique**. Les deux mots ne sont pas synonymes. La poétique des textes, dont la tradition date d'Aristote, est un travail sur le fonctionnement général des formes, à partir desquelles s'élabore un sens. La poétique rend compte d'une *théorie* interne de la littérature, c'est-à-dire une théorie qui étudie l'objet littéraire en tant que combinaison d'une forme et d'un sens, manifestation de cette identité esthétique qui détermine son objet[1]. La stylistique, discipline relativement récente, est la partie de la linguistique générale qui se consacre à l'expressivité des phénomènes langagiers. Chercher à comprendre *comment* et *pourquoi* l'on choisit de dire « C'est à Pierre que je parle », et non « Je parle à Pierre » est une interrogation stylistique. On voit que celle-ci se fonde sur l'hypothétique référence d'un « degré zéro » de la langue, à partir duquel les écarts et les variantes sont envisagés comme pratiques discursives signifiantes. L'assimilation du « style » général d'un auteur à cet écart linguistique, saisi à travers des faits ponctuels

---

[1] On se souviendra que la poétique peut également désigner les choix caractéristiques d'un auteur dans l'ordre de la composition de la thématique et du style ; ex. : « la poétique de Dostoïevski ».

grammaticaux et rhétoriques, est une perversion de la démarche, qui a conduit à faire de la « stylistique » l'« étude du style ». Prenons-en acte, mais souvenons-nous de l'origine de la démarche heuristique, pour continuer à avoir des lectures stylistiques des phénomènes les plus étendus et les plus répandus. L'expressivité n'est pas que dans l'originalité. Cet effort de lecture du fait langagier est un aspect de la **composante sémiotique**, conduisant ces analyses formelles. La démarche sémasiologique (qui part des lexies pour les regrouper en champ notionnel, à l'inverse de la démarche onomasiologique, qui part des thèmes et tend à en regrouper les lexies occurrentes et correspondantes) privilégie la perception des unités linguistiques comme *signes* conducteurs et vecteurs d'une *signification* : l'articulation de ces deux entités détermine le *sens* de l'ensemble[1].

La lecture poéticienne ou stylistique conduit obligatoirement à une **interrogation générique** des formes. Les genres littéraires sont des catégories esthétiques identifiables par le mode d'énonciation privilégié : le discours narratif fait le récit, le dialogue dramatique fait le théâtre, l'énonciation *poétique* (au sens jakobsonien, c'est-à-dire qui privilégie « la projection du principe d'équivalence de l'axe de sélection sur l'axe de combinaison[2] ») fait la poésie, etc. À chacun de ces genres correspond une discipline d'étude propre, aux outils poétiques spécifiquement adaptés à leur objet : narratologie, dramaturgie, versification et métrique, etc.

Mais l'analyse littéraire ne se limite pas à cette seule composante formelle, parce que, si le texte est *d'abord* matière linguistique, il est *aussi* pratique de *pensées*, et *objet culturel*, socialement déterminé. Si l'on définit la littérature comme un mode de représentation, réaliste et/ou poétique[3], l'objet de son discours va proposer des schèmes d'identification qu'il appartiendra au lecteur d'actualiser dans le vécu de son expérience. Ces schèmes fonctionnent comme des *repères identitaires*. Les exemples les plus évidents sont les catégories de la personne, qui circonscrivent l'actant « personnage », ou celles du temps et de l'espace. L'analyse littéraire s'ouvre alors à la **philosophie** pour apprendre à penser des limites et des pratiques de représentation qui sont d'authentiques *concepts de référence*. La notion de « philosophie » doit-elle encore être considérée comme un absolu intellectuel, que les peccadilles de la littérature, chose peu sérieuse par définition, ne sauraient non seulement comprendre, mais même simplement envisager ? C'est ce que les ouvrages de Georges Bataille, Maurice Blanchot, Maurice Merleau-Ponty ou encore Jacques Derrida, Gilles Deleuze et Jacques

---

1. Pour la démonstration de la progressive émergence de cette démarche « indiciaire » dans la conscience européenne, au XIXe siècle en fait, on lira l'ouvrage, désormais classique, d'anthropologie historique de C. Ginzburg.
2. Voir R. JAKOBSON, *Questions de poétique*.
3. Voir E. Auerbach, par exemple.

Rancière ne laissent plus penser[1]. La littérature permet de mieux comprendre, par les allégories de la fiction, les objets de sa représentation, et propose ainsi des structures d'intelligibilité d'autant plus précieuses qu'elles anticipent bien souvent, par l'instinct qui a conduit leur invention-révélation, des vérités mal identifiables par la raison. C'est la raison pour laquelle la **psychanalyse** freudienne, et sa dialectique du conscient et de l'inconscient, a toujours fourni des « lectures » privilégiées des grands textes de la culture : Homère, Shakespeare, Racine, etc. L'analogie bien connue des scénarios de l'imaginaire (ou « fantasmes ») et des productions littéraires pose la question de savoir si ce sont celles-ci qui reproduisent ceux-là, ou ceux-là qui, conditionnés par le contexte culturel, imitent celles-ci.

Car le texte littéraire s'inscrit toujours, obligatoirement et inévitablement, *à l'intérieur* d'un **contexte social**, dont l'empan reste à envisager. Un texte s'appréhende, s'offre, se lit à travers des structures matérielles tout à fait concrètes : éditeur et imprimeur fabriquent un livre-objet ; hommes de théâtre, municipalités et politiques culturelles influent fortement sur une programmation théâtrale à laquelle « l'auteur » devra se plier, etc. La *médiatisation* ne date pas d'aujourd'hui, et tout l'appareil paratextuel d'un ouvrage, préface, dédicace, épigraphes, journal de rédaction, correspondance, etc., oblige à repenser les limites d'identité de l'objet « œuvre ». Où commence le texte et où s'arrête-t-il ? Les « œuvres » de Stendhal, par exemple, se limitent-elles à ses romans et récits, voire à ses textes autobiographiques ? Que deviennent, alors, les bouts de phrase que celui-ci aimait à écrire un peu partout et à tout moment : sur des programmes de concert, sur un menu, sur ses bretelles ou semelles... ? Qu'en est-il de l'*unité textuelle* ? La prise en considération de la scène sociale dans laquelle – et parfois, contre laquelle – se déploie l'existence de la chose littéraire fait vaciller les certitudes trop académiques, et oblige à repenser tout le rapport à l'altérité. Cette **sociologie** de la littérature est donc tout autant une sociologie de l'**écriture** que de la **lecture**, puisque tels sont les deux gestes d'intellection qui déterminent la naissance du sujet au sens, dans une perspective communicationnelle.

Telle est la paradoxale et délicate position de l'analyse littéraire : à l'entrecroisement de plusieurs *discours* épistémologiquement distincts – et institutionnellement (politiquement ?) rivaux, bien souvent... –, elle court le risque, comme les rois, les jeunes filles et les voleurs, à en croire Balzac, d'être partout chez elle mais admise nulle part. En effet, si l'on accepte cette diversité, cette pluralité des approches – ce qui n'est d'ailleurs pas une évidence pour tout le monde... –, on se heurte à trois problèmes principaux :

---

1. Cf. Bibliographie.

L'effet fourre-tout. « Qui trop embrasse, mal étreint... » La France continue à être extrêmement méfiante à l'encontre des réunions de savoirs diversifiés. Une analyse qui prétend parler *à la fois* la langue des linguistes, des poéticiens, des stylisticiens, des philosophes, des psychanalystes et des sociologues ne peut que se condamner au bricolage confus et superficiel. Mal approfondis, caricaturés, réduits à quelques idées de base et détournés de leur exactitude référentielle et contextuelle, les savoirs sont censés s'exclure les uns les autres. À ce problème, bien réel et incontestablement préoccupant, on ne peut que répondre que ce ne sont pas de *mauvais usages* des discours qui disqualifient les discours eux-mêmes ; et, plus simplement encore, que les formes d'enrichissement des pratiques d'analyse *les unes par les autres* sont à encourager de toute façon. Les discours critiques mobilisés par l'analyse littéraire moderne ne prétendent en aucun cas à être des exposés magistraux des disciplines dont ils relèvent : ils sont ici *au service* de la lecture d'un texte dont la richesse est telle qu'elle nécessite des savoirs pluriels pour en rendre compte.

« **Le démon de la théorie**[1] ». À trop vouloir ramener la littérature à des analyses générales de « fonctionnement », ne risque-t-on pas d'en altérer la vérité profonde ? Autrement dit, n'y aurait-il pas *incompatibilité* des discours théoriques, globalisants par définition puisque renvoyant à des pratiques générales de mises en forme visant à expliciter des structures récurrentes, même dans leur diversité, et de l'originalité littéraire, singulière par vocation ? C'est là une question de fond, au cœur des inquiétudes contemporaines[2], puisqu'elle s'interroge sur l'identité même de la littérature. Mais la réponse, dans sa prudence, est simple. L'approche théorique n'a *jamais* prétendu rendre compte de la totalité de l'intérêt d'un texte. La théorie linguistique de l'énonciation, par exemple, pourra permettre d'avancer des *descriptions stylistiques* de la production du texte dans *Les Misérables*, en distinguant des instances, des effets de voix, en structurant les registres et distributions, en classant les isotopies conductrices selon des perspectives de rivalité ou de complémentarité ; elle ne pourra/saura jamais définir et présenter le *style* hugolien, qui est un ensemble esthétique autrement plus complexe, qui mobilise dans son identification, sa reconnaissance et son analyse des paramètres historiques, philosophiques et moraux totalement étrangers à la théorisation objective des modalités discursives. L'approche théorique sert de *base descriptive*, pour cerner ce qui, dans le texte littéraire, relève des catégories les plus étendues, fût-ce dans la diversité ; elle finit par avouer ses limites devant la reconnaissance de cette singularité intempestive pour laisser la place à un discours de *propositions interprétatives* individuelles. Ce qui

---

1. Voir A. Compagnon.
2. Voir J. Kristeva et É. Grossman (éd.).

ne veut pas dire que la vérité littéraire reste de l'ordre de l'*ineffable*, ou du *noli me tangere* magique et hautain. Il s'agit simplement d'admettre une délimitation des territoires d'analyse : l'objectivité totalisante de la démarche théorique dégage les phénomènes empiriques de reconnaissance d'une singularité que seul, l'engagement d'une *lecture* peut pousser à son plus loin. Tout est affaire de répartition des rôles, en somme. Comme pour le premier problème, il n'y a pas à avoir peur de la théorie, il n'y a pas à la diaboliser : ce sont les mauvais usages, terroristes et anecdotiques, qu'on en fait qui sont en cause.

Analyse ou *savoir-faire* ? Tel est, en revanche, le *vrai problème* posé par une approche globalisante des méthodologies analytiques. Et c'est un problème pédagogique. L'apprentissage régulier de quelques discours d'analyse – à ne pas confondre avec les discours critiques – peut conduire à remplacer le difficile effort de compréhension des particularités par la récitation de quelques grilles invariables et interchangeables : ne plus lire tel paysage de Zola ou de Giono dans ce qu'il a de spécifique et d'unique, mais le voir comme un *exemple* parmi d'autres d'une théorie poétique de la description. Semblable démarche est le contraire même de l'analyse littéraire, pensée comme reconnaissance et identification des différences et des originalités remarquables, mais elle constitue un risque réel pour quiconque cherche à se familiariser à la fois avec les théories du texte et avec la littérature. On pense à une mise en garde de Julien Gracq :

« Ce qui égare trop souvent la critique explicative, c'est le contraste entre la réalité matérielle de l'œuvre : étendue, articulée, faite de parties emboîtées et complexes, et même si l'on veut, démontable jusque dans son détail, et le caractère rigidement global de l'impression de lecture qu'elle produit. Ne pas tenir compte de cet effet de l'œuvre, pour lequel elle est tout entière bâtie, c'est analyser selon les lois et par les moyens de la mécanique une construction dont le seul but est de produire un effet analogue à celui de l'électricité. [...] Vous démontez des rouages qui s'imbriquent mais comment en sort-il du *courant* ? Et pourquoi telle autre machine, non moins fortement, intelligemment agencée, n'en produit-elle pas ? »[1]

Là encore, on ne peut que répondre en demandant de ne pas confondre pratiques théoriques et mauvais usages de ces pratiques. Personne n'a jamais demandé que l'identification de quelques unités paradigmatiques passe-partout tienne lieu d'*analyse approfondie*, laquelle est obligatoirement prise en compte des différences qui mettent le discours globalisant en échec.

---

1. *En lisant en écrivant*, p. 172-173.

En somme, au seuil de cet ouvrage d'initiation, on souhaiterait que chacun se souvienne de l'évidence suivante. L'objet et la vérité de l'**analyse littéraire** sont, tout simplement – mais, précisément, ce n'est pas là chose « simple » –, d'*apprendre à lire*. Linguistique, poétique, sémiotique ou sociologie proposent des *pratiques* croisées et plurielles de ce qui définit l'essence même de la chose littéraire, qui la distingue du texte non littéraire : sa **lisibilité critique, marque de l'intempestif**. Apprentissage de la découverte de *l'autre*, dans toutes les prises de risques que cela implique, l'analyse littéraire et ses usages sont une école, autant qu'une épreuve, de responsabilité.

Éric BORDAS

Avertissement : On trouvera en fin de volume une bibliographie générale ; elle ne reprend pas l'ensemble des références données à la fin de chaque chapitre, consacré à des objets précis, mais rappelle l'existence d'un certain nombre d'ouvrages qui sont la base même de toute réflexion théorique moderne sur la littérature, et dont les contenus nourrissent ce manuel. Certaines citations, en particulier dans les notes, renvoient directement à cette section de l'ouvrage[1]. Le glossaire, quant à lui, propose quelques définitions cursives pour des notions particulièrement importantes. Les mots marqués d'un astérisque (*) sont à aller rechercher sous cette rubrique. Toutefois, afin de ne pas alourdir excessivement la typographie, certains de ces mots, les plus courants (discours, texte, *mimèsis,* etc.), n'ont pas toujours été affectés de ce signe : l'astérisque indique que le mot est à prendre dans son sens le plus précis, que cherche à donner la définition proposée dans le glossaire ; non marqué, il est d'un emploi plus banalisé.

---

1. Pour l'ensemble des références bibliographiques, lorsque le lieu d'édition est Paris, la mention n'en est pas faite.

PREMIÈRE PARTIE
CONTEXTE

Phénomène social autant qu'esthétique et culturel, la littérature suppose une **mise en contexte** empirique, une prise en compte de ses **conditions de production** comme de **réception**. Ainsi, une approche socio-esthétique de l'**objet littéraire** se doit d'envisager la triade composée par l'**œuvre**, son **auteur** et son **lecteur**, notions historiquement variables dans leur définition et tour à tour mises en avant par les écoles critiques.

Une interrogation initiale, centrée sur l'œuvre littéraire, croise des approches formelles génétiques, éditoriales et paratextuelles*, ouvrant sur une double perspective, celle de la présence de l'auteur comme de l'inscription du lecteur dans l'œuvre. L'ensemble de ces questions permet d'envisager la littérature comme une **activité**, inscrite dans un **champ* social**, dotée d'une valeur symbolique, culturelle et idéologique. Par ailleurs, l'auteur, l'œuvre ou son lecteur sont également objets de représentation, la littérature ne cessant d'interroger ses conditions de production comme de réception, par le biais de l'intertextualité, de la mise en abyme, de la spécularité, du commentaire méta- ou paratextuel.

En somme, les chapitres qui composent cette première partie peuvent être lus comme une réflexion sur l'activité littéraire et ses champs de déploiement, mais aussi comme l'analyse de la littérature en tant que commentaire constant, au sein même du texte, de la place donnée par une société à ses écrivains et penseurs, de la question de la tradition et de la pérennité de l'œuvre, de la liberté laissée au lecteur dans sa réception et son interprétation du texte. Les trois notions ainsi définies et explicitées apparaissent dès lors non seulement comme des catégories d'analyse, **historiquement variables**, mais comme des phénomènes culturels et des **repères structuraux***, tout autant que des objets de discours* et d'énonciation*.

CHAPITRE 1
L'ŒUVRE

1. POLYSÉMIE
2. APPROCHES CRITIQUES
3. LA NAISSANCE DE L'ŒUVRE
4. L'ŒUVRE ET SES LIMITES
5. LECTURES

Citant les *Mythologies* de Roland Barthes (1957), nous pourrions évacuer rapidement cette notion complexe d'un lapidaire « l'œuvre est l'œuvre ». En effet, dans son article « Racine est Racine », Roland Barthes fustige les tautologies et le bon sens petit-bourgeois jugeant que les critiques sont inutiles, que tout est dans l'œuvre et que l'art se meurt de trop d'intellectualité. Mais la tautologie est « agressive », elle « dispense d'avoir des idées », et « s'enfle à faire de cette licence une dure loi morale ; d'où son succès : la paresse est promue au rang de rigueur. Racine, c'est Racine : sécurité admirable du néant ». Abandonnons ce refus confortable. Nul doute que la question de l'œuvre ne sera pas réglée par une exégèse tautologique proche de celle des fameux idiots de Flaubert, Bouvard et Pécuchet et leur *Dictionnaire des idées reçues*... Ces derniers ne prennent d'ailleurs pas le risque de définir l'œuvre. Sans doute leur notice serait-elle proche de celle de poésie (« est tout à fait inutile ; passée de mode »), romans (« pervertissent les masses ») ou livre (« quel qu'il soit, toujours trop long »). *A contrario*, le travail critique doit prendre le risque sinon de trouver, du moins de chercher, une définition non tautologique. Qu'est-ce qu'une œuvre ?

1. POLYSÉMIE

Du latin *opera*, pluriel du mot *opus*, se rapportant au **travail** et surtout à son produit concret, le mot « œuvre » appartient d'abord à un vocabulaire technique et s'applique tout autant au travail agricole, aux ouvrages militaires qu'aux écrits d'un auteur ou travaux d'un artiste. Le terme ne désigne les productions artistiques ou littéraires qu'à compter du XIIe siècle. Dès le XVIe siècle, le mot « œuvre » au masculin s'applique à l'ensemble de la production d'un écrivain, redoublant le féminin avec un usage plus technique. Enfin, le terme « chef-d'œuvre » désigne, depuis la Renaissance, la réalisation capitale et difficile d'un compagnon en vue d'obtenir la maîtrise dans une corporation, avant de s'appliquer à une production artistique magistrale.

Le terme d'**œuvre** est donc polysémique, renvoyant à des travaux textuels comme matériels (monument, tableau, sculpture…), à un processus de création comme à un objet achevé, à une démarche originale et innovante (« faire œuvre »), à un « produit » tant esthétique que symbolique, doté d'une valeur culturelle comme sociale. L'œuvre peut ainsi apparaître comme une totalité signifiante, un énoncé original et signé par son auteur. Cette définition, en apparence satisfaisante, n'est cependant pas forcément juste historiquement et sociologiquement. En effet, longtemps les œuvres ont circulé sans être nécessairement signées : au Moyen Âge, les récits forment des cycles, transmis et adaptés oralement par des conteurs. Lorsque Chrétien de Troyes, dans *Cligès* (vers 1176), prend la parole, c'est moins pour inscrire son nom en tant que novateur que pour le fondre dans une tradition : « Cette histoire que je veux conter, nous la trouvons écrite dans un des livres de la bibliothèque de monseigneur de Saint-Pierre à Beauvais. Il en atteste la vérité, aussi doit-elle être crue. […] Chrétien compose son roman selon ce que conte le livre. » De la même manière, l'œuvre ne se clôt pas, s'ouvrant plutôt qu'elle ne s'achève sur un « ici finit l'œuvre de Chrétien », manière de transmettre le récit aux continuateurs. Ainsi, au Moyen Âge, ce ne sont ni la signature de l'**auteur** ni l'originalité du sujet ou de la forme qui fondent l'originalité de l'œuvre. De même, les figures antiques du poète inspiré par les dieux et recevant son œuvre des muses ou de l'aède transmettant oralement les poèmes épiques ne permettent pas d'apparier œuvre et nom d'auteur. Ce n'est, comme le montre Gérard Leclerc (1998), qu'avec l'imprimerie que s'inaugure l'ère de l'œuvre individuelle, signée et originale.

La notion d'œuvre évolue donc dans l'histoire littéraire en parallèle à celle du livre et de la publication, à celle d'auteur et de lecteur. C'est cette trilogie fondamentale (œuvre, auteur, lecteur) que nous étudions dans les premiers chapitres du présent ouvrage, en ouvrant notre réflexion par une série de questions : l'œuvre se définit-elle en elle-même ? Et, si nous l'admettons, quelle est sa limite : un roman, un poème, l'ensemble de la production d'un artiste ? Sur quel critère fonder sa valeur ? L'œuvre se définit-elle par la reconnaissance que lui accordent ses lecteurs et si oui, lesquels : le grand public, les critiques journalistiques, les universitaires ? Tout texte d'un auteur est-il une œuvre et quel statut accorder aux brouillons, aux ébauches, aux œuvres ratées ou considérées comme telles par leur auteur même (ainsi Balzac reniant ses *Œuvres de jeunesse*) ? Pierre Bayard se demande ainsi dans *Comment améliorer les œuvres ratées* ? (Minuit, 2001) si, dans le corpus d'un auteur, tout fait œuvre et il montre que l'on ne peut admirer uniformément toute la production d'un auteur, sauf adhésion sans recul à la conception romantique du génie. Or le génie n'est selon lui pas constant et les grands auteurs produisent aussi des œuvres mineures.

Se pose également la question des textes publiés de manière posthume, souvent inachevés, voire à l'état de notes et d'ébauches. Le débat a surgi récemment, en février 2009, à propos de deux inédits de Roland Barthes, publiés au Seuil et chez Christian Bourgois, *Carnets du voyage en Chine* et *Journal de deuil*. Il s'agit de simples notes intimes et personnelles en devenir d'un ensemble construit, de deux textes sous forme de fragments, d'une pensée en recherche, curieuse, souvent aux limites de la lassitude (la Chine) ou du désespoir (la mort de « Mam », la mère de l'auteur), de deux condensés en (points de) suspension de l'œuvre de Barthes. L'annonce de leur publication a fait scandale : doit-on dévoiler l'intime, et, pire sans doute, l'inabouti ? Non, répond François Wahl, ami de Barthes, son éditeur au Seuil, compagnon de voyage en Chine. Il fustige violemment la décision du demi-frère de Barthes, Michel Salzedo, son ayant-droit qui a autorisé la parution de ces deux inédits. Les mots sont violents, à la mesure de la blessure ressentie par Wahl, imaginant en écho celle de Barthes : « dérapage », « démangeaison de l'hyène ». Éric Marty, en charge de la publication des *Œuvres complètes* de Barthes au Seuil, réplique en soulignant que l'ami aujourd'hui blessé est à l'origine de la publication de deux textes bien plus intimes de Roland Barthes, *Soirées de Paris* et *Incidents*. Il conclut sa lettre ouverte à François Wahl, publiée dans *Le Nouvel Observateur* (23 janvier 2009) d'un : « Il n'y a pas, et il n'y aura pas d'affaire Roland Barthes. » Nathalie Léger, qui a établi et annoté le texte du *Journal du deuil*, confirme : « C'est un ensemble cohérent, qui relève plus de l'intériorité que de l'intimité, et qui permet d'éclairer le reste de l'œuvre. » Qui plus est, conclut Éric Marty (*Libération*, 21 janvier 2009), les 330 fiches de Barthes liées à la mort de sa mère, datées du 26 octobre 1977 au 15 septembre 1979, formaient un ensemble autonome : « Il y a un titre, un acte de dénomination. Pour moi, ce n'est pas un épanchement, il y a un vrai projet d'écriture. » Et Barthes, lui-même, dans son *Sade, Fourier, Loyola* (1971, antérieur donc aux deux inédits incriminés), n'appelait-il pas de ses vœux un « biographe amical et désinvolte » qui sache réduire sa vie à quelques « biographèmes » ? « Une vie trouée, en somme », écrivait-il. Cette « vie trouée » qui se donne à lire dans les trois carnets de Chine et les fiches du *Journal de deuil* comme un paradoxal appendice au *Roland Barthes par Roland Barthes* (1975). Ces textes sont là désormais, malgré leur statut indécis qui participe de leur sens et de leur structure, dans leur flottement, dans l'accompagnement des notes, dans ces blancs des pages qui laissent tant de place au lecteur. Ils ont quitté les fonds de l'Imec[1] pour les librairies et nos bibliothèques.

À l'époque moderne, nous avons tendance à assimiler l'œuvre littéraire au livre. Cela n'a cependant pas toujours été le cas[2]. Le livre a d'abord été rouleau (*volumen*) qui impose une lecture continue, puis codex, un livre de forme parallélépipédique, résultat de l'assemblage de feuillets manuscrits, d'abord en parchemin (peaux) puis en papier depuis le XIIIe siècle. Cette présentation des textes a constitué une véritable révolution car, à l'inverse du rouleau qui impose une lecture continue, le codex permet d'accéder aux chapitres (structure du texte) de manière directe. L'habitude de numéroter les pages (par des lettres puis par des chiffres) accompagna cette innovation. La deuxième révolution du livre est évidemment liée au passage des manuscrits enluminés du Moyen Âge à l'invention de l'imprimerie (Gutenberg, 1440). L'œuvre va se fixer et se diffuser. Se fixer, car, comme l'a montré Paul Zumthor (*Essai de poétique médiévale*, Seuil, 2000), au Moyen Âge la multiplication des variantes, des copies, rendait le texte « mobile ». L'innovation qu'a initiée Gutenberg en Europe va jouer un rôle considérable dans la réduction du coût de production du livre et permettre d'en élargir progressivement la diffusion. Nous connaissons aujourd'hui une troisième révolution : celle de l'e-book, du livre électronique et dématérialisé, de la diffusion sur Internet qui change notre représentation matérielle et mentale de ce qu'est une œuvre, rendant par ailleurs possible un idéal de communication immédiate et instantanée, de partage du savoir et impliquant aussi une révolution dans notre mémoire de l'œuvre, qui n'est plus seulement associative et subjective mais objective et indexée, hypertextuelle. La bibliothèque est donc plus que jamais cet univers décrit par Borges dans *Fictions*, des galeries sans limites qui « sont là pour figurer l'infini et pour le promettre ».

2. APPROCHES CRITIQUES

L'œuvre moderne, au sens d'imprimé, reste une totalité difficile à appréhender : est-elle l'expression de « l'univers-pensée » de son auteur, selon les termes de Georges Poulet (1975), microcosme subjectif ? Est-elle un système clos ? Le produit d'une culture et d'une époque davantage que d'un individu ? Les dimensions de l'œuvre sont plurielles et multiformes, chaque école critique en saisissant plus particulièrement un aspect[3].

---

[1]. L'Institut Mémoire de l'édition contemporaine, créée en 1988, rassemble et met en valeur des archives d'écrivains (manuscrits, notes, brouillons, revues de presse, correspondances).
[2]. Voir *À pleines pages, Histoire du livre* de Bruno Blasselle en deux volumes, « Découvertes » Gallimard, 1998.
[3]. Voir M. JARRETY, *La Critique littéraire française au XXe siècle*.

La **critique génétique** s'intéresse à la naissance de l'œuvre, travaillant sur ses brouillons, ses variantes, ses différentes publications (voir A. Grésillon, 1994). C'est la dimension temporelle du texte qui est donc plus particulièrement analysée par les généticiens, s'attachant aux « traces », à l'œuvre comme *effet* de sa propre genèse. Il faut, dans cette étude de l'écrivain au travail, distinguer deux phases :

– *L'exogenèse*, selon les termes de Raymonde Debray-Genette (1980) ou « génétique scénarique ou avant-textuelle », pour Henri Mitterand (1989) : cette première étape revient à étudier les documents autographes ou textes ayant joué un rôle en amont de l'œuvre, dans sa conception et sa préparation. Dans le cas de *Claude Gueux* de Victor Hugo (1834), cette analyse permet, par exemple, de mesurer la part prise dans ce récit par un fait-divers criminel relaté dans *La Gazette des tribunaux* dont l'écrivain conserve des phrases entières pour mieux attester de la véracité de son récit.

– *L'endogenèse* (ou « génétique manuscriptique, ou scripturale, ou textuelle ») : cette seconde étape étudie les variations du manuscrit de rédaction, ses ratures, adjonctions, variantes, pour découvrir la naissance de l'œuvre dans ses étapes, remonter au mystère de sa création. L'écriture est ici analysée dans son processus de fabrication, dans sa dynamique.

La critique génétique nourrit les appareils critiques des éditions savantes. Elle permet une approche enrichissante de l'œuvre définitive, achevée. Certains romans de *La Recherche du temps perdu* ne cessent ainsi d'être réédités, suivant les brouillons retrouvés, et cette approche labile du texte proustien est d'autant plus séduisante qu'elle correspond au projet même de son créateur : l'ampleur et les proportions finales du cycle romanesque sont en effet très éloignées du plan d'abord imaginé par Proust, comme si l'œuvre s'était mise à proliférer d'une manière intrinsèque, à la manière d'un être vivant. La génétique permet par ailleurs de lever le voile sur certaines mystifications littéraires, comme la légendaire rapidité de composition de *La Chartreuse de Parme*, roman que Stendhal aurait dicté en cinquante-deux jours, ce mythe étant davantage lié à la musique même de l'œuvre, à son esthétique, qu'à sa véritable genèse. L'étude des manuscrits, des correspondances, des états transitoires d'une création montre que même les projets en apparence les plus lucides et construits sont d'une complexité plus grande, comme *La Comédie humaine* dont le principe organisateur ne s'est imposé à Balzac qu'après avoir écrit et publié nombre de romans qui la composent et avoir mis en échec d'autres projets de structure. Pour l'auteur lui-même, la signification de l'œuvre est fluctuante au cours même de l'acte créateur.

La **sociocritique** s'intéresse, quant à elle, non à l'œuvre dans son processus d'engendrement mais en tant que produit d'une société (Duchet, 1979). Héritière des théories du premier XIX⁰ siècle – Bonald pour qui « la littérature est l'expression de la société » (1806), Madame de Staël *(De la littérature)* ou Taine, expliquant la naissance de l'œuvre par un milieu, une race et un moment –, la sociocritique apparie Histoire et littérature et étudie leurs influences conjointes. Son objet est double : en amont du texte, il s'agit d'analyser les conditions de production de l'écrit, et, en aval, de considérer le texte comme l'espace d'une certaine socialité*. L'œuvre hugolienne se prête particulièrement à ce type d'analyse, puisque son auteur lui-même déclare dans nombre de préfaces de ses drames que « la liberté littéraire est fille de la liberté politique », et qu'à société nouvelle, il faut une littérature nouvelle. Hugo bâtit ainsi l'édifice poétique des *Châtiments* (1853) sur sa position d'exilé politique et sa voix dénonciatrice des crimes de Napoléon-le-Petit, définissant l'espace de la littérature dans son rapport au pouvoir comme dans son influence sur un public.

La **critique thématique** voit dans l'œuvre non seulement une construction formelle (dans laquelle se reconnaissent un héritage et des modèles) mais aussi l'expression d'une conscience créatrice, celle de son auteur. Comme l'écrit Jean Rousset dans *Forme et signification*, l'œuvre est « l'épanouissement simultané d'une structure et d'une pensée, [...] l'amalgame d'une forme et d'une expérience ». En somme, le texte littéraire est l'espace dans lequel le sujet créateur se met en scène ou, selon les termes de Jean Starobinski (1970), « se nie, se dépasse et se transforme ». Au sein de cet espace s'expriment un être et le rapport de cet être au monde qui l'entoure. L'œuvre peut dès lors être définie en tant que totalité signifiante, miroir d'une expérience comme d'une sensibilité : toute œuvre est « polycentrée », elle est comme un réseau de relations dans lequel tout fait sens. C'est ainsi que Jean-Pierre Richard justifie le projet de ses *Onze études sur la poésie moderne*[1], « lectures [...] visant au dégagement de certaines structures et au dévoilement progressif d'un sens ».

La **critique structuraliste**, enfin, remet en question la notion d'œuvre « traditionnelle » pour lui substituer celle du **texte*** et de son **immanence**. Roland Barthes explicite cette démarche dans un article de 1971[2], « De l'œuvre au texte », liant cette approche nouvelle de l'œuvre à la prise en compte, dans le champ de l'analyse littéraire, de disciplines comme la linguistique, l'anthropologie, la psychanalyse... Cette approche interdisciplinaire revient à énoncer une série de propositions qui permettent de distinguer *texte* et *œuvre* : l'œuvre se range dans les bibliothèques, se trouve dans les librairies, tandis que le texte est un « champ méthodologique » (« l'œuvre se tient dans la main, le texte se tient dans le langage »). Discours, travail et production, le texte ne se restreint pas à l'œuvre, il peut en traverser

---

1. Seuil, 1964.
2. *Revue d'esthétique*. Article repris dans *Le Bruissement de la langue, Essais critiques* IV.

plusieurs. Par ailleurs, le texte ne se hiérarchise pas et n'est pas, à la différence de l'œuvre, pris dans un système de valeurs ou de genres. Un écrivain, tel que Georges Bataille, n'est ni essayiste ni romancier ni poète, « il écrit des textes ». Ainsi, le texte est « ouvert », contrairement à l'œuvre, système fermé ; il est symbolique, ses sens sont pluriels, il ne peut donc relever d'une seule signification. De même, il est écho de textes antérieurs et prépare les textes à venir, il est donc « entre-texte d'un autre texte », alors que l'œuvre est prise dans un processus de filiation signée. En somme, le texte est davantage un organisme, un « tissu », comme le montre son étymologie. Enfin, puisque, de nos jours, l'œuvre est devenue un produit de consommation, il convient de remotiver le texte comme « jeu, travail, production, pratique », de réduire au maximum la distance entre écriture et lecture et de fonder la lecture sur la notion de plaisir du texte. Pour la critique structuraliste, le texte est donc un « espace », ou, comme l'écrit Julia Kristeva (1969), une « mosaïque de citations », « absorption et transformation d'un autre texte », démarche qui fonde l'essai de Gérard Genette sur la littérature « au second degré », avec *Palimpsestes* (1982) : sous le texte (*hypertexte*) se donne toujours à lire un texte plus ancien, un système de citations et de références (*hypotexte*), que la transformation soit simple, sans modification du sujet (*Ulysse* de Joyce par rapport à l'*Odyssée*) ou plus complexe, par imitation (l'*Énéide* par rapport à l'*Odyssée*)[1].

Toute lecture critique doit évidemment mêler ces démarches et approches, sociologiques, historiques, stylistiques…, qui d'ailleurs se rejoignent. Comme l'a montré Henri Mitterand, **la génétique se rapproche de la sociocritique** : en effet, l'étude des premiers états d'une œuvre permet de mesurer les traces, encore très présentes, du discours collectif, culturel, historique, en un mot « hérité », dans l'écriture d'un auteur, ce que Mitterand nomme dès lors la « socio-genèse ». La « textualité de référence » s'avère encore très présente dans ces brouillons initiaux, comme d'ailleurs dans les œuvres de jeunesse des écrivains, que l'on pense aux *Premiers romans* de Balzac, tributaires des genres noirs en vogue dans les années 1820-1830, ou aux premières œuvres de Flaubert (*Mémoires d'un fou, Novembre*). On retrouve dès lors également dans cette démarche les approches structuralistes, cherchant un autre texte derrière l'œuvre. Pour l'étude de tout texte littéraire, génétique, sociocritique, étude thématique et structuraliste permettent d'approcher l'**œuvre en tant que totalité**, système à la fois déterminé, clos sur lui-même – définissant, dans sa composition, sa structure et son écriture, ses propres lois –, et ouvert, en particulier à la lecture, la réception et l'interprétation[2].

---

1. Voir chapitre 8 : « L'Intertextualité ».
2. Voir Cl. DUCHET et St. VACHON (éd.), *La Recherche littéraire*.

3. LA NAISSANCE DE L'ŒUVRE

Aux XIXe et XXe siècles, la réflexion sur l'art s'est rapprochée d'une interrogation sur les mécanismes mêmes de la création, nombre d'œuvres proposant la mise en abyme de leur acte de naissance ou une représentation de l'écrivain au travail. *Les Contemplations* (1856) ou *Les Fleurs du mal* (1857) représentent Hugo ou Baudelaire face à leur création. André Gide, avec *Les Faux-Monnayeurs* (1925), joue de la spécularité de l'écriture, redoublant cette quête formelle d'un *Journal des faux-monnayeurs* (1926), cahier d'études que l'écrivain tint tout au long de la rédaction de son roman. Dans ce dialogue avec lui-même, Gide s'interroge sur ses personnages, la structure de son roman, avoue ses doutes, mais livre également une réflexion plus générale sur les mécanismes créateurs. Il répond ainsi, en quelque sorte, aux attentes d'Edgar Poe, regrettant, dans un essai intitulé *La Genèse d'un poème*, que peu d'écrivains racontent « pas à pas, la marche progressive qu'a suivie une de [leurs] compositions pour arriver au terme définitif de son accomplissement ». Se livrant justement dans ces pages à une analyse de son œuvre *Le Corbeau*, Poe estime que « la vanité » détourne généralement les auteurs de ce type de projet, « beaucoup d'écrivains, particulièrement les poètes aim[ant] mieux laisser entendre qu'ils composent grâce à une espèce de frénésie subtile ou d'intuition extatique ».

Pour autant, les œuvres autobiographiques, comme *L'Âge d'homme* (1939) de Michel Leiris – dans lequel l'auteur démonte lui-même le mécanisme des fantasmes nourrissant son œuvre –, ou les correspondances d'écrivains, peuvent être lues comme une approche du mystère de la création, dans les rituels d'écriture, les manies d'écrivains, les angoisses de la page blanche, les moments d'exaltation et d'inspiration. Par ailleurs, la mise en scène, dans des textes romanesques, de figures d'écrivains, de peintres ou de sculpteurs – que l'on pense au *Chef-d'œuvre inconnu* de Balzac, à *L'Œuvre* de Zola ou *Mort à Venise* de Thomas Mann – est une manière, au sein d'une œuvre achevée, d'analyser, par le biais de la correspondance des arts, l'œuvre en train de se faire, le processus de l'inspiration, de la composition, voire de la publication, comme dans *Illusions perdues* de Balzac (1837 à 1843). Marcel Proust conjugue dans *La Recherche* les personnages du peintre (Elstir), du musicien (Vinteuil) ou du romancier (Bergotte). Enfin, les recherches de certains écrivains peuvent tourner autour de cette énigme de la création, de la genèse de l'œuvre littéraire, comme celles de Paul Valéry, faisant de la *poésie* une *poétique**, dans son sens étymologique, en écrivant dans *L'Homme et la Coquille*, à propos de l'œuvre :

« Dire que quelqu'un l'a composé, qu'il s'appelait ou Mozart ou Virgile, ce n'est pas dire grand-chose : cela ne vit pas dans l'esprit, car ce qui crée n'a point de nom : ce n'est qu'éliminer de notre affaire tous les hommes moins un, – dans le mystère duquel l'énigme intacte se resserre... »

Une fois écrite, échappant à son processus de genèse et de rédaction comme à son créateur, l'œuvre devient livre : objet vendu en librairie, critiqué dans les colonnes des journaux, voire produit de consommation, soumis aujourd'hui aux lois du marché, comme il a pu l'être dans le passé à celles du mécénat, et lien d'un auteur et de son public.

4. L'ŒUVRE ET SES LIMITES
4.1 L'ŒUVRE, SYSTÈME CLOS

Pour Bernard Pingaud (1965), « toute œuvre forme système. Ouverte sur le monde, elle est en même temps close sur elle-même ». Elle s'offre au lecteur comme « un tout indiscutable, hors duquel il n'y a rien, sinon d'autres œuvres possibles qui, à leur tour, formeront système ». Cette réflexion, d'essence structuraliste, s'interroge sur les rapports de l'écriture et du monde, montrant que l'œuvre, même miroir du réel, fonctionne selon ses lois propres. Elle est un ensemble structuré, en ce sens fermé, puisque offerte comme un « tout » achevé par un auteur à son lecteur. En somme, l'œuvre serait une structure autonome, sans « avant » ni « après ». Elle est système, car, comme l'a montré Roland Barthes (1966), le texte engage « une écriture », « un contenu », « des formes ». Il n'y aurait donc aucun au-delà ou en deçà du texte à explorer, à interroger.

Plusieurs éléments permettent d'analyser l'œuvre comme un mécanisme autonome, énonçant, dans sa trame même, les principes de sa structure, de son discours, voire de son esthétique : l'*incipit** et la clôture de l'œuvre sont des « seuils » signifiants, formulant un sens. Ainsi, *Le Lys dans la vallée* (1835) de Balzac ne trouve sa réelle signification qu'avec la lettre ironique de Natalie de Manerville qui termine et inverse la perspective du roman. Le choix d'un genre permet d'ériger l'œuvre en système clos : c'est le cas du sonnet, véritable architecture de vers, de la tragédie classique, à l'action codifiée. Les réseaux d'images, de métaphores peuvent également contribuer à fermer l'œuvre sur elle-même, que l'on pense aux regards par les fenêtres que Jean Rousset a analysés comme une structure* fondamentale et organisatrice de *Madame Bovary* ou aux schémas obsessionnels récurrents liant les personnages raciniens selon Roland Barthes. Par ailleurs, les divers paratextes* (préfaces ou avant-propos, postfaces) peuvent être analysés comme des manières pour l'auteur d'accompagner la réception de son œuvre, de la guider. Ainsi, lorsque Benjamin Constant publie *Adolphe* (1816), le roman lui-même, audacieux et scandaleux récit d'une haine de l'autre poussée jusqu'à le mettre à mort, est encadré par plusieurs préfaces, avis de l'éditeur, réponse, qui sont autant de manière de protéger l'œuvre et surtout son auteur.

4.2 L'ŒUVRE OUVERTE

Pour autant, et Pingaud le note, l'œuvre s'inscrit dans un système plus large, ouvert, dans une chaîne d'« autres œuvres possibles ». Ce principe dialogique, appelé également « intertextualité », considère que tout discours renvoie à un autre discours[1]. Ainsi tout roman de Zola est en soi un système, trouvant place dans la structure plus large des *Rougon-Macquart*, fonctionnant en référence à l'univers romanesque antérieur de *La Comédie humaine*. Mais plus largement, tout texte littéraire, sans forcément s'inscrire dans un cycle, travaille sur des échos, des références, des réécritures. Certains genres, comme les *tombeaux*, systématisent cette pratique de la référence et de l'hommage. En somme, il paraît problématique, voire absurde, de donner des limites à l'œuvre et d'en délimiter les clôtures. Le mouvement de la littérature n'est-il pas aussi dans une tension vers ce que Maurice Blanchot appelle « le livre à venir » ? Et doit-on nier aux textes inachevés, comme *Les Pensées* de Pascal, le statut d'œuvre ? Exclure des *Œuvres complètes* de Stendhal ses romans abandonnés ? Comment définir des entreprises telles que *L'Encyclopédie* qui n'ont en elles-mêmes aucune fin et aucune limite ? Enfin, l'œuvre se réduit-elle à l'édition imprimée, définitive, revue par l'auteur, ou ne doit-on pas, pour en percevoir la portée réelle, s'intéresser à ses différentes versions, variantes, corrections, comme le propose la critique génétique ? L'œuvre a en effet également une dimension temporelle, évolutive, qui peut même être partie intégrante de son système (au sens de structure et d'esthétique) : c'est le cas des *Essais* de Montaigne, dont le titre est un véritable programme d'écriture, l'œuvre se construisant, sans jamais s'édifier, au fil des ajouts, des variations de pensée, voire des contradictions de son auteur. Par ailleurs, les surréalistes ont expérimenté l'ouverture maximale de l'œuvre aux expériences les plus diverses (hypnose, écriture automatique, flux de conscience), persistant, selon les termes d'André Breton dans *Nadja* (1928), à ne s'intéresser qu'« aux livres qu'on laisse battant comme des portes ». Dans ce qu'elle doit, en amont, à l'imaginaire particulier d'un auteur, comme en aval, à la réception de chaque lecture individuelle, l'œuvre reste ouverte, aux sens, aux interprétations plurielles. L'œuvre peut se vouloir système, elle demeure cependant prise dans l'aventure de sa réception.

Roland Barthes le synthétise dans *Le Bruissement de la langue* :

« Le Texte est pluriel. Cela ne veut pas dire seulement qu'il a plusieurs sens, mais qu'il accomplit le pluriel même du sens : un pluriel *irréductible* (et non pas seulement acceptable). Le Texte n'est pas coexistence de sens, mais passage, traversée ; il ne peut donc relever d'une interprétation, même libérale, mais d'une explosion, d'une dissémination. Le pluriel du Texte tient, en effet, non à l'ambiguïté

---

[1] Voir chapitre 8.

de ses contenus, mais à ce que l'on pourrait appeler la *pluralité stéréographique* des signifiants qui le tissent (étymologiquement le texte est un tissu) : le lecteur du Texte pourrait être comparé à un sujet désœuvré (qui aurait détendu en lui tout imaginaire) : ce sujet passablement vide se promène (c'est ce qui est arrivé à l'auteur de ces lignes, et c'est là qu'il a pris une idée vive du Texte) au flanc d'une vallée au bas de laquelle coule un oued (l'oued est mis là pour attester un certain dépaysement) ; ce qu'il perçoit est multiple, irréductible, provenant de substances et de plans hétérogènes, décrochés : lumières, couleurs, végétations, chaleur, air ; explosions ténues de bruits, minces cris d'oiseaux, voix d'enfants, de l'autre côté de la vallée, passages, gestes, vêtements d'habitants tout près ou très loin ; tous ces incidents sont à demi identifiables : ils proviennent de codes connus, mais leur combinatoire est unique, fonde la promenade en différence qui ne pourra se répéter que comme différence. C'est ce qui se passe pour le Texte : il ne peut être lu que dans sa différence (ce qui ne veut pas dire son individualité) ; sa lecture semelfactive (ce qui rend illusoire toute science inductive-déductive des textes : pas de "grammaire" du texte), et cependant entièrement tissées de citations, de références, d'échos : langages culturels (quel langage ne le serait pas ?), antécédents ou contemporains, qui le traversent de part en part dans une vaste stéréophonie. »

Roland BARTHES
Le Bruissement de la langue, « De l'œuvre au texte », 1971.

La **notion d'œuvre** est donc particulièrement complexe, parce qu'elle est un **espace intermédiaire et paradoxal** entre l'auteur et le lecteur, entre la fermeture et l'ouverture, mais aussi parce qu'elle est à la fois texte* et objet. L'œuvre a, de fait, évolué historiquement, tant dans son rapport à son auteur que dans sa forme matérielle : l'œuvre littéraire a d'abord été rouleau, avant de devenir *codex*, avec les livres manuscrits et enluminés des copistes médiévaux puis l'invention de l'imprimerie. Aujourd'hui, l'œuvre vit une nouvelle révolution, celle de l'informatique et du livre électronique, qui modifie profondément notre rapport à l'objet matériel, changeant notre représentation mentale du livre, de la bibliothèque, mais modifiant notre mémoire des œuvres aussi bien que les métaphores associées à la matérialité du *codex* (le grand livre du monde, de la nature, etc.). Nul doute que l'œuvre ne subisse actuellement une nouvelle révolution, puisque, selon les termes de Roger Chartier (1996), « aucun ordre des discours n'est en effet séparable de l'ordre des livres qui lui est contemporain ».

5. LECTURES

5.1 UN PROGRAMME POÉTIQUE

« Mon livre (et je ne suis sur ton aise envieux),
Tu t'en iras sans moi voir la Cour de mon Prince.
Hé, chétif que je suis, combien en gré je prinsse,

Qu'un heur pareil au tien fût permis à mes yeux !
Là si quelqu'un vers toi se montre gracieux,
Souhaite-lui qu'il vive heureux en sa province :
Mais si quelque malin obliquement te pince,
Souhaite-lui tes pleurs et mon mal ennuyeux.

Souhaite-lui encor qu'il fasse un long voyage,
Et que bien qu'il ait de vue éloigné son ménage,
Que son cœur, où qu'il voise, y soit toujours présent :

Souhaite qu'il vieillisse en longue servitude,
Qu'il n'éprouve à la fin que toute ingratitude,
Et qu'on mange son bien pendant qu'il est absent. »

Joachim DU BELLAY, *Les Regrets* [*À son livre*] (1558),
Gallimard-Poésie, 1967, p. 67.

– **Une préface**. Ce **sonnet** appartient à l'**appareil paratextuel*** très complexe des *Regrets*. Après s'être adressé, par une épigramme en latin à son *lecteur* (*ad lectorem*), lui offrant « un petit livre » à la saveur mêlée « de fiel et de miel », Du Bellay dédie son recueil à monsieur d'Avanson, en un long poème de cent-huit vers. Enfin, ce sonnet liminaire apparaît, telle une ultime préface paradoxale au recueil, tirant une première originalité de son insertion tant formelle que poétique dans la structure du livre. Rien ne différencie en effet cette adresse au lecteur des autres sonnets des *Regrets*, sinon les italiques et la présence d'un titre en lieu et place des numéros précédant chaque pièce poétique. Ainsi, cette préface « fait œuvre » au sens le plus plein du terme. Le livre se présente et se construit en s'énonçant. L'espace paratextuel est œuvre, nous faisant entrer dans la forme poétique unique des *Regrets*, le sonnet.

– **L'espace d'une fiction**. Mais ce sonnet se distingue également par une assimilation du poète à son œuvre : après le *je* d'auteur s'adressant à ses lecteurs, puis celui de l'homme offrant son recueil à un protecteur et mécène, monsieur d'Avanson, ambassadeur à Rome auprès du Saint-Siège, il s'agit ici du *je* de la *persona* poétique, construite par Du Bellay. En effet, le *je*, sujet et énonciateur, dit envoyer son recueil de Rome à la Cour du Prince : or les *Regrets* ont été réécrits et publiés à Paris. L'œuvre s'édifie sur une fiction poétique et fait passer le lecteur, du passé de l'écriture – sujet des deux précédents poèmes – au moment présent de la publication, au présent de l'exil, à l'éternité du regret et de la plainte. Ce sonnet est donc d'abord l'espace de l'envoi fictif du livre depuis Rome jusqu'à la France, à la fois point final d'une écriture et ouverture sur l'œuvre pour le lecteur. Mais c'est aussi le moment du détachement du livre et de son auteur, chargé de le représenter à la Cour, détachement passant ici paradoxalement par une assimilation (avec le livre tutoyé puis doté d'une parole). Mais, peu à peu le jeu du poète s'efface, simple présence en creux dans les impératifs (« souhaite » en anaphore). Le texte mesure et donne à voir l'écart qui sépare progressivement l'auteur de son ouvrage, jusqu'au dernier mot du texte, véritable clôture, « absent ». Ce terme est un projet poétique, *Les Regrets* ne cessant d'énoncer cette voix paradoxale, une présence absente de soi, dans l'exil, entre éloignement physique et souffrance aiguë du souvenir.

– **Une expérience**. La situation d'exil du poète sera aussi celle du livre à la Cour, lors de sa réception, envisagée dans le second quatrain : le recueil, dont Du Bellay programme d'abord le bonheur (v. 4), se voit progressivement en butte aux incompréhensions et à un mauvais accueil. En somme, l'exil est une **position poétique**, plus qu'une expérience de l'homme Joachim du Bellay. Et de fait, ce sonnet dialogue tant avec les *Épîtres* d'Horace (en particulier l'épitre 20), qui énoncent qu'une fois écrit, le livre n'appartient plus à son auteur, qu'avec les *Tristes* d'Ovide : « Petit livre – je n'en suis pas envieux –, tu iras sans moi dans Rome. » La figure ovidienne de l'exilé, la tradition horatienne se conjuguent pour poser une voix nouvelle, moderne, même nourrie de tradition antique. Faire œuvre passe par cet autre écart, avec cette fois la tradition.

Le livre et son auteur. Le recueil définit ainsi son **registre particulier** : du bonheur, nous passons à la plainte, puis à l'amertume, et enfin à la satire. Du Bellay fait même de son œuvre le vecteur d'une malédiction, dans les derniers vers. Le poète explicite la situation matérielle de l'exilé, en un vers lucide et désabusé (v. 14), bien loin du seul chant des muses et de la célébration de la Cour. L'itinéraire que nous livre ce poème est celui des *Regrets* tout entiers : le long voyage, l'éloignement de sa province comme de la Cour, la servitude romaine, la privation de tout bien, matériel, spirituel, mais aussi le détachement de son œuvre. En somme, Du Bellay apparaît en quête d'un *locus amœnus*, d'un espace où il pourrait être heureux : ni la Cour de France ni Rome ne peuvent répondre à ses attentes (cf. la rime amère « Prince/prinsse »), ni même sa province, puisque, en son abscence, d'autres mangent son bien. Seul le livre peut apparaître comme cet espace, celui de la plainte et de son envers, la satire, celui de la construction de la *persona* du poète et de sa voix nouvelle, celui, enfin, d'une fiction poétique, contre la réalité cruelle du monde.

5.2 LE DISCOURS DE L'HOMMAGE

« Le temple enseveli divulgue par la bouche
Sépulcrale d'égout bavant boue et rubis
Abominablement quelque idole Anubis

Tout le museau flambé comme un aboi farouche
Ou que le gaz récent torde la mèche louche
Essuyeuse on le sait des opprobres subis
Il allume hagard un immortel pubis
Dont le vol selon le réverbère découche

Quel feuillage séché dans les cités sans soir
Votif pourra bénir comme elle se rasseoir
Contre le marbre vainement de Baudelaire

Au voile qui la ceint absente avec frissons
Celle son Ombre même un poison tutélaire
Toujours à respirer si nous en périssons »

La Plume, 1er janvier 1895
Stéphane MALLARMÉ, *Poésies*, Gallimard-Poésie, 1992, p. 61.

– **Ambiguïté**. Le **tombeau**, œuvre poétique codifiée, et plus encore ici puisqu'il s'agit d'un poème à forme fixe, est à la fois hommage et palimpseste : le sonnet mallarméen est d'emblée assimilé à un monument, un « temple », à l'image des architectures baudelairiennes des *Fleurs du mal*, les vers jouant de réseaux lexicaux, de sonorités, d'images comme d'une forme poétique héritée. Les quatrains évoquent en effet les thèmes centraux des *Tableaux parisiens* : la mort et la prostitution, puis, dans les tercets, c'est l'ombre même du poète qui apparaît, celle d'un « Baudelaire » rimant symboliquement avec « tutélaire ». Pour autant, tout au long de ce texte qui joue d'une double intertextualité, affichée ou plus implicite, c'est bien la voix* de Mallarmé que nous entendons, dans ses thèmes comme dans sa musique, voire son hermétisme, la richesse de ce sonnet résidant dans cet entre-deux, dans cette correspondance entre deux univers poétiques.

– **Valeurs des figures**. Dès le premier quatrain, Mallarmé joue des oxymores chères à son glorieux aîné : ce temple, terme par lequel Baudelaire désigne le sonnet dans sa perfection formelle, est aussi un « égout », de même que le tombeau, de pièce poétique dans le titre, devient tombe, par l'emploi de l'adjectif « sépulcral ». Le dieu des morts ici convoqué, Anubis aboyant, célèbre implicitement le cynisme baudelairien, de même que l'esthétique du sublime, appariant haut et bas, et fondant la beauté des *Fleurs du mal*, s'énonce dans les correspondances de la boue et des rubis, des idoles antiques et de la modernité triviale (accumulation de sons en [B] dans l'ensemble du premier quatrain, allusions à la ville dans le second, au

« gaz récent » du « réverbère »), ou dans la rime « rubis/pubis » qui unit les deux premières strophes. Dans ces huit premiers vers s'énonce le fameux distique du *Crépuscule du soir* baudelairien : « À travers les lueurs que tourmente le vent / La Prostitution s'allume dans les rues ». La femme vénale, la chevelure et le pubis, les lumières de la ville moderne sont hérités des scandaleux *Tableaux parisiens*. Une esthétique trouble du sublime, mêlant Éros et Thanatos, fonde la modernité poétique, puisque la « bouche » du poète « divulgue », voix prophétique. Baudelaire voit, éclaire, « allume ». Mallarmé rappelle le scandale que provoqua le recueil de 1857 (v. 6) et énonce la règle de la réversibilité : l'art est « purificateur comme le feu » (*Curiosités esthétiques*), la poésie transforme la boue en or, l'immortalité est puisée dans l'éphémère, un mouvement d'élévation et de transcendance, de conversion, axiome du recueil baudelairien, sous-tend le sonnet : la mort se fait immortalité, la prostitution et la boue objets esthétiques. Dans les tercets, les rimes en – oir et les « cités sans soir » se font l'écho du fameux « encensoir » d'*Harmonie du soir*, tandis que le dernier vers du sonnet rappelle Théophile Gautier, auquel Baudelaire dédia son recueil, et qui défendit *Les Fleurs du mal* en rappelant leur « innocuité parfaite » : « Notre ami n'est pas du tout un empoisonneur ; il fait de la poésie et non de la toxicologie, quoi qu'en ait dit un trop spirituel académicien. Si quelqu'un de ses lecteurs mourait par hasard, on pourrait l'ouvrir ; l'appareil de Marsh n'y découvrirait pas le plus imperceptible atome arsenical. Nous avons nous-mêmes survécu à la lecture des *Fleurs du mal* » (*Les Poètes français*, août 1862, *in* GAUTIER, *Fusains et eaux-fortes*).

– **Effets de voix**. Pour autant la **voix*** de Mallarmé ne s'efface pas derrière celle de Baudelaire, elle vient au contraire s'en nourrir. La femme-torche du deuxième quatrain est tout autant la muse prostituée des *Fleurs du mal* qu'une figure emblématique de l'imaginaire mallarméen. Le surgissement de la voix, l'ombre et les images hermétiques appartiennent en propre à Mallarmé. En somme, le tombeau se veut célébration, trace et renaissance. La voix baudelairienne est vivante, ses échos immortels, comme le montre le présent de l'*incipit** (« divulgue par la bouche »). Le choix du sonnet est ainsi particulièrement signifiant, en ce qu'il est le genre même de la Renaissance, mais aussi la forme poétique dominante des *Fleurs du mal* (Baudelaire célébrant sa « beauté pythagorique »), dont use également Mallarmé. Ce sonnet décline ainsi toute une tradition poétique, de l'Anubis de Virgile aux poètes de la Renaissance, de Baudelaire à Gautier, jouant d'une mémoire commune, comme le montrent le « nous » final ou le « on le sait » qui clôt le premier hémistiche du poème – placé ainsi en son point d'équilibre parfait. Œuvre-palimpseste, ce sonnet est non seulement le tombeau de Charles Baudelaire mais de toute une histoire de la poésie, célébrée, rendue dans son absence comme dans son immortelle empreinte.

Lectures conseillées

BARTHES (Roland), *Le Bruissement de la langue, Essais critiques IV*, Seuil, 1984 ; *Critique et vérité*, Seuil, 1966.

CHARTIER (Roger), *Culture écrite et société, L'Ordre des livres (XIVe-XVIIIe siècles)*, Albin Michel, 1995.

DUCHET (Claude) éd., *Sociocritique*, Nathan Université, 1979.

GENETTE (Gérard), *L'Œuvre de l'art II. La Relation esthétique*, Seuil, 1997 ; *Palimpsestes. La Littérature au second degré*, Seuil, 1982.

GRÉSILLON (Almuth), *Éléments de critique génétique. Lire les manuscrits modernes*, PUF, 1994.

HAMON (Philippe), *Texte et idéologie*, PUF, 1984.

KRISTEVA (Julia), *Séméiotikè. Recherche pour une sémanalyse*, Seuil, 1969.

LECLERC (Gérard), *Le Sceau de l'œuvre*, Seuil, 1998.

MITTERAND (Henri), « Critique génétique et histoire culturelle », *in* L. HAY (éd.), *La Naissance du texte*, José Corti, 1989, p. 147-162.

PINGAUD (Bernard), *Inventaire*, Gallimard, 1965.

POULET (Georges), « Lecture et interprétation du texte littéraire », *in* E. BARBOTIN (éd.), *Qu'est-ce qu'un texte ?*, José Corti, 1975, p. 63-81.

ROUSSET (Jean), *Forme et signification*, José Corti, 1962.

SCHLANGER (Judith), *La Mémoire des œuvres*, Nathan, coll. « Le Texte à l'œuvre », 1992.

STAROBINSKI (Jean), *L'Œil vivant II : La Relation critique*, Gallimard, 1970.

CHAPITRE 2
L'AUTEUR

1. UNE DÉFINITION COMPLEXE
2. LE NOM DE L'AUTEUR
3. LE PERSONNAGE DE L'AUTEUR
4. LECTURES

1. UNE DÉFINITION COMPLEXE

1.1 UNE RECONNAISSANCE PROBLÉMATIQUE

Une **perspective historique** et **sociologique** est nécessaire à une saisie réelle de la **notion d'auteur**. En effet, si l'auteur est, selon l'étymologie même du terme, l'agent de l'œuvre – du latin *auctor* (*celui qui augmente, fait croître, garant d'une vente*) –, s'il en est la signature et presque la caution, sa reconnaissance ne va pas de soi. Notion d'abord inconnue (en Grèce antique ou au Moyen Âge), mise en question en 1968 par Roland Barthes qui déclare l'auteur « mort » – et de fait le mue en *objet* de l'écriture –, la définition de l'auteur évolue selon les siècles et les cultures.

Dans l'Antiquité, l'auteur n'est reconnu que si son œuvre se soumet aux exigences d'un genre et aux codes de la rhétorique. Dans les textes grecs les plus anciens, comme les épopées homériques, l'aède déclare recevoir sa parole des dieux : « Muse, dis-moi le héros aux mille ruses », « La muse lui donna le chant doux » (l'*Odyssée*, I, 1 et VIII). Le « je » écrivant reçoit sa parole, s'efface en tant qu'individu et se donne le strict rôle de vecteur d'une inspiration et de porte-parole d'une communauté et non de ses propres valeurs. La figure de l'auteur ne peut donc apparaître que dès lors que celui-ci se déclare signataire de l'œuvre, engageant sa responsabilité morale et idéologique, et s'affirmant comme le dépositaire d'un savoir-faire, d'une technique et d'une pensée. En France, ce n'est qu'à l'époque moderne que l'auteur acquiert une légitimité sociale et une reconnaissance juridique (XVIIIe siècle). Les écrivains réclament la reconnaissance de leurs droits d'auteur : Beaumarchais est à l'origine de la Société des auteurs et compositeurs dramatiques, en 1791, fixant les tarifs des droits de représentation, et la Société des gens de lettres est fondée en 1838 par Louis Desnoyers, sous l'impulsion de Balzac. Le XIXe siècle voit l'auteur acquérir un statut symbolique inégalé : phare, mage, prophète, l'écrivain se mue progressivement en intellectuel, à travers d'abord la « figure romantique, superbe et solitaire de l'auteur souverain dont l'intention (première ou dernière) enferme *la* signification de l'œuvre et dont la biographie commande la transparente immédiateté », comme l'écrit Roger Chartier (1996, p. 48), puis celle d'un Zola, engagé, accusateur politique. Quant au XXe siècle, ce dernier redéfinit, déconstruit et même conteste la figure de l'auteur. Ainsi, à rebours de lectures critiques qui plaçaient l'auteur au centre de leurs réflexions sur l'œuvre, le formalisme russe, le New Criticism américain ou le structuralisme français ont signé **la « mort » de l'auteur**, dont l'intention, fondatrice du sens de l'œuvre, est contestée. Les New Critics parlent ainsi d'*intentional fallacy*[1] ou « illusion intentionnelle ». Aujourd'hui, comme le note Antoine Compagnon (1998, p. 49), à l'auteur ou à l'œuvre, on substitue « le lecteur comme critère de la signification littéraire », toute interprétation des textes devant faire la part de chaque élément de la triade **auteur/texte/lecteur**, sans accorder une importance trop grande au contexte biographique et historique, mais en tenant compte de l'espace social et textuel, cadre de l'œuvre et ménagé au sein même de celle-ci.

1.2 UNE FONCTION SOCIALE

De plus, l'**activité de l'écrivain**, comme l'ont montré les travaux de Pierre Bourdieu, est liée à des représentations et des comportements, à l'inscription d'une activité culturelle dans un champ* social. D'abord soumis au mécénat et au service d'un prince, conquérant peu à peu une indépendance politique et financière grâce à la reconnaissance des droits d'auteur, puis rouage des échanges spéculatifs et économiques de l'édition – comme l'a raconté et analysé Balzac dans *Illusions perdues* –, l'auteur subit « les déterminations multiples qui organisent l'espace social de la production littéraire ou qui, plus généralement, délimitent les catégories et les expériences qui sont les matrices mêmes de l'écriture » (R. Chartier, 1996).

Ainsi, individu isolé, poète maudit ou inversement membre d'un cénacle, d'un groupe, l'auteur se définit dans et par son rapport à la société, dans une appartenance problématique à la collectivité. L'auteur peut s'inscrire dans un groupe fondé sur des postulats esthétiques distincts (école, cercle, cénacle, bande, académie…) ou dans un

---

[1] Titre d'un article de 1946 de W. Wimsatt et M. Beardsley expliquant que l'intention de l'auteur est non seulement difficile à retrouver mais que, même reconstituée, elle reste sans pertinence pour la compréhension du sens de l'œuvre.

ensemble littéraire soudé par la filiation ou de simples affinités électives (rencontres, correspondances). Il peut aussi faire le choix de la liberté ou de l'indépendance, jusqu'au refus d'un Gracq ou d'un Blanchot de toute médiatisation. Mais quelle que soit la posture adoptée, tout auteur occupe une place, même marginale, dans le champ* social. Certaines œuvres prennent pour sujet ce positionnement social de l'écrivain, comme *Chatterton* de Vigny (1833), les *Scènes de la vie de bohème* de Murger (1852) ou *L'Œuvre* de Zola (1886).

1.3 QU'EST-CE QU'UN AUTEUR ?

Écrivain, auteur, homme de lettres : on emploie souvent ces dénominations de manière indifférente, sans s'interroger sur leur spécificité. Philosophe, romancier, poète semblent des termes plus restrictifs, renvoyant à des pratiques génériques. Mais comment distinguer les trois premières appellations ? L'auteur est de fait le **créateur** et le **responsable** de l'œuvre, ce terme ne s'appliquant pas exclusivement à la littérature mais désignant toute personne à l'origine d'une œuvre scientifique ou artistique. De fait, le mot est généralement suivi d'un déterminatif : on est l'auteur de telle ou telle œuvre. C'est ainsi que la notion de **propriété littéraire ou artistique** permet de préciser celle d'auteur, liée à un acte de création, l'œuvre étant l'empreinte, même inachevée, d'une personnalité créatrice, une conception et une réalisation. L'auteur est donc un créateur, un inventeur, par l'*acte* d'écrire, et écrivain par *état*, ce dernier terme désignant en effet davantage une fonction exercée dans la société, un rôle impliquant des responsabilités et des droits. Lorsque cet état devient une profession, on parle d'homme de lettres, ce mot, déjà employé par Montaigne, se généralisant au XVIIIe siècle, lorsque les écrivains ont considéré leur fonction comme un métier.

Liée à celle d'**originalité**, la **notion d'auteur** repose aussi sur la **valeur de l'œuvre** : il est des auteurs d'une grande œuvre (Homère, Shakespeare, Goethe, Hugo), de grands écrivains (selon la théorie des génies, chère aux romantiques) que la postérité et l'histoire littéraire distinguent des auteurs « mineurs », certes représentatifs de leur époque et de ce fait périodiquement redécouverts par la critique, mais qui restent des « curiosités esthétiques », comme Pétrus Borel ou Philothée O'Neddy, *minores* romantiques. On pourrait ajouter à cette classification les auteurs de *best-sellers*, portés par la mode du temps, mais auxquels on dénie la moindre valeur littéraire et leur opposer les auteurs « fondateurs de discursivité » (Foucault), comme Marx ou Freud...

Complexe et relative, soumise à des définitions fluctuantes, la notion d'auteur est donc éminemment problématique. Et ce d'autant plus qu'il faut aussi, comme l'a rappelé Proust, différencier *individu anecdotique* et *écrivain*, cet « autre moi », construit par l'écriture et appréhendé par le lecteur. De même, selon Robert Pingaud (1977), il convient, au sein de cette dernière identité, de dédoubler *l'écrivain* – sujet de l'écriture, à l'origine du texte, de l'œuvre – et *l'auteur*, pris dans le jeu social de la culture. Ainsi l'homme de lettres – dans l'acception la plus large du terme – serait écartelé entre son être profond et son mode de représentation sociale (le solitaire, le maudit, le philosophe…), entre la réalité de son être et son image médiatique. L'auteur est, par nature, duel, à la fois personne et personnage.

2. LE NOM D'AUTEUR

Hormis les œuvres attribuées à des auteurs anonymes dont l'histoire littéraire interroge l'identité, toute œuvre est signée et porteuse d'un sceau identitaire : le **nom d'auteur**. Comme l'a montré Michel Foucault (1969), le nom d'auteur n'est « pas un nom propre ordinaire ». Plus qu'un marqueur d'identité, au-delà d'une simple **fonction d'identification,** il peut être analysé comme une « description ». À Balzac sont associés directement des paradigmes, tels que « le créateur de *La Comédie humaine* », « l'auteur du *Père Goriot* ». Le nom d'auteur assure donc « une fonction classificatoire » puisqu'il permet de regrouper un certain nombre d'œuvres, d'en exclure d'autres, mais il est également doté d'une fonction d'autorité : un discours attribué à Voltaire ou Diderot se voit immédiatement pourvu d'une valeur et d'un statut particuliers, il sort de la parole ordinaire pour devenir message.

De plus, la particularité du nom d'auteur est de ne pas appartenir nécessairement à l'**état civil** : Henri Beyle, dit Stendhal, Honoré Balzac s'octroyant une particule, Marguerite Yourcenar, anagramme de Marguerite de Crayencour… Les pseudonymes d'écrivains appartiennent au vaste champ* des mystifications littéraires (écrits apocryphes ou anonymes, plagiats, pastiches, parodies…), mais, au-delà d'un jeu, ils signifient un certain rapport de l'écrivain au réel. Pseudonymes ou publications anonymes servent à échapper à la censure, à donner un cachet d'authenticité et de vérité à un roman, devenant témoignage (*La Vie de Marianne* de Marivaux), ou même à jouer avec l'horizon d'attente du public ou le système littéraire : comme Boris Vian attribuant le très cru et scandaleux *J'irai cracher sur vos tombes* à Vernon Sullivan (1946), ou Romain Gary inventant « Émile Ajar » pour publier *Gros-Câlin* (1974), *La Vie devant soi* (1975) et *L'Angoisse du roi Salomon* (1979).

Ces différentes mises en question de l'auteur ont un sens : l'attribution d'une œuvre à un autre soi-même est une forme de libération, qui peut *a contrario* s'avérer un enfermement, sujet même du drame de Vigny, *Chatterton*, mettant en scène le suicide nécessaire de l'auteur réel des poèmes du moine Rowley lorsque sa « supercherie » est découverte. Ainsi, pseudonymie, absence du nom de la page de titre, recours à la fiction du manuscrit trouvé par hasard, construction d'un auteur apocryphe (comme Ossian, barde gaélique inventé par James MacPherson au XVIIIe siècle) ou affirmation identitaire montrent que le nom d'auteur est aussi un espace de création, un lieu d'écriture et d'investissement esthétique ou idéologique. En ce sens, il est le **signe*** d'un auteur non seulement sujet mais objet d'écriture, et, d'une certaine manière personnage.

3. LE PERSONNAGE DE L'AUTEUR

L'auteur est donc bien une **construction**, historique, sociale, littéraire, en un mot, **culturelle**. Cette image apparaît de diverses manières, au travers de la **correspondance** de l'écrivain, au sein même de l'œuvre, ou aux yeux du public, décelable en particulier dans les lettres qui émanent de lecteurs anonymes ou inconnus et adressées aux écrivains, témoignage éloquent de cette relation complexe, à la fois captation et transaction, qu'est la lecture, mais aussi de l'édification d'une image mythique de la figure auctoriale.

Ainsi les échanges épistolaires de Balzac et Ève Hanska, de Flaubert et Louise Colet, mais aussi les brouillons, journaux et manuscrits représentent l'écrivain au travail. *Le Temps retrouvé* de Marcel Proust (1927) prend pour sujet la création et la genèse mêmes de *La Recherche du temps perdu*, composant la figure d'un écrivain aux prises avec le temps, dans son labeur. Dans *Les Fleurs du mal* (1857), Baudelaire propose au lecteur une invitation au voyage, dans le monde des correspondances, des paradis artificiels comme de la ville moderne, tout en construisant l'image d'un poète au travail, déchiré entre les deux postulations contraires du Spleen et de l'Idéal. Hugo édifie le mythe de « Hugo *scriptor* », poète de la douleur (*Les Contemplations*), de l'engagement politique et de l'exil (*Les Châtiments*). Toute œuvre **construit en filigrane son auteur**, que cette mise en abyme se lise implicitement dans le texte ou soit prise pour objet explicite de la création. Tout romancier, tout poète, tout philosophe donnent une image d'eux-mêmes, de leur engagement idéologique comme **esthétique**, par le biais de personnages qui sont les doubles de leur auteur (comme Des Esseintes dans *À rebours* de Huysmans), de narrateurs-relais (comme dans *Les Diaboliques* de Barbey d'Aurevilly), d'un commentaire plus ou moins direct de leur œuvre (l'intrusion d'auteur) ou dans la construction d'une image de soi, d'un « devenir écrivain », que constituent l'autobiographie, les journaux intimes ou les correspondances.

À cette image construite et induite par l'écrivain lui-même se superpose celle que la société lui donne, comme l'a analysé Roland Barthes dans *Mythologies* (1957), à travers son portrait de « l'écrivain en vacances ». L'auteur peut même devenir une **grille de lecture** ou d'**interprétation** pour l'œuvre, comme dans la critique biographique d'un Sainte-Beuve, jugeant la « production littéraire » indissociable de « l'homme » (*Nouveaux lundis*) ou dans l'exposé de Taine analysant trois facteurs déterminants de la création : la race, le milieu et le moment. La publication en 1952 du *Saint Genet, comédien et martyr* de Sartre, décryptage des « tourniquets » de la création romanesque et théâtrale de Jean Genet, détourna pour longtemps l'auteur du *Miracle de la rose* ou des *Bonnes* de toute écriture. La psychocritique, celle d'un Charles Mauron par exemple, s'attache également à découvrir dans l'œuvre des « métaphores obsédantes » et des « mythes personnels », tissant des réseaux d'associations et d'images.

La triade complexe que composent l'œuvre, son auteur et son lecteur, fait de la création littéraire, comme l'a montré Jean-Pierre Richard (1954), « une aventure d'être » qui construit tant la figure de l'auteur que celle du lecteur, l'auteur étant à la fois antérieur et extérieur à l'œuvre, son intention n'étant perceptible que par le biais indirect d'une formulation et d'une construction. En somme, l'auteur lui-même est un **texte**. Il est, autant que l'œuvre, objet de réception.

4. LECTURES

4.1 UNE MISE EN SCÈNE AUCTORIALE

« Je traduis cette histoire de deux manuscrits volumineux, l'un romain, et l'autre de Florence. À mon grand péril, j'ai osé reproduire leur style, qui est presque celui de nos vieilles légendes. Le style si fin et si mesuré de l'époque actuelle eût été, ce me semble, trop peu d'accord avec les actions racontées et surtout avec les réflexions des auteurs. Ils écrivaient vers l'an 1598. Je sollicite l'indulgence du lecteur et pour eux et pour moi. »

II

« Après avoir écrit tant d'histoires tragiques, dit l'auteur du manuscrit florentin, je finirai par celle qui me fait le plus de peine à raconter. Je vais parler de cette fameuse abbesse du couvent de la Visitation à Castro, Hélène de Campireali, dont le procès et la mort donnèrent tant à parler à la haute société de Rome et de l'Italie [...]. »

Stendhal, *L'Abbesse de Castro* (1839) in STENDHAL, *Chroniques italiennes*, Flammarion-GF, p. 68-69.

Les *Chroniques italiennes*, recueil d'historiettes sanglantes, ont été inspirées à Stendhal, comme il le souligne lui-même, par la lecture de manuscrits anciens. Il s'agit pour l'auteur de chercher un **espace** propre à la **naissance de l'écriture**, en une quête à la fois spatiale, temporelle et stylistique. Cet extrait, représentatif de l'intrusion d'auteur, se présente comme la recherche d'une **voix auctoriale**, en une scénographie* linguistique mimant la manière dont Stendhal trouve une liberté paradoxale dans l'énonciation de contraintes, pour se constituer en « auteur ».

Dans ce **commentaire métatextuel***, le « je » employé est celui d'un narrateur* – relais ou, plus précisément, d'un traducteur. Le lecteur se voit entraîné dans une véritable mystification littéraire. Certes, les manuscrits italiens existent, mais Stendhal ne fait en aucun cas œuvre d'historien fidèle. Lui-même souligne qu'il opère des choix, entre un manuscrit florentin et un manuscrit romain, en somme il (dé)compose, choisissant, pour ouvrir son propre recueil de chroniques, l'histoire par laquelle finit « l'auteur du manuscrit florentin ». L'extrait est ainsi traversé par un champ* de **mouvements contraires** (retrait, analepse*, mais aussi prolepse* puisque le dénouement nous est déjà révélé), tous allant dans le sens de l'aménagement d'un espace à la voix.

Ailleurs géographique et historique, l'Italie permet en effet d'opérer une distanciation stylistique (« reproduire leur style »). Ainsi Stendhal définit sa **position d'écrivain**, juxtaposant, sans les confondre, différents « je » : traducteur, presque copiste, demeure-t-il *auteur* ? En apparence, Stendhal conteste toute responsabilité tant pour ce qui est des « actions racontées » que des « réflexions » transmises. Sa posture serait celle de l'effacement. Pourtant ses choix sont aussi un acte et une mise en danger, une prise de risque, assumée par un écrivain affirmant son identité : « à mon grand péril, j'ai osé ». Le grand théoricien du romantisme (*Racine et Shakespeare*) peut ainsi lier contestation esthétique et idéologique : écrire dans le style de « nos vieilles légendes », comme on écrivait en ces temps de passion et de *virtù* que représente l'année 1598, revient à s'opposer à la société française, vaniteuse et sans grandeur, de 1830, « au style si fin et si mesuré ».

En définitive, c'est par le déni apparent de sa position d'auteur, le retrait de sa voix (le Il opère le passage à la citation, souligné par les guillemets et l'incise), comme par la transition du « je » stendhalien au « je » de l'auteur florentin que l'écrivain se ménage l'espace de la plus absolue **liberté de composition et de contestation** des formes établies. Stendhal se constitue lui-même en personnage et fait de sa voix un objet de commentaire et de réception. Stendhal auteur est ici non seulement créateur mais création.

4.2 « AH ! INSENSÉ QUI CROIS QUE JE NE SUIS PAS TOI ! »

« Si un auteur pouvait avoir quelque droit d'influer sur la disposition d'esprit des lecteurs qui ouvrent son livre, l'auteur des *Contemplations* se bornerait à dire ceci : Ce livre doit être lu comme on lirait le livre d'un mort.
Vingt-cinq années sont dans ces deux volumes. *Grande mortalis ævi spatium*[1]. L'auteur a laissé, pour ainsi dire, ce livre se faire en lui. La vie, en filtrant goutte à goutte à travers les événements et les souffrances, l'a déposé dans son cœur. Ceux qui s'y pencheront retrouveront leur propre image dans cette eau profonde et triste, qui s'est lentement amassée là, au fond d'une âme.
Qu'est-ce que les *Contemplations* ? C'est ce qu'on pourrait appeler, si le mot n'avait quelque prétention, *les Mémoires d'une âme*.

---

1. Citation de Tacite (*Agricola*, III) : grand espace de temps dans la vie d'un mortel.

(...) Une destinée est écrite là jour à jour.
Est-ce donc la vie d'un homme ? Oui, et la vie des autres hommes aussi. Nul de nous n'a l'honneur d'avoir une vie qui soit à lui. Ma vie est la vôtre, votre vie est la mienne, vous vivez ce que je vis ; la destinée est une. Prenez donc ce miroir, et regardez-vous-y. On se plaint quelquefois des écrivains qui disent moi. Parlez-nous de nous, leur crie-t-on. Hélas ! Quand je vous parle de moi, je vous parle de vous. Comment ne le sentez-vous pas ? Ah ! Insensé, qui crois que je ne suis pas toi !
Ce livre contient, nous le répétons, autant l'individualité du lecteur que celle de l'auteur. *Homo sum*. Traverser le tumulte, la rumeur, le rêve, la lutte, le plaisir, le travail, la douleur, le silence ; se reposer dans le sacrifice, et, là, contempler Dieu ; commencer à Foule et finir à Solitude, n'est-ce pas, les proportions individuelles réservées, l'histoire de tous ?
On ne s'étonnera donc pas de voir, nuance à nuance, ces deux volumes s'assombrir pour arriver, cependant, à l'azur d'une vie meilleure. La joie, cette fleur rapide de la jeunesse, s'effeuille page à page dans le tome premier, qui est l'espérance, et disparaît dans le tome second, qui est le deuil. Quel deuil ? Le vrai, l'unique : la mort ; la perte des êtres chers.
Nous venons de le dire, c'est une âme qui se raconte dans ces deux volumes : *Autrefois, Aujourd'hui*. Un abîme les sépare, le tombeau. »

V.H.

Guernesey, mars 1856.

Victor Hugo, *Préface* des *Contemplations* (extrait)

G.-F, 1995, p. 25-26.

Toute préface est un texte d'encadrement et de présentation. Ici le paratexte (Genette, *Seuils*, 1987) est auctorial et non allographe : Victor Hugo présente son recueil et oriente sa lecture. Hugo est par excellence un auteur de préfaces, en poésie comme au théâtre. Ce type de texte est pour lui un espace de définition mais aussi de révolte, d'expression intime comme politique. La fameuse préface de *Cromwell*, en 1827, est considérée comme le manifeste du drame romantique, énonçant les fondements du genre et plus largement son esthétique. Hugo est un homme de discours et ses préfaces sont des espaces d'engagement, de combat. Il s'agit ici, au sens propre, de présenter le texte, d'accompagner sa lecture, et en ce sens cette préface doit être commentée comme un discours paradoxal car, malgré les ordres de Hugo, le lecteur a le loisir de ne pas lire ce texte.

ORGANISATION RHÉTORIQUE DU TEXTE

La préface est organisée en quatre mouvements argumentatifs. Chacun s'appuie sur une ou deux affirmations successives qui se fondent en une formule finale, ayant valeur de définition du recueil. Premier mouvement : ce livre doit être lu comme on lirait le livre d'un mort, il s'est lentement formé en son auteur. Le second mouvement (coupé dans notre extrait) énonce le fait que ce volume rassemble tous les souvenirs d'une vie, de l'énigme du berceau à celle du tombeau, il est donc pleinement un recueil puisqu'il contient toutes les tonalités, tous les registres. Il est le journal poétique d'une vie. Le troisième mouvement souligne que chacun peut se retrouver dans ce recueil intime. La définition apparaît cette fois sous forme de question : « N'est-ce pas l'histoire de tous ? » Enfin, dans le quatrième mouvement, Hugo propose une ultime définition qui les rassemble toutes : « *Autrefois. Aujourd'hui*. Un abîme les sépare, le tombeau. »

Équilibre et concision sont au service d'une véritable rhétorique : il s'agit de convaincre le lecteur et d'orienter sa lecture, comme le montre le verbe de modalité extrêmement fort dont use Hugo au début de la préface : « ce livre *doit* être lu ». C'est moins ici l'objet livre qui intéresse Hugo que son auteur et surtout son lecteur. La préface est orientée vers la réception des *Contemplations*. Hugo martèle son discours, ne cesse de le résumer et reprendre, de le synthétiser en des formules choc. Il convient d'analyser en ce sens son usage des italiques : hormis celles du titre (*Les Contemplations*) ou de la citation de la *Vie d'Agricola* de Tacite, usages traditionnels et codifiés, Hugo met en valeur par ce biais les notions essentielles de sa préface : les mémoires d'une âme, *Homo sum*, autrefois et aujourd'hui, autant dire trinité du moi, de l'humanité et du livre, défini dans sa temporalité, son genre et sa césure structurelle principale. Ainsi se dégage une triple construction par le discours : le poète, le livre et le lecteur.

CONSTRUCTION D'UNE FIGURE D'ÉCRIVAIN

Hugo parle de loin, depuis l'exil. Or seule la mention de Guernesey avant la datation du texte le signale. L'exil n'est pas un thème traité directement par la préface qui efface volontairement toute dimension politique à ce discours. En ce sens, cette préface ne rend pas entièrement compte du recueil, c'est là le premier signe de sa part de mystification.

Quels sont les pronoms personnels et les mots par lesquels Hugo se désigne ? Il use d'abord d'un mot qui pourrait sembler vague et général, en quelque sorte synonyme d'écrivain : auteur. Certes l'article indéfini (*un* auteur) fait signe vers un relatif effacement du moi. Cependant le terme est repris dès la ligne suivante, « l'auteur des *Contemplations* », il ne peut plus désigner que Hugo. Surtout le poète l'emploie ici au sens étymologique d'*auctor*, le garant, le signataire et la caution de l'œuvre, comme le montrent les initiales V.H. à la fin du texte. Le terme désigne celui qui fonde et établit le sens. Et Hugo se situe bien dans ce registre juridique, comme le montre l'emploi du terme de « droit » à la ligne 1 et malgré les précautions oratoires et prétendues attentions au libre-arbitre de son lecteur.

D'autre part, Hugo se désigne à travers des termes métonymiques : le cœur, l'âme, renvoyant à son activité de poète mais aussi à son existence d'homme, de chair, de cœur et d'esprit. Il est « homme » (deux occurrences) et ce terme générique se voit associé à un article indéfini, manière de montrer que Hugo est ici à la fois un individu particulier et tous les hommes, un représentant symbolique de l'humanité dans ses interrogations, ses doutes, ses joies comme ses douleurs. Ce mouvement d'extension du moi, de dissolution dans l'humanité, sera celui de tout le recueil.

On peut noter enfin l'usage du pronom personnel « je » systématiquement associé à un « vous », manière de gommer l'individualité, de se fondre dans un nous qui englobe Hugo et ses lecteurs ou désigne Hugo seul. Le dernier « nous » est de fait une déconstruction du moi, une opposition entre le moi d'avant la publication, un homme disparu (le « mort ») et un moi qui se détache de ce livre, une fois le chemin parcouru, comme le montre le recours à une troisième personne du singulier, au pronom réfléchi : « qui *se* raconte ». Le moi est ainsi dépassé en fin de préface, même si ce « je » réapparaîtra bien sûr dans les poèmes.

Il s'agit donc moins dans cette préface de l'affirmation d'un moi que de la mise en perspective de la destinée humaine, à travers une expérience individuelle, celle du deuil et de la mort, moins d'un lyrisme personnel que d'un lyrisme de l'homme, dans lequel le moi se fond. L'autobiographie poétique est dépassée, l'auteur s'efface derrière son livre, dont il dit même qu'il s'est édifié, de manière presque autonome : « L'auteur a laissé, pour ainsi dire, ce livre se faire en lui. » Le livre est ici sujet de la phrase, seule puissance agissante, mais là encore il s'agit de lire la part de construction. Hugo use paradoxalement du terme auteur (justement agent du livre), il souligne la part de rhétorique de l'affirmation par le « pour ainsi dire »… La préface construit le mythe de la genèse de l'œuvre.

LE LIVRE

Le terme, très général, apparaît à plusieurs reprises. Hugo n'emploie jamais celui de « recueil ». Le mot « livre » a des connotations religieuses, comme le montre par ailleurs l'association du verbe « contempler » à Dieu. Le terme renvoie cependant surtout à l'objet-livre, dont Hugo souligne par trois fois qu'il est composé de « deux volumes », sans compter la distinction du « tome 1 » et du « tome 2 » à la fin de la préface. Hugo insiste sur la grande temporalité couverte par son recueil (vingt-cinq années) mais évoque également le livre dans ses détails (« goutte à goutte », « jour à jour », « nuance à nuance », « page à page »). À travers cette préface, Hugo définit les inspirations du livre, ses thématiques comme ses registres. Le recueil est tout à la fois un livre posthume (« le livre d'un mort »), des « mémoires », un journal (« jour à jour »), un récit, un « miroir », autant dire un ensemble, le microcosme d'une vie, d'une destinée (il « contient »), de la naissance à la mort. Il est une traversée, une contemplation. Une fois achevé, le livre est donc mis à distance par un adjectif démonstratif,

« ces deux volumes », permettant, comme la préface, de désigner le livre et le présenter aux lecteurs.

LE LECTEUR

Le terme apparaît dès la première phrase de la préface en une sorte de mise en garde. Hugo s'adresse à ceux qui « ouvrent son livre ». Il a conscience du pouvoir de l'écrivain et de la fonction d'autorité de la préface qui oriente une lecture (elle « influe sur la disposition d'esprit des lecteurs »). L'auteur modalise son discours, il est davantage dans l'insinuation que dans la persuasion (l'illustrent les tournures conditionnelles, « si », « se bornerait »), en une prudence toute rhétorique comme le montre la définition qui suit les deux points et qui est une formule impérative, orientant la lecture « ce livre *doit* être lu comme ». L'emploi du verbe devoir n'est pas innocent : il s'agit tout autant d'une obligation (il faut le lire comme) que d'un impératif moral. De plus, le développement de la préface montre que Hugo ne renonce pas à orienter la lecture de son recueil. Et non seulement il l'oriente vers une certaine tonalité mais il séduit le lecteur, l'attire vers lui : il lui demande de « se pencher », de faire un mouvement vers le livre. Il opère des choix parmi ces lecteurs, passant en quelques lignes d'un public potentiel (« des lecteurs ») à « ceux qui s'y pencheront », des lecteurs désignés et élus. Enfin, il lui propose un « miroir » de sa propre vie, en abolissant toute distance entre le « moi » et le « vous », en rapprochant lecteur et auteur et en affirmant même répondre à ses attentes et critiques. Il s'agit donc bien de mettre en œuvre une *captatio benevolentiæ*, d'attirer et captiver l'attention du lecteur, de provoquer sa bienveillance, en une exclamation qui annonce celle de Baudelaire en ouverture des *Fleurs du mal* (1857), « Hypocrite lecteur, – mon semblable, mon frère ».

Lectures conseillées

> BARTHES (Roland), « La Mort de l'auteur » [1968], *in* R. BARTHES, *Le Bruissement de la langue,* Seuil, 1984, p. 61-67.
> BÉNICHOU (Paul), *Le Sacre de l'écrivain, 1750-1830,* José Corti, 1973.
> BOURDIEU (Pierre), *Les Règles de l'art, Genèse et structure du champ littéraire,* Seuil, 1992.
> BRUNN (Alain), *L'Auteur,* GF, « Corpus lettres », 2001.
> CHAMARAT (Gabrielle) et GOULET (Alain) éd., *L'Auteur,* Actes du colloque de Cerisy-la-Salle, Presses universitaires de Caen, 1996.
> CHARTIER (Roger), *Culture écrite et société. L'Ordre des livres (XIVe-XVIIIe siècle),* Albin Michel, 1996.
> COMPAGNON (Antoine), *Le Démon de la théorie. Littérature et sens commun,* Seuil, 1998.
> COUTURIER (Maurice), *La Figure de l'auteur,* Seuil, 1995.
> DIAZ (José-Luis) éd., *Images de l'écrivain* ; *Écrire à l'écrivain,* Cahiers Textuels, n° 22 et n° 27, Publications de l'université de Paris 7, 1989 et 1994.

FOUCAULT (Michel), « Qu'est-ce qu'un auteur ? » [1969], *in* M. FOUCAULT, *Dits et écrits*, Gallimard, 1994, t. 1, p. 789-821.

JACQUES-LEFÈVRE (Nicole) et REGARD (Frédéric) éd., *Une histoire de la « fonction-auteur » est-elle possible ?* Publications de l'université de Saint-Étienne, 2001.

MAURON (Charles), *Des métaphores obsédantes au mythe personnel. Introduction à la psychocritique*, José Corti, 1962.

PINGAUD (Robert), « La non-fonction de l'écrivain », *L'Arc*, Aix-en-Provence, 1977, n° 70, p. 74-79.

PROUST (Marcel), *Contre Sainte-Beuve* [1909], Gallimard, 1954.

RICHARD (Jean-Pierre), *Littérature et sensation*, Seuil, 1954.

VIALA (Alain), *Naissance de l'écrivain. Sociologie de la littérature à l'âge classique*, Minuit, 1985.

WIMSATT (William K.), et BEARDSLEY (Monroe C.), *The Verbal Icon. Studies in the Meaning of Poetry*, Lexington, University of Kentucky Press, 1954.

CHAPITRE 3
LA LECTURE

1. UNE ACTIVITÉ PLURIELLE
2. THÉORIES DE LA LECTURE
3. LECTURES DU LECTEUR :
   « C'EST EN LISANT QU'ON DEVIENT LISERON » (R. QUENEAU)
4. LECTURES

La lecture ne sera pas envisagée ici comme un simple déchiffrement mais comme un processus de réception, impliquant certes une sensibilité mais aussi un regard critique, en somme en tant qu'activité *littéraire*. Nous laisserons donc de côté l'aspect émotionnel, érotique, de la lecture qu'analyse Roland Barthes dans *Le Bruissement de la langue*. La lecture est une réception qu'il faut considérer comme une interaction auteur/œuvre/lecteur. L'écrivain prépare la lecture de son texte, par un système de commentaires, d'adresses ou de paratextes. La lecture est donc pour une part inscrite dans l'œuvre. Mais elle est aussi une activité créatrice, en tout cas productrice de sens. Le lecteur ne décode pas en lisant, il sur-code, Barthes le souligne dans ce même essai. Enfin, la lecture est une activité éphémère, fragmentée (interruptions, pauses) et tributaire de notre mémoire associative. Ce qui conduit Barthes à se demander, toujours dans *Le Bruissement* (« Sur la langue »), si la « lecture n'est pas, constitutivement, un champ pluriel de pratiques dispersées, d'effets irréductibles ».

1. UNE ACTIVITÉ PLURIELLE

Quoi de plus simple, au premier abord, que la lecture ? Lire revient à déchiffrer des **textes* écrits**, mais aussi des images, des tableaux, des signes*. Mais cette activité, enseignée dès l'école élémentaire, pratiquée dans des lieux particuliers (bibliothèques, cabinets de lecture…), se révèle prise dans des enjeux plus larges, qu'ils soient économiques (édition, librairies), sociaux ou textuels. En somme, la lecture est moins une **activité** de déchiffrement que **de réception**, impliquant un regard subjectif, voire un accueil critique, supposant un investissement du lecteur, puisque « chacun tire de chaque livre le livre qui lui est utile » (I. Calvino, *La Machine littérature,* 1984). La lecture est une **pratique culturelle**, mettant en œuvre des connaissances, des savoirs, des comportements ; elle est projection de goûts ou d'opinions, c'est une activité productrice de sens, – elle n'est pas simple réception des textes mais action sur eux –, que l'on peut considérer comme un dialogue entre celui qui a produit le texte et celui qui le lit, au point même que Umberto Eco a pu qualifier cette relation dialogique* de « duel » ou de « stratégie ». La lecture est aussi une pratique culturelle, en ce qu'elle a évolué parallèlement à l'histoire du livre (cf. chapitre « Œuvre ») : du rouleau au *codex*, du livre à l'e-book, des cabinets de lecture, des lectures collectives des salons, à la lecture privée et démocratisée aujourd'hui, avec la révolution du livre en petit format au XIXe siècle puis du livre de poche au XXe siècle. La lecture est prise dans un devenir, une intelligibilité transhistorique.

Opération de mémorisation, de structuration, la lecture est avant tout une **activité d'interprétation**, supposant un dialogue, une situation de communication, entre l'écrivain et son lecteur, mais ce dialogue reste « fermé » au sens où, une fois l'œuvre écrite, aucune information supplémentaire ne peut être apportée, sinon par le biais d'autres lectures, que celles-ci soient le fait de l'auteur lui-même (dans sa correspondance, dans ses interviews aujourd'hui) ou d'autres lecteurs (les critiques). En somme, la lecture est une activité complexe, prise entre contrainte et liberté.

De même, **qu'est-ce qu'un lecteur** ? Il est des lecteurs naïfs et des lecteurs érudits, des lecteurs « courants » et des lecteurs « spécialistes » (les critiques, les étudiants…). Une œuvre a les lecteurs de son époque, de son siècle et des lecteurs postérieurs ayant un tout autre mode de pensée, voire d'expression. Le lecteur est donc une sorte d'abstraction, ou, du moins, un être insaisissable, mouvant, que les œuvres tentent cependant parfois de cerner : le texte s'adresse à des lecteurs réels, parfois nommés ou même définis dans les seuils paratextuels* (préfaces, avertissements, avis au lecteur). Mais nul texte ne peut totalement prévoir quels seront ces lecteurs réels, leurs démarches, leurs réactions, leurs modes de réception. L'auteur s'adresse alors à son public supposé, désigne explicitement une certaine catégorie de lecteurs, tel l'« hypocrite lecteur, – mon semblable, – mon frère ! » de Baudelaire dans le poème liminaire des *Fleurs du mal*, ou le lecteur de roman auquel s'adresse le narrateur balzacien dès les premières pages du *Père Goriot* : « Vous qui tenez ce livre d'une blanche main, vous qui enfoncez dans un moelleux fauteuil en vous disant : Peut-être ceci va-t-il m'amuser. Après avoir lu les secrètes infortunes du père Goriot, vous dînerez avec appétit en mettant votre insensibilité sur le compte de l'auteur, en le taxant d'exagération. Ah ! sachez-le : ce drame n'est ni un roman ni une fiction. *All is true*, il est si véritable que chacun peut en reconnaître les éléments chez soi, dans son cœur peut-être. »

Mais rien ne permet à l'auteur, malgré ses « intrusions », ses commentaires, ses interpellations, de totalement déterminer et prévoir la transmission de son œuvre qui sera forcément reçue par un public indéterminé, pluriel, aux modes de lecture disparates. On ne peut donc accorder une importance secondaire au lecteur : celui-ci, par son déchiffrement, par son interprétation, est un « co-énonciateur ». Une œuvre est en quelque sorte toujours terminée par celui qui la regarde.

2. THÉORIES DE LA LECTURE

L'approche du lecteur comme élément essentiel de l'œuvre est chose récente et l'on peut même, à la suite d'Antoine Compagnon (1998), considérer « l'histoire des théories de la lecture dans les dernières décennies » comme « celle d'une liberté croissante consentie au lecteur face au texte ». Ignoré des approches formalistes ou historicistes (s'attachant à l'œuvre et à son contexte), des approches expressives (s'intéressant au créateur de l'œuvre) ou mimétiques (ayant le monde pour objet), le lecteur est le sujet des approches formalistes. Le lecteur a longtemps été nié ou oublié par la critique littéraire. Pour Brunetière ou Lanson, le livre existe en lui-même, il est un objet autonome, « il a lieu tout seul : fait, étant », comme l'écrit Mallarmé. Ainsi pour les New Critics américains de l'entre-deux-guerres (Wimsatt, Beardsley, Richards), la lecture doit être objective, la plus proche possible – le *close reading* – du système clos que constitue l'œuvre.

Puis, dans les années 1950-1960, la **critique**, dite **thématique** ou **créatrice**, inspirée par les essais de Gaston Bachelard sur l'imaginaire, et proche de la critique « par sympathie » d'un Sainte-Beuve, envisage la littérature moins comme un objet de savoir que comme une expérience, personnelle et subjective. De fait, le lecteur, mis sur le devant de la scène, doit fondre sa conscience dans celle de l'auteur, « s'install[er] dans l'œuvre pour épouser les mouvements d'une imagination et les dessins d'une composition » (J. Rousset). Même conception de l'acte de lecture chez Jean-Pierre Richard, pour qui la réception suppose une adhésion : « L'esprit ne possédera une œuvre, une page, un mot même, qu'à condition de reproduire en lui (et il n'y parviendra jamais absolument) l'acte de conscience dont ils constituent l'écho. » En somme, l'adhésion, une forme de capillarité des consciences sont nécessaires à toute lecture comme à toute interprétation des textes. La lecture est envisagée dans son double mouvement, celui de se fondre dans l'œuvre, de retrouver l'impulsion qui présida à sa création, avant de se détacher d'elle pour trouver la distance nécessaire à l'interprétation : il s'agit, selon les termes de Jean Rousset, d'une « position un peu équivoque, celle d'un interprète qui se met tour à tour à l'intérieur et au-dehors de son objet ».

L'**École de Constance**, animée par des théoriciens de langue allemande (Wolfgang Iser, Hans Robert Jauss), interroge une **esthétique de la réception**, démontrant que, sans le travail d'un lecteur, tout livre reste inerte, la lecture venant concrétiser ses potentialités de signification. L'analyse s'attache aux effets, à l'impact de l'œuvre. En effet, on peut distinguer deux voies chez les théoriciens de la réception, Iser s'attachant au lecteur, tandis que Jauss met davantage l'accent sur la dimension collective de la lecture. Pour Iser, toute œuvre a deux dimensions, deux « pôles ». Le premier, « le pôle artistique est le texte de l'auteur », le second, « le pôle esthétique est la réalisation accomplie par le lecteur ». Ainsi une œuvre est « inévitablement de caractère virtuel, car elle ne peut pas se réduire ni à la réalité du texte ni à la subjectivité du lecteur, et c'est de cette virtualité qu'elle dérive son dynamisme ». Le sens ne préexiste donc pas, il se construit dans le mouvement de la lecture. Et Iser d'ajouter :

« Le sens doit être le produit d'une interaction entre les signaux textuels et les actes de compréhension du lecteur. Et le lecteur ne peut pas se détacher de cette interaction ; au contraire, l'activité stimulée en lui le liera nécessairement au texte et l'induira à créer les conditions nécessaires à l'efficacité de ce texte. Comme le texte et le lecteur se fondent ainsi en une seule situation, la division entre sujet et objet ne joue plus, et il s'ensuit que le sens n'est plus un objet à définir, mais un effet dont faire l'expérience. »

Le lecteur implicite, celui auquel s'adresse nécessairement tout texte, se voit donc **assigner un rôle**. Il doit incarner « toutes les dispositions nécessaires pour que le texte exerce son effet ». En conséquence, « les racines du lecteur implicite comme concept sont fermement implantées dans la structure du texte ; il est une construction et n'est nullement identifiable à aucun lecteur réel » (Iser).

Hans Robert Jauss infléchit, lui aussi, le concept de lecture vers celui de « réception », montrant que le **sens du texte** n'est **jamais stabilisé** mais qu'il varie en fonction de ses contextes de réception. Une notion essentielle de cet essai est la définition d'un « **horizon d'attente*** » chez les lecteurs. Trois réactions sont en effet possibles face à une œuvre nouvelle : la satisfaction immédiate, la déception, ou le désir de s'adapter aux nouveaux horizons ouverts par l'œuvre. La réception est donc critère de la valeur de l'œuvre. Seule celle procurant un plaisir inédit, venant bouleverser l'horizon d'attente du lecteur, créant un « écart esthétique » entre l'attente et l'expérience, est dotée d'une réelle valeur littéraire.

Les théories les plus récentes de la lecture, sans dénier la place capitale de la réception dans la construction d'un sens du texte, s'attachent désormais soit à montrer que l'œuvre d'art est ouverte à un éventail illimité de lectures (Umberto

Eco), la lecture suggérant une infinité d'œuvres virtuelles dont l'œuvre réelle n'est qu'un exemple (Michel Charles), soit à dénoncer et l'autonomie du texte et la liberté du lecteur pour fonder le concept de « communauté interprétative ». Cette dernière voie est celle explorée par Stanley Fish qui déconstruit les trinités **auteur/œuvre/lecteur** ou **intention/forme/réception** pour montrer que celles-ci se fondent dans un ensemble : « La forme de l'expérience du lecteur, les unités formelles, et la structure de l'intention sont une seule et même chose, elles se manifestent simultanément, et la question de la priorité et de l'indépendance ne se pose donc pas. »

Mais, loin de s'opposer les unes aux autres, ces différentes perspectives doivent éclairer notre propre approche de la lecture. Il faut admettre la complexité de tout acte de lecture, expérience, selon les termes mêmes d'Antoine Compagnon (1998), « double, ambiguë, déchirée ».

3. LECTURES DU LECTEUR : « C'EST EN LISANT QU'ON DEVIENT LISERON » (R. QUENEAU)

3.1 QU'EST-CE QU'UN LECTEUR ?

Par sa diversité, la littérature génère une multiplicité de lecteurs : lecteurs de poèmes ou de romans, lecteur/spectateur de pièces de théâtre, lectrices des romans à l'eau de rose, lecteurs érudits, de manuscrits anciens... Pour autant, s'il n'existe pas de lecteur idéal, différentes définitions du lecteur, entre lecteurs réels et modèles de lecture, peuvent être relevées.

LE LECTEUR INSTITUÉ

Tout genre littéraire implique un certain **type de lectorat**. Ce lecteur institué est induit par l'énonciation même du texte, son appartenance à un genre, son fonctionnement sur un registre particulier. Les *Oraisons funèbres* que Bossuet adresse à ses « frères » et plus largement aux Grands de la Cour pour les exhorter à agir selon les préceptes de Dieu n'instituent *ipso facto* pas le même type de lecteurs que les romans policiers (supposant un lecteur complice et à la recherche d'indices textuels) ou les romans réalistes. Certes, une même œuvre peut s'offrir à des catégories de lecteurs institués relativement hétérogènes : *Les Diaboliques* de Barbey d'Aurevilly par exemple pouvant, parmi d'autres modalités de réception, susciter une lecture policière – le lecteur opérant des correspondances entre récit-cadre et récit encadré pour découvrir une certaine vérité des personnages et des situations –, une interprétation psychanalytique ou une lecture plus réaliste. Le lecteur « idéal » serait dès lors celui qui saurait réunir ces différentes positions de lecture.

LE PUBLIC GÉNÉRIQUE ET LE PUBLIC ATTESTÉ

Il s'agit des lecteurs, socialement et historiquement définis, impliqués par l'œuvre, son appartenance à un genre et à un contexte littéraire précis. Balzac, Stendhal et Alexandre Dumas ont ainsi un public générique relativement semblable : les lecteurs des années 1830. Pourtant leurs œuvres n'instituent pas le même lecteur : Stendhal choisit le cercle restreint des *happy few*, tandis que Balzac et Dumas s'adressent à un lectorat plus large, aux lecteurs populaires du roman-feuilleton qu'ils pratiquent l'un comme l'autre.

Une œuvre littéraire traverse cependant les siècles et touche alors un autre public, qui ne correspond plus à son public générique, et que l'on appelle le public attesté. Ainsi, aujourd'hui, les spectateurs du *Cid* ou de *Phèdre* ne sont plus ceux de la Cour, ils perçoivent différemment les enjeux des pièces et ne peuvent comprendre, sans un travail de recherche, les débats théologiques ou politiques soulevés à l'époque par ces œuvres.

LE LECTEUR INSCRIT OU LECTEUR INVOQUÉ

Cette personne est le lecteur auquel s'adresse le texte, parfois implicitement, parfois nommément, sans considération du genre et du registre de l'œuvre. **Destinataire du livre**, ce lecteur est l'objet d'apostrophes, d'injonctions, d'adresses, il peut être interpellé dans sa singularité (« c'est ici un livre de bonne foi, lecteur » écrit Montaigne dans l'*incipit* des *Essais*) ou plus collectivement, comme les *happy few* auxquels Stendhal offre *La Chartreuse de Parme*. Le lecteur peut être l'objet de séductions, d'une *captatio benevolentiæ**, ou au contraire de refus, de mises en garde, d'injonctions négatives ou ironiques (« J'ai déjà dit au Chrétien qui me lit – je le nomme chrétien l'espérant tel ; s'il ne l'est pas, je le regrette et le prie de disputer la chose avec sa conscience sans rendre mon ouvrage responsable », Sterne, *Vie et opinions de Tristram Shandy*, 1759-1763, chapitre XXXIII). Malmené ou flatté, ce lecteur occupe une place importante dans le jeu narratif, il est parfois l'enjeu d'un dialogue, comme dans *Jacques le Fataliste* de Diderot. Que l'auteur tente de le séduire, ou, au contraire, contrarie ses attentes, ce lecteur apparaît comme une instance narrative essentielle.

S'il n'y a pas de lecteur idéal, il existe cependant, selon Umberto Eco, un « **Lecteur Modèle** ». Prévu par l'auteur, ce lecteur doit se montrer « capable de coopérer à l'actualisation textuelle de la façon dont lui, l'auteur, le pensait et capable aussi d'agir interprétativement comme lui a agi génératiquement ». Comme le montre Eco, tout texte est incomplet, à actualiser. Le rôle du lecteur, double, est donc de mettre en relation les messages *et* d'expliciter les non-dits, les blancs, les ellipses narratives. Le Lecteur Modèle est donc « coopératif » ; l'auteur, s'il veut prévoir, sinon contrôler, la réception de son œuvre, se doit d'envisager et de mettre en place une véritable « stratégie textuelle ».

3.2 L'AUTEUR, L'ŒUVRE, LE LECTEUR

Il ne faut donc pas opposer auteur et lecteur, création et réception. L'œuvre littéraire est le « produit » d'un double mouvement, celui qui procède à sa **création** – unissant intention et construction formelle – et celui qui naît de sa **lecture**. L'œuvre est d'une certaine manière, comme l'a écrit Umberto Eco, un « mécanisme paresseux », construit par son auteur, et vivant « sur la plus-value de sens qui y est introduite par le destinataire » : « Un texte veut laisser au lecteur l'initiative interprétative, même si en général il désire être interprété avec une marge suffisante d'univocité. Un texte veut que quelqu'un l'aide à fonctionner. »

En effet, une œuvre ne se découvre que progressivement, ligne après ligne, chapitre après chapitre, la lecture se déroule dans le temps, comme un morceau de musique, contrairement au tableau qui « s'offre tout entier au regard », comme le fait observer Jean Rousset, même si le regard peut ensuite se porter sur les détails. Le mouvement de la lecture textuelle est inverse de celui de la lecture picturale : il procède des détails vers l'ensemble. Ainsi, selon Rousset, « la tâche du lecteur est de renverser cette tendance naturelle du livre de manière à ce que celui-ci se présente tout entier au regard de l'esprit. Il n'y a de lecture complète que celle qui transforme le livre en un réseau simultané de relations réciproques ; c'est alors que jaillissent les surprises heureuses et que l'ouvrage émerge sous nos yeux ». La lecture donne vie à un texte qui, sans elle, resterait lettre morte. Le lecteur « prête la chaleur de sa propre vie aux signes déposés sur la page morte et ranime le mouvement de l'existence qu'il épouse et dont il est à présent responsable » (Doubrovsky). On peut cependant se demander si toute lecture n'est pas une **trahison du sens originel**, essentiel de l'œuvre. Toute lecture induit une interprétation, la construction d'un sens inédit, la mise en mouvement d'une modalité particulière du fonctionnement du texte parmi tant d'autres. La lecture d'une même œuvre, par un lecteur unique, peut varier dans ses interprétations. Comme l'écrit Borges : « Qu'est-ce qu'un livre si nous ne l'ouvrons pas ? Un simple cube de papier et de cuir, avec des feuilles ; mais si nous le lisons, il se passe quelque chose d'étrange, je crois qu'il change à chaque fois. [...] Chaque fois que nous lisons un livre, le livre a changé, la connotation des mots est autre. »

En somme, la lecture, **par définition plurielle**, du fait des pratiques et des interprétations, ne va pas de soi. Certains lecteurs peuvent même avoir le sentiment de malmener le texte, de lui imposer une pratique « déviante » – tels les lecteurs de pièces de théâtre, de sermons ou de discours politiques –, voire d'être des intrus, des voyeurs, dans le cas de journaux intimes, de correspondances ou d'œuvres non destinées à la lecture – comme celles de Franz Kafka, publiées contre sa volonté par Max Brod.

Cependant, le lecteur est-il aussi libre du sens à donner ? Une des problématiques essentielles soulevée par la lecture est celle de la **marge d'interprétation** laissée au lecteur. En tout état de cause, la réception du texte est toujours préparée par l'auteur, elle est parfois exhibée selon des modalités diverses (préfaces, intrusions de l'auteur dans le récit, adresses…), et l'absence apparente de programmation doit aussi être interrogée : est-elle le signe d'une liberté absolue laissée au lecteur ou au contraire l'indice d'une narration close, fermée, enchaînant le lecteur dans un sens précis ?

3.3 DU *LEGENDUM* (À LIRE) AU DIALOGUE

La lecture implique l'acceptation d'**un certain nombre de contraintes**, sans lesquelles tout texte s'avère irrecevable. Il peut s'agir de l'omniscience du narrateur, de l'illusion réaliste, du jeu textuel ou formel, des ellipses narratives… Toute lecture suppose donc un pacte, que celui-ci soit implicite ou explicite, entre l'auteur et le destinataire de l'œuvre. Ce pacte peut même être l'objet d'un jeu, comme dans *Si par une nuit d'hiver un voyageur* d'Italo Calvino (1979), roman du dialogue ludique avec le lecteur.

« Tu vas commencer le nouveau roman d'Italo Calvino, *Si par une nuit d'hiver un voyageur*. Détends-toi. Concentre-toi. Écarte de toi toute autre pensée. Laisse le monde qui t'entoure s'estomper dans le vague. […] Prends la position la plus confortable : assis, étendu, pelotonné, couché. Couché sur le dos, sur un côté, sur le ventre. Dans un fauteuil, un sofa, un fauteuil à bascule, une chaise longue, un pouf. Ou dans un hamac, si tu en as un. Sur ton lit, naturellement, ou dedans. Tu peux aussi te mettre la tête en bas, en position de yoga. En tenant le livre à l'envers, évidemment[1]. »

Le **pacte de lecture** est une sorte de piège, visant à ménager la réception du texte, à exercer une action sur le lecteur : le convaincre, l'informer, piquer sa curiosité ou son intérêt, ou au contraire le surprendre voire le décevoir, moyen inverse de le prendre dans le jeu du texte. L'œuvre est d'une certaine manière l'objet d'un dialogue entre son auteur et son public et par conséquent, comme dans tout processus de communication, susceptible de quiproquos voire de contresens ou de significations ambiguës. Le lecteur dispose de l'œuvre et lui offre un questionnement original. Chaque réception crée en quelque sorte une œuvre nouvelle. Ces **sens pluriels**, ces **interprétations évolutives** dépendent-elles de l'auteur (les a-t-il voulues ?), du lecteur (est-ce lui qui

---

[1]. Trad. D. Sallenave et Fr. Wahl, Seuil, 1981.

les fabrique ?), du texte ? Le vrai sens du texte est-il celui du lecteur contemporain, du lecteur naïf, du lecteur critique, chargé de culture et d'histoire ?

Au cours des siècles, une œuvre voit sa signification changer : *Phèdre* est-elle davantage une tragédie de l'amour coupable conduisant inéluctablement à la mort ou une tragédie de la parole, comme Roland Barthes l'a montré ? L'œuvre littéraire s'inscrit dans un devenir, son intelligibilité est transhistorique. Elle se transforme, s'enrichit de ses multiples lectures. L'œuvre est à la fois forme et sens. Sa forme – qui en fait un objet esthétique – est intemporelle, son sens demeure ouvert, les lectures successives découvrant une réponse implicite dans le discours passé, selon l'herméneutique de la question/réponse. Il y a vocation à la polysémie dans l'art. Tout se passe comme si l'œuvre « ne s'était achevée que pour s'ouvrir indéfiniment » (Gaëtan Picon), en passant du processus de la création à celui de la réception.

En somme, **toute lecture est création**. Elle est interprétation, en quelque sorte réécriture, de l'œuvre. Italo Calvino lisant L'Arioste résume, commente et cite le *Roland furieux*, créant ainsi une œuvre inédite, entraînant de nouveaux lecteurs dans son jeu (ré)créatif. Roland Barthes, avec *S/Z* (analyse d'un court récit de Balzac, *Sarrasine*) a, selon ses propres termes, « tenté de filmer la lecture de *Sarrasine* au ralenti », fondant un texte hybride, qu'il nomme un « *texte-lecture* ». Toute lecture, celle d'un lecteur naïf – en existe-t-il ? – comme d'un lecteur savant, n'est-elle pas une interprétation, un supplément de sens ? Au lecteur de ne pas s'enfermer dans un sens qui contredirait l'intention de l'œuvre, de laisser ouvert l'infini de ses possibles, d'éviter de construire un sens dogmatique par sa lecture.

4. LECTURES

4.1 L'AVIS AU LECTEUR

« C'est icy un livre de bonne foy, lecteur. Il t'avertit dès l'entrée, que je ne m'y suis proposé aucune fin, que domestique et privée. Je n'y ay eu nulle considération de ton service, ny de ma gloire. Mes forces ne sont pas capables d'un tel dessein. Je l'ay voué à la commodité particulière de mes parens et amis : à ce que m'ayant perdu (ce qu'ils ont à faire bien tost) ils y puissent retrouver aucuns traits de mes conditions et humeurs, et que par ce moyen ils nourrissent plus entière et plus vifve, la connoissance qu'ils ont eue de moy. Si c'eust esté pour rechercher la faveur du monde, je me fusse mieux paré et me présanterois en une marche estudiée. Je veux qu'on m'y voie en ma façon simple, naturelle et ordinaire, sans contention et artifice : car c'est moy que je peins. Mes defauts s'y liront au vif, et ma forme naïfve, autant que la révérence publique me l'a permis. Que si j'eusse esté entre ces nations qu'on dict vivre encore sous la douce liberté des premières loix de nature, je t'asseure que je m'y fusse très-volontiers peint tout entier, et tout nud. Ainsi, lecteur, je suis moy-mesmes la matière de mon livre : ce n'est donc pas raison que tu employes ton loisir en un subject si frivole et si vain. À Dieu donq, de Montaigne, ce premier de Mars mille cinq cens quatre vingts. »

MONTAIGNE, *Les Essais* (1580), PUF, p. 3.

– **Un texte privilégié**. Cet avis au lecteur a été rédigé lors de la première édition des *Essais* et n'a jamais été retouché lors des additions successives, ce qui lui donne un statut particulier dans l'ensemble mouvant, en perpétuelle transformation, des *Essais*, et ce jusqu'à la mort de Montaigne, en 1592. Montaigne parle en son nom propre à un lecteur dont il définit l'**identité** et il construit un dialogue avec lui, davantage par le refus et la restriction que par des affirmations. Il s'agit en effet d'une ouverture retorse au livre : « Au lecteur » nie une grande partie de ce que sont *Les Essais*. Est-ce donc un texte qui aide à lire ou empêche de lire ?

– **Stratégie**. L'avis débute par un double déictique qui offre simplement le livre au lecteur. *Les Essais* ne sont pas définis immédiatement comme un programme mais comme un geste, un don, comme un **échange intime** entre un auteur et son lecteur. Le texte mime le mouvement même de la pensée, la prose épouse l'irruption spontanée des idées, dans le refus d'une « marche estudiée » et de se montrer « mieux paré », feignant une absence de recherche et de pose. Le texte est une « marche », un vagabondage apparent. Pour autant une réelle stratégie est mise en place, définissant la relation de l'auteur à son lecteur et du lecteur au livre.

– **Paradoxe**. En effet, le texte n'est adressé au lecteur que pour lui dire – en un avertissement ferme (« il t'avertit », « je veus ») – qu'il est en réalité « voué à la commodité particulière de mes parens et amis », qu'il n'a d'autre fin que « domestique et privée ». Le texte n'est offert que pour mieux se refuser. Le singulier du mot « lecteur » et le tutoiement (rare dans *Les Essais* privilégiant le « vous ») sont une forme d'exclusion. L'avis s'achève sur une défense explicite et brutale : « Ce n'est donc pas raison que tu employes ton loisir en un subject si frivole et si vain. » Le paradoxe – la lecture des *Essais* est refusée, le lecteur est renvoyé « À Dieu donq » – et la surprise sont une stratégie, une manière d'interpeller le lecteur, de le déranger, de ne pas le laisser s'installer dans une lecture simple et tranquille. Ce dialogue et cette lettre (datée, signée) fonctionnent donc dans un premier temps comme **une exclusion**. Renvoyer le lecteur revient pour Montaigne à s'approprier le livre, à le garder pour un cercle intime, à renforcer l'adéquation entre l'œuvre et son auteur. Le lecteur, au seuil même des *Essais*, fait irruption dans un domaine privé, dans un espace qui n'est d'évidence pas le sien. L'écriture de l'œuvre apparaît comme un geste gratuit et privé : elle n'a d'autre but que de parler de soi à un cercle d'intimes.

– **Réserve**. Cependant, cette exclusion est aussi une manière de faire entrer auteur et lecteur en confession, d'exclure un rapport officiel, public avec ce lecteur. Au style de la dénégation – multipliant les formules négatives – correspond une volonté de se défaire de tout ce que Montaigne se refuse d'être. Ce travail d'épuration jusqu'à la singularité, et presque la nudité, touche l'auteur, le livre comme le lecteur. Montaigne refuse une présentation publique de lui-même, annonce un adieu au monde et exprime de même le refus d'un rapport de « service » à son lecteur : il n'attend rien de lui, ni gloire ni légitimation. De même, le lecteur ne doit rien attendre du livre sinon la « connaissance » intime de son auteur. Montaigne ménage ainsi un moment privilégié, installe **une relation de personne à personne**. Nul « cher lecteur » dans cet avis, la désignation est minimale, sans façon, politesse ou civilité, la relation se voit débarrassée de toute exigence sociale.

Ainsi, cet avis met en place les relations que tisse l'ouvrage : un « je » signataire s'adresse à un « tu », au sein d'un livre, objet de l'échange. « Au lecteur » accorde une importance capitale à la construction de l'objet-livre, défini comme **un espace de dialogue**, comme un mouvement, une « marche » de la pensée, et à la définition d'un lecteur privilégié, d'autant plus capté par cet avis que la lecture des *Essais* lui semble d'abord refusée.

4.2 RUSES DU ROMAN

« [...] Ils furent accueillis par un orage qui les contraignit de s'acheminer... – Où ? – Où ? lecteur, vous êtes d'une curiosité bien incommode ! Et que diable cela vous fait-il ? Quand je vous aurai dit que c'est à Pontoise ou à Saint-Germain, à Notre-Dame de Lorette ou à Saint-Jacques de Compostelle, en serez-vous plus avancé ? Si vous insistez, je vous dirai qu'ils s'acheminèrent vers... oui ; pourquoi pas ? vers un château immense, au frontispice duquel on lisait : « Je n'appartiens à personne et j'appartiens à tout le monde. Vous y étiez avant que d'y entrer, et vous y serez encore quand vous en sortirez. » – Entrèrent-ils dans ce château ? – Non, car l'inscription était fausse, ou ils y étaient avant que d'y entrer. – Mais du moins ils en sortirent ? – Non, car l'inscription était fausse, ou ils y étaient encore quand ils en furent sortis. – Et que firent-ils là ? – Jacques disait ce qui était écrit là-haut ; son maître, ce qu'il voulut : et ils avaient tous deux raison. – Quelle compagnie y trouvèrent-ils ? – Mêlée. – Qu'y disait-on ? – Quelques vérités, et beaucoup de mensonges. – Y avait-il des gens d'esprit ? – Où n'y en a-t-il pas ? Et de maudits questionneurs qu'on fuyait comme la peste. Ce qui choqua le plus Jacques et son maître pendant tout le temps qu'ils s'y promenèrent... – On s'y promenait donc ? – On ne faisait que cela, quand on n'était pas assis ou couché... »

DIDEROT, *Jacques le Fataliste et son maître* (1774, publication en 1796),
Garnier, 1962, p. 513-514.

« Il est bien évident que je ne fais pas un roman, puisque je néglige ce qu'un romancier ne manquerait pas d'employer. » Cette mise en garde inscrite dans le cours même du roman explicite le projet de Diderot. Dans ce roman qui exhibe ses **procédés fictionnels**, son irréalité, qui met en avant sa trame et ses conventions, Diderot intervient sans cesse dans la narration pour l'infléchir, lui faire prendre mille voies divergentes (sous forme de phrases interrogatives), la critiquer. *Jacques le Fataliste*, roman dialogique*, déconcertant et polyphonique*, est construit autour d'un dialogue constant de l'auteur avec son lecteur. Faisant preuve d'une extrême liberté, voire de désinvolture, face aux conventions romanesques, Diderot ne cesse de prendre le lecteur à partie et de déjouer ses attentes, pratiquant ces adresses directes au lecteur sur un mode particulier, déceptif : colère feinte de l'auteur, détours, sinuosités, interrogations sans réponse, ou multipliant les ouvertures narratives. Diderot travaille sur les **repères de son lecteur** : il joue avec le lecteur cultivé en reproduisant les méandres narratifs de Sterne, dont le *Tristram Shandy* est le modèle de *Jacques le Fataliste*. Il joue également avec le lecteur naïf de romans, s'amusant de sa crédulité, de ses attentes, exhibant la fiction propre à toute trame romanesque.

Dans ce passage, l'auteur fait mine d'interrompre son récit pour dialoguer avec son lecteur trop curieux, « maudit questionneur » ou trop impatient de connaître la suite. Cependant, à coups de questions pressantes et de réponses désinvoltes, le récit suit son cours. Mais c'est un récit arbitraire, capricieux, qui se déroule, l'auteur semblant sans cesse imaginer des situations (une fausse inscription sur la porte d'entrée, un château immense…) à la fois romanesques et déroutantes, comme pour mieux piéger le lecteur dans ses attentes, dans sa volonté d'anticiper sur le récit.

Autrement dit, ce texte joue avec l'**horizon d'attente*** du lecteur : multipliant les romans possibles, les lieux de destination du voyage, il donne à voir tout l'arbitraire du récit, dévoile avec amusement le caractère éminemment fictif du roman. Le texte joue le **jeu de la désillusion**. Roman et anti-roman, *Jacques le Fataliste* parle à son lecteur de la nature duplice du roman, genre littéraire où il se dit « quelques vérités et beaucoup de mensonges ».

Lectures conseillées

BARTHES (Roland), *S/Z*, Seuil, 1970.
BORGÈS (Jorge-Luis), « Le Livre », *in* BORGÈS, *Conférences*, Gallimard, 1985.
CHARLES (Michel), *Rhétorique de la lecture*, Seuil, 1977.
CHARTIER (Roger) éd., *Histoires de la lecture. Un bilan des recherches*, IMEC Éditions et Éditions de la Maison des Sciences de l'Homme, 1995.
COMPAGNON (Antoine), *Le Démon de la théorie. Littérature et sens commun*, Seuil, 1998.
DOUBROVSKY (Serge), *Pourquoi la Nouvelle Critique ? À quoi sert la littérature ?*, Mercure de France, 1966.
DÄLLENBACH (Lucien) et RICARDOU (Jean) éd., *Problèmes actuels de la lecture*, Clancier-Guénaud, 1982.
ECO (Umberto), *Lector in Fabula ou la coopération interprétative dans les textes narratifs*, trad., Grasset, 1979.

FISH (Stanley), *Is There a Text in This Class ? The Authority of Interpretative Communities*, Cambridge, Harvard University Press, 1980.

GLEIZE (Joëlle), *Le Double Miroir, Le Livre dans les livres de Stendhal à Proust*, Hachette, 1992.

ISER (Wolfgang), *L'Acte de lecture. Théorie de l'effet esthétique*, trad., Bruxelles, Mardaga, 1985.

JAUSS (Hans Robert), *Pour une esthétique de la réception*, trad., Gallimard, 1978.

MANGUEL Alberto, *Une histoire de la lecture*, trad., Actes Sud, 1998.

Maingueneau (Dominique), *Pragmatique pour le discours littéraire*, Dunod, 1997 – voir en particulier le chapitre II, « La lecture comme énonciation ».

MONTANDON (Alain) éd., *Le Lecteur et la Lecture dans l'œuvre*, Publications de la Faculté des Lettres et Sciences humaines de Clermont-Ferrand, 1982.

PICON (Gaëtan), *L'Usage de la lecture, 1-3*, Mercure de France, 1960-1963.

RICHARD (Jean-Pierre), *L'Univers imaginaire de Mallarmé*, Seuil, 1961.

ROUSSET (Jean), *Le Lecteur intime : de Balzac au journal,* José Corti, 1986.

DEUXIÈME PARTIE
TEXTE

Après l'examen de problématiques d'ensemble sur la création littéraire, cette partie propose de cerner l'œuvre dans sa dimension proprement **textuelle***, c'est-à-dire d'étudier le matériau langagier qui est la base constituante de toute écriture. L'analyse littéraire a été entièrement renouvelée par la prise en compte, principalement à partir des années 1960, des travaux de la **linguistique** de Saussure. Dans son prolongement, des distinctions aussi essentielles que celles établies par Émile Benveniste entre récit et discours*, ou entre énoncé et énonciation*, illustrent la révolution qu'a suscitée la contribution de la linguistique à la théorie littéraire.

Mais si le texte littéraire n'est qu'un fait de langue, que deviennent les **notions de style** et de **littérarité*** ? C'est à ces concepts que s'attache la stylistique, discipline qui s'est aussi nourrie des apports de la linguistique mais qui maintient, contrairement à elle, la validité de telles notions. L'approche stylistique se donne en effet pour objet d'analyser les conditions formelles de la littérarité.

Les questions abordées dans les cinq chapitres de cette partie ressortissent d'abord directement à la linguistique, puis relèvent de problématiques plus stylistiques. La séparation entre langue et parole, première étape indispensable qui permet de comprendre le fonctionnement de tout acte de langage individuel, constitue un préambule à l'analyse du discours littéraire. La réflexion sur les discours fait le lien entre une approche linguistique et une stylistique de l'énonciation, dégageant des concepts aussi fondamentaux que le couple sociolecte/idiolecte* ou la notion de polyphonie*. Puis, en s'attachant aux unités de base du texte que sont les phrases, l'étude du rythme offre un accès au processus de construction du sens de l'œuvre en même temps qu'une saisie nécessaire de son style. C'est aussi à la question de la littérarité que mène l'analyse des figures, lorsqu'elle ne les détache pas de l'ensemble du texte, mais vise à les relier à leur co(– n-)texte. Enfin, l'attention portée à la dimension intertextuelle de toute écriture permet de révéler le champ littéraire comme un lieu de mémoire où les œuvres se répondent, que ce soit dans une esthétique de transmission ou de rupture.

CHAPITRE 4
LANGUE ET PAROLE

1. L'INVENTION D'UNE DICHOTOMIE
2. COMPÉTENCE ET PERFORMANCE
3. LA SOCIOLINGUISTIQUE ET LA VARIÉTÉ DES LANGUES
4. LECTURE : SOUS LA PAROLE, LES TROPISMES

1. L'INVENTION D'UNE DICHOTOMIE

La distinction que Ferdinand de Saussure a établie dans son *Cours de linguistique générale* (publié pour la première fois en 1916) entre **langue** et **parole** constitue un geste fondateur pour la linguistique*. Celle-ci devient véritablement une science et dépasse le stade de la recherche empirique en construisant son objet. Saussure dissocie ainsi la **matière** de la linguistique, constituée par la parole, de l'**objet** de la linguistique, la langue, sur laquelle le linguiste fera porter son étude. Cette dichotomie a par la suite été constamment retravaillée, les définitions de Saussure se trouvant réinterprétées par les différents courants de la linguistique.

Saussure distingue ainsi trois niveaux :

– Une **faculté** : le **langage***. Le langage est la capacité, commune à tous les hommes, de communiquer grâce à des signes vocaux. Il relève de l'aptitude humaine à symboliser. Le terme est parfois étendu à des systèmes de signes qui ne reposent pas sur la parole, comme le langage des signes pour les sourds-muets, le langage des abeilles étudié par Karl von Frisch, etc.

– Un **produit** : la **langue***. La langue est le produit social de la faculté du langage. C'est un système de signes vocaux commun à tous les membres d'une même communauté. Les individus l'enregistrent passivement et ne peuvent ni le créer ni le modifier. La langue joue donc le rôle d'un contrat collectif auquel tous doivent se soumettre pour pouvoir communiquer. Saussure la décrit comme « une somme d'empreintes (ou d'images verbales) déposées dans chaque cerveau ».

– Un **acte** : la **parole***. La parole est un acte individuel et volontaire par lequel un sujet parlant utilise le répertoire de la langue et produit des énoncés*. Alors que la langue est un savoir collectif et social, la parole est le domaine de l'individu, et elle comprend l'ensemble des réalisations linguistiques concrètes.

La tâche que Saussure assigne au linguiste est la recherche et la classification des unités constitutives du système de la langue. Ces unités sont unies par des rapports syntagmatiques* (combinaison) et paradigmatiques* (sélection), et ne prennent leur valeur qu'en fonction des liens d'équivalence, d'opposition, etc., qui les unissent les unes aux autres. Le répertoire que constitue la langue est donc une **structure***, plus qu'une simple somme d'éléments. Saussure fonde ainsi la **linguistique structurale**, dont l'objectif est d'établir une classification, une **taxinomie** des éléments du système.

Un élément essentiel pour différencier langue et parole tient à la place donnée à la **créativité** du sujet parlant. La langue ne fait appel qu'à la mémoire des individus : comme institution sociale, la langue est enregistrée passivement. La parole est à l'inverse un lieu de liberté où se déploie un acte créateur individuel. Par ailleurs, l'étude de la parole comprend l'analyse des processus de conditionnement psycho-physiologiques qui rendent possible la production d'énoncés, ce qui est exclu de la réflexion sur la langue.

On peut récapituler les éléments de la dichotomie saussurienne de la façon suivante :

La Langue	La Parole
Un code : association d'images verbales et de concepts, organisée selon une structure qu'étudie le linguiste.	Un acte : utilisation de ce code par les sujets parlants, qui repose sur un processus psycho-physiologique.
La langue ne peut être modifiée, elle est un contrat passé entre les membres d'une communauté pour leur permettre d'interagir, et elle est donc mémorisée passivement.	Les sujets créent librement une infinité d'énoncés, choisissant au sein du répertoire, et organisant les signes pour produire des phrases.
Une donnée sociale, qui fonde une communauté (politique, historique ou géographique).	Un « acte individuel de volonté et d'intelligence ».

2. COMPÉTENCE ET PERFORMANCE

À partir des années 1950, Noam Chomsky retravaille la dichotomie saussurienne en infléchissant ses enjeux. Il rejette la **conception** strictement **classificatoire** de la linguistique que défend Saussure. Chez ce dernier les syntagmes figés, transmis par la tradition (ex. : « comment ça va ? », « prendre la mouche »), relèvent de la langue. La

phrase, quant à elle, est du domaine de la parole. Chomsky déplace les limites entre langue et parole en réduisant le rôle de la mémoire, et en faisant entrer la phrase et la notion de **créativité** dans le champ de la langue.

Le concept de **compétence** se substitue alors à celui de langue. La compétence est le savoir implicite des sujets parlants, la connaissance des **règles** et du **système grammatical** de la langue. Elle permet aux sujets de comprendre ou de produire un nombre infini de phrases jamais rencontrées auparavant. La compétence est donc un phénomène dynamique, dont la créativité est gouvernée par des règles.

La **performance** est l'**actualisation** du système grammatical et de ses règles dans une multitude d'actes concrets de production (ou d'interprétation) d'énoncés. La créativité de la performance diffère de celle de la compétence : elle consiste en de multiples déviations individuelles par rapport aux règles, qui finissent par s'accumuler et peuvent ainsi changer le système. À la différence de la langue, qui ne peut être modifiée, la compétence est donc évolutive.

La linguistique de la langue (linguistique structurale) définie par Saussure et la linguistique de la compétence défendue par Chomsky diffèrent ainsi sur des points essentiels. La **linguistique structurale** enregistre un corpus, puis elle en segmente les énoncés (structures phonologiques, morphologiques et syntaxiques) et elle les classe afin d'obtenir un inventaire des formes obtenues. Elle part donc des énoncés pour aboutir au **répertoire** qui a rendu possible leur construction. La **linguistique générative transformationnelle** de Chomsky cherche à reconstituer le fonctionnement de la compétence. Elle analyse les **règles** qui permettent d'engendrer, à partir d'un nombre fini d'éléments, une infinité de phrases grammaticales. Pour exprimer ces règles avec une rigueur scientifique, Chomsky a exploité une langue artificielle d'origine logico-mathématique : les **systèmes formels**. Cette syntaxe entièrement formalisée est conçue comme un programme qui permet de produire toutes les phrases grammaticales d'une langue.

3. LA SOCIOLINGUISTIQUE ET LA VARIÉTÉ DES LANGUES

Face aux linguistiques de la langue et de la compétence, une troisième approche s'est considérablement développée : la **linguistique de la parole** qui, loin de s'intéresser uniquement au **système** en s'abstrayant des usages et d'un réel considéré comme non homogène, situe au contraire son objet dans l'**ordre du social** et du **quotidien**, pour analyser la diversité des situations de communication, les variations dans l'usage des mots, les jargons et argots spécifiques, ou les phénomènes collectifs liés au plurilinguisme. Elle s'appuie notamment sur des enquêtes de terrain et regroupe une multitude d'approches et d'objets d'étude sous le terme de **sociolinguistique**.

Dans cette optique, connaître une langue, ce n'est pas seulement connaître les règles qui permettent de construire et d'interpréter des phrases grammaticalement correctes, mais c'est aussi maîtriser tout un ensemble de **règles psychologiques et culturelles** qui président aux échanges verbaux. Il existe en effet une série de conventions qui déterminent quelle variété de langue on emploiera selon la situation, si bien qu'on peut considérer qu'il n'y a pas une seule langue, mais une multiplicité de « parlers ». Oswald Ducrot (1995) le souligne : « Parler de la langue française, de la langue allemande…, c'est opérer une abstraction et une généralisation assez considérables (et souvent inconscientes). Car il y a autant de **parlers différents** qu'il y a de collectivités différentes utilisant une langue, et même, si on est rigoureux, qu'il y a d'individus à l'utiliser. » La sociolinguistique amène ainsi à réfléchir sur la double notion d'idiolecte* et de sociolecte*, qui joue un rôle clef dans l'**analyse du discours**[1].

4. LECTURE : SOUS LA PAROLE, LES TROPISMES

« *"Nein, das tust du nicht."* "Non, tu ne feras pas ça…" Ces paroles viennent d'une forme que le temps a presque effacée… il ne reste qu'une présence […] mais je vois distinctement la corbeille à ouvrage posée sur ses genoux et sur le dessus une paire de grands ciseaux d'acier… et moi… je ne peux pas me voir mais je le sens comme si je le faisais maintenant… je saisis brusquement les ciseaux, je les tiens serrés dans ma main… des lourds ciseaux fermés… je les tends la pointe en l'air vers le dossier d'un canapé recouvert d'une délicieuse soie à ramages, d'un bleu un peu fané, aux reflets satinés… et je dis en allemand… *"Ich werde es zerreissen."* […] "Je vais le déchirer"… le mot *"zerreissen"* rend un son sifflant, féroce, dans une seconde quelque chose va se produire… je vais déchirer, saccager, détruire… ce sera une atteinte… un attentat… criminel… mais pas sanctionné comme il pourrait l'être, je sais qu'il n'y aura aucune punition […] mais une crainte me retient encore, plus forte que celle d'improbables, d'impensables sanctions, devant ce qui va arriver dans un instant… l'irréparable… l'impossible… ce qu'on ne fait jamais, ce qu'on ne peut pas faire, personne ne se le permet…

"Ich werde es zerreissen." "Je vais le déchirer"… Je vous en avertis, je vais franchir le pas, sauter hors de ce monde décent, habité, tiède et doux, je vais m'en arracher, tomber, choir dans l'inhabité, dans le vide…

"Je vais le déchirer"… Il faut que je vous prévienne pour vous laisser le temps de m'en empêcher, de me retenir… "Je vais déchirer ça"… Je vais le lui dire très fort… Peut-être va-t-elle hausser les épaules, baisser la tête, abaisser sur son ouvrage un regard attentif… Qui prend au sérieux ces agaceries, ces taquineries d'enfant ?… Et mes paroles vont voleter, se dissoudre, mon bras amolli va retomber, je reposerai les ciseaux à leur place, dans la corbeille.

---

1. Voir chapitre 5.

[…] "Non, tu ne feras pas ça…" Dans ces mots un flot épais, lourd, coule, ce qu'il charrie s'enfonce en moi pour écraser ce qui en moi remue, veut se dresser… et sous cette pression ça se redresse, se dresse plus fort, plus haut, ça pousse, projette violemment hors de moi les mots… "Si, je le ferai." "Non, tu ne feras pas ça…" Les paroles m'entourent, m'enserrent, me ligotent, je me débats… "Si, je le ferai"… Voilà, je me libère, l'excitation, l'exaltation tend mon bras, j'enfonce la pointe des ciseaux de toutes mes forces, la soie cède, se déchire, je fends le dossier de haut en bas et je regarde ce qui en sort… Quelque chose de mou, de grisâtre s'échappe par la fente… »

Nathalie SARRAUTE, *Enfance*, Gallimard, 1983, p. 12-14.

À l'ouverture du récit de son enfance, Nathalie Sarraute retrace une scène de transgression qui propose une réflexion sur le pouvoir de la parole et place l'ensemble de sa quête autobiographique sous le double signe du dévoilement et de la libération.

LANGUES ET NIVEAUX D'ÉNONCIATION

La première voix qui surgit du passé, dans cette scène liminaire de l'autobiographie, produit un effet de surprise : c'est une parole étrangère qui fait irruption, portée par la violence d'un « *Nein* » inaugural. Le texte repose en effet sur la superposition de deux niveaux d'énonciation. D'une part, *en allemand*, trois courtes phrases qui constituent le **dialogue** de Nathalie Sarraute enfant et de sa gouvernante. D'autre part l'ensemble du texte *en français* : il relève de la **narration** *a posteriori* de l'autobiographe qui, par un long travail de tâtonnement, tente d'expliciter les mouvements sous-jacents de la conscience qui ont précédé ce dialogue. Nathalie Sarraute a nommé ces phénomènes quasi imperceptibles, impensés et jamais formulés explicitement, des « tropismes ». Au fil de l'ensemble de son œuvre, elle creuse le déchiffrement des indices les plus ténus de ces tropismes, déployant, selon ses termes, une forme de « sous-conversation » dissimulée sous le dialogue explicite.

Le texte se développe donc selon le double mécanisme du **ressassement** (répétition des courts énoncés en allemand), et de la **traduction** qui, peu à peu, amplifie chacun de ces énoncés en dépliant leur sens latent. L'écart entre les deux temporalités de la scène d'enfance et de l'écriture est gommé par le recours au **présent**. La scène est ainsi réactualisée, l'explicitation de la narratrice âgée (« je vous en avertis, je vais franchir le pas ») s'intégrant dans la continuité du dialogue et de la narration (« j'enfonce la pointe des ciseaux de toutes mes forces »). Ce **lissage des temporalités** est encore renforcé par le rythme* même de l'écriture de Nathalie Sarraute. La phrase se caractérise en effet par le morcellement, la suspension et la juxtaposition des propositions. La **parataxe**, poussée à l'extrême, rend sensible la recherche hésitante et la difficulté du travail d'explicitation entrepris dans l'autobiographie : « Ce sera une atteinte… un attentat… criminel… mais pas sanctionné. » Cette **écriture en suspens** relève d'une forme de pointillisme où l'on ne saurait rien poser de définitif, mais où l'auteur tente d'approcher les tropismes par l'approximation de ces constantes reformulations et explicitations, comme autant de touches de couleur successives.

L'AFFRONTEMENT DE DEUX PAROLES

Plus que l'affrontement entre deux personnes, Sarraute met ici en scène le combat entre deux paroles, qui sont pourvues d'une forme de matérialité, dont témoignent les métaphores (« Les paroles m'entourent, m'enserrent, me ligotent, je me débats »). Le travail effectué par l'autobiographe est ici du même ordre que celui de la romancière (représentante du Nouveau Roman) ou de la dramaturge : il s'agit de dépsychologiser la scène pour atteindre l'universel. L'enfant et la gouvernante ne sont pas décrites (« une forme que le temps a presque effacée ») mais se réduisent à leurs voix. Mais ces voix sont, quant à elles, pleinement incarnées, la parole revêtant une dimension presque magique, proche de l'hypnose, évoquée à propos de la voix de la gouvernante : « une douce et ferme et insistante et inexorable pression, celle que j'ai perçue plus tard dans les paroles, le ton des hypnotiseurs, des dresseurs... ». La parole est fondamentalement **acte**, aliénant ici, libérateur dans le cas de l'enfant qui répète le verbe subversif « *zerreissen* ». La narratrice traduit la jouissance propre à la **prononciation de la phrase** provocatrice : grâce à une allitération en [s], elle redouble dans son commentaire les sonorités de « *zerreissen* », et accentue ainsi la tonalité incisive du terme – « le mot "*zerreissen*" rend un son sifflant, féroce, dans une seconde quelque chose va **se** produire ». La puissance de fascination du verbe allemand est manifeste. Pour approcher sa capacité d'évocation dans une traduction française, Sarraute accole ainsi trois infinitifs : « Je vais déchirer, saccager, détruire. » Le texte est scandé par chacune des **répétitions** du verbe, la tension augmentant progressivement jusqu'à l'acmé du geste libérateur.

La violence même de la scène traduit la complexité de la relation de Nathalie Sarraute à la parole. On observe dans *Enfance* une peur de l'**enfermement dans la parole de l'autre**. Il faut résister à la puissance envoûtante du mot et de la voix, à l'aliénation de la parole d'autrui, que Sarraute évoque encore une fois à la fin de son livre, reprenant la métaphore de la contrainte physique : « Combien de fois ne me suis-je pas évadée terrifiée hors des mots qui s'abattent sur vous et vous enferment. » La tâche de l'écrivain est alors de faire surgir une parole différente.

UNE MÉTAPHORE DU TRAVAIL DE L'ÉCRIVAIN

Derrière l'acte apparemment gratuit, de pure transgression, de l'enfant, la narratrice souligne un enjeu symbolique : « Je vais franchir le pas, sauter hors de ce monde décent, habité, tiède et doux. » Ce « monde décent » est représenté par l'objet bourgeois qu'est le « canapé recouvert d'une délicieuse soie à ramages », image des apparences rassurantes et confortables. Le geste de l'enfant éventrant ce canapé révèle, sous ces couleurs chatoyantes, une matière dissimulée, grise, informe, et vaguement inquiétante. Après l'accroissement progressif de la tension tout au long du texte et la longue préparation du geste annoncé, la réalisation frappe par la brièveté de son évocation, et par son effet inattendu. Ce qui n'avait été présenté jusqu'alors que comme volonté de détruire (« *zerreissen* ») s'avère en fait tout autant curiosité et désir de connaissance : « Je regarde ce qui en sort. »

Le projet même d'écriture de Sarraute relève de ce dévoilement transgressif du caché, si bien qu'on peut transposer chaque élément de cette scène liminaire sur le plan littéraire. Le « monde décent, habité, tiède et doux » qu'il s'agit de quitter est alors celui de la langue sociale, imposée, du dialogue apparemment banal et poli que Sarraute met par exemple en scène dans *Pour un oui ou pour un non*. En éventrant cette « délicieuse soie à *ramages* », les protagonistes de la pièce rompent le fonctionnement normal et contraignant de la sociabilité pour dévoiler l'informe, le grisâtre que ce dialogue dissimule, « ce qu'on ne fait jamais, personne ne se le permet ».

L'autobiographie reprend elle aussi ce même geste. Elle est construite comme un dialogue entre la narratrice et un double qui sans cesse l'interrompt pour s'assurer que sa narration demeure au plus juste de la sensation, au plus près de ce qui a pu être perçu par l'enfant. Contre l'écueil attendu de l'autobiographie – la complaisance ou l'épanchement –, il s'agit donc là aussi d'éventrer le chatoyant, le convenu des scènes d'enfance, pour faire sortir le mou, le grisâtre mystérieux. À la fin de son livre, Sarraute reformule ainsi sa conception du travail de l'écrivain en reprenant la métaphore archéologique qui sous-tend notre texte, qui pourrait s'appliquer de même au geste de l'enfant : « J'essaie de m'enfoncer, d'atteindre, d'accrocher, de dégager ce qui est resté là, enfoui. »

Lectures conseillées

BAYLON (Christian), *Sociolinguistique, Société, langue, et discours,* 2ᵉ édition, Armand Colin, 2005.

CALVET (Jean-Louis), *La Sociolinguistique,* PUF, 6ᵉ éd., 2009.

CHOMSKY (Noam), *La Nature formelle du langage,* trad., Seuil, 1987.

DUCROT (Oswald) et SCHAEFFER (Jean-Marie), *Nouveau dictionnaire encyclopédique des sciences du langage,* Seuil, 1999.

DUBOIS (Jean, *et al.*), *Dictionnaire de linguistique,* Larousse, 2001.

LABOV (William), *Sociolinguistique,* trad., Minuit, 1989.

MARTINET (André), éd., *La Linguistique,* guide alphabétique, Denoël, 1969.

SAUSSURE (Ferdinand de), *Cours de linguistique générale,* éd. critique préparée par T. De Mauro, Payot, 1994.

CHAPITRE 5
DISCOURS

1. DISCOURS ET ÉNONCIATION
2. DISCOURS ET REPRÉSENTATION
3. LECTURES

1. DISCOURS ET ÉNONCIATION

Objet fondateur de l'analyse linguistique moderne, le **discours** peut être rapidement défini comme le résultat verbal concret de la prise de possession du matériau langagier par un sujet individuel. Saussure distinguait soigneusement **langue*** et **parole***[1]. De façon comparable, le poéticien soviétique Mikhaïl Bakhtine (1977) opposait **sociolecte*** et **idiolecte*** pour circonscrire les zones d'action à l'intérieur de cette parole fondatrice d'identité : le sociolecte serait la façon de s'exprimer propre à un groupe social, au sens le plus large (sociolecte bourgeois, mais aussi sociolecte estudiantin, sociolecte des immigrés, sociolecte juriste, etc.), quand l'idiolecte désignerait la parole propre à un individu unique, isolé et distinct, faisant la part de tous les emprunts sociolectaux dont aucune expression ne peut être radicalement affranchie, puisque même la personnalité la plus révoltée et la plus originale parle toujours « avec » et « à partir de » la langue des autres. Les exemples sont alors presque toujours littéraires et artistiques : idiolecte racinien, balzacien, nietzschéen, etc., l'idée se ramenant à la formule de Roland Barthes (1953), selon qui, l'idiolecte n'est rien d'autre que le **style**.

De façon assez proche, le discours procède par une mise en évidence de l'activité sémantique qu'on appelle l'**énonciation***. Par « énonciation », on désigne l'activité (voir le suffixe – *ation*) langagière par laquelle un producteur E1 émet un message codé à l'attention d'un énonciataire E2. E1 et E2 peuvent d'ailleurs parfaitement coïncider

---

1. Voir chapitre 4.

(lorsque je me parle à moi-même), tout comme E2 peut ne pas être présent ou ne pas être celui que croit ou feint de croire E1 (voir la scène 5 de l'acte IV de *Tartuffe*, dans laquelle, au moyen d'un trope communicationnel qu'on désigne comme une **énallage*** de personne, Elmire semble s'adresser à Tartuffe quand elle parle surtout à Orgon, caché). Il faut d'ailleurs bien comprendre que, dans cet échange, E1 et E2 sont deux sujets **actants*** à part entière, et que l'un n'est pas moins utile ni moins actif que l'autre. Il n'existe pas et ne peut pas exister de discours qui fasse l'économie du **destinataire**.

Le message émis par cette **activité d'énonciation** est obligatoirement codé par les repères culturels, affectifs et autres, qui réunissent les deux sujets producteurs d'échange. Ainsi, toute discussion entre deux collègues de travail est facilitée par le fait que les deux interlocuteurs (énonciateur et énonciataire à tour de rôle dans la perspective d'un dialogue) partagent le même **code linguistique général** (usage, en principe, de la même langue), mais aussi le même sociolecte (usage d'un vocabulaire de métier particulier, de références très précises), voire la même affectivité psychologique (connivence, connaissance de l'un et de l'autre, ennemis et amis communs, etc.). Le discours, qui n'est autre que le support de cet échange, sinon son objet même, se trouve ainsi conduit et dirigé par le respect, la reconnaissance ou la subversion de ces codes communs, de **nature linguistique** (langue française), **sociale** (sociolecte), **psychologique** et **sémiotique**. La nature sémiotique d'un discours non verbal peut être illustrée, par exemple, par le choix de certains vêtements : si dans une situation de parole très particulière, je choisis de m'habiller d'une façon dont je sais qu'elle sera en décalage par rapport à certains codes sociaux conventionnels, il est évident que je veux faire passer un message dont ma façon de m'habiller sera le support discursif.

Dans une perspective d'analyse plus traditionnelle, et en se limitant au matériau langagier, on assimile désormais le ou les discours à cette production de sens révélatrice d'une énonciation précise. Benveniste, principal fondateur de l'analyse du discours, nous a appris (1966, 1974) à identifier les **embrayeurs** d'énonciation, sans lesquels il n'est pas de discours, et partant pas de **texte*** : les noms personnels de première et deuxième personnes, par exemple, repérables sous leur forme lexicale (*je, tu, nous, vous*) ou sous leur forme verbale (impératif) ; l'attention particulière aux **repères déictiques***, comme précision du cadre spatio-temporel de l'échange discursif (*ici, maintenant, là-bas*), est un autre paramètre décisif de l'analyse[1].

> « En tant que réalisation individuelle, l'énonciation peut se définir, par rapport à la langue, comme un procès d'appropriation. Le locuteur s'approprie l'appareil formel de la langue, et il énonce sa position de locuteur par des indices spécifiques, d'une part, et au moyen de procédés accessoires de l'autre.

---

[1]. Voir en bibliographie les ouvrages linguistiques d'analyse du discours.

Mais immédiatement, dès qu'il se déclare locuteur et assume la langue, il implante l'autre en face de lui, quel que soit le degré de présence qu'il attribue à cet autre. Toute énonciation est, explicite ou implicite, une allocution, elle postule un allocutaire. Enfin, dans l'énonciation, la langue se trouve employée à l'expression d'un certain rapport au monde. La condition même de cette mobilisation et de cette appropriation de la langue est, chez le locuteur, le besoin de référer par le discours, et, chez l'autre, la possibilité de co-référer identiquement, dans le consensus pragmatique qui fait de chaque locuteur un co-locuteur. La référence est partie intégrante de l'énonciation. »

Émile Benveniste, « L'appareil formel de l'énonciation » [1970], in BENVENISTE, *Problèmes de linguistique générale, 2*, Gallimard, 1974, p. 80-82.

Les études littéraires ont considérablement gagné à l'apport de cette discipline linguistique, attentives désormais à lire, voire à *entendre*, le **texte*** comme un feuilleté de discours en interaction (perspective **polyphonique***) ou, au contraire, à en écouter la solitaire et intempestive **monodie**. L'interrogation des discours est une analyse des structures identitaires les plus profondes, par lesquelles et à partir desquelles le sens se constitue.

On distingue différents **types de discours**, selon la **pragmatique*** dominante de l'énonciation et grâce à un repérage précis de quelques indices linguistiques. Ainsi, le discours argumentatif, par exemple, obéit à une visée clairement didactique, tendant à proposer une démonstration intellectuelle (la relation entre E1 et E2 est de type pédagogique) ; l'utilisation de connecteurs théoriques comme les conjonctions de coordination, ou encore la référence à un temps souvent non déictique* mais démonstratif (présent d'abstraction), ou l'usage d'énallage de personne généralisante (*vous* ou *tu* pour *tout le monde*, *nous* d'illustration), participe de ce discours à typologie non équivoque.

On ne donnera pas ici une liste exhaustive de ces types de discours, mentionnant les références que sont le discours descriptif, le discours narratif, le discours analytique, pour attirer l'attention sur la **labilité des distinctions**, compliquée par le fait que les qualités stylistiques de l'énonciation peuvent modifier ce que la pragmatique semble proposer : un discours narratif satirique peut être un discours argumentatif déguisé – c'est, par exemple, toute l'originalité des portraits proposés par La Bruyère dans *Les Caractères* (1688). La question est alors celle de la distinction entre différents **niveaux** et **registres linguistique** et **stylistique**, ordonnant une possible opposition entre l'**explicite** et l'**implicite** du message à comprendre. Le travail d'analyse se fait en trois temps :

– 1. Identification du support linguistique du contenu signifiant (sons, phrases, intonation, mots) [niveau 1] ; ex. : « Va, je ne te hais point » (*Le Cid*, III, 4).

– 2. Reconnaissance du *statut* de l'énoncé*, entre **posé** (explicite), **présupposé** ou **sous-entendu** [niveau 2] ; ex. : posé antiphrastique, présupposant une connivence permettant de retourner la formule (« Va, je ne te hais point » = « je t'aime »).

– 3. Reconstruction de la genèse du sens pragmatique* (attention aux mécanismes sous-tendant la production de ces deux précédents niveaux) ; ex. : une énonciation en trois temps : a) la phrase déclarative, b) ce qu'il faut comprendre, c) ce qu'il faut comprendre du choix de cette forme d'énonciation biaisée.

La démonstration illustre alors le *feuilleté** des positionnements du discours.

De façon un peu schématique, on peut dire que ces trois niveaux correspondent aux trois activités complémentaires de l'énonciation (voir Austin, 1970). L'énoncé de Chimène dans *Le Cid* réalise à la fois :

– 1. Un acte **locutoire**, puisqu'elle parle.
– 2. Un acte **illocutoire**, puisqu'à cet énoncé est attachée une intention précise et une capacité (émotive).
– 3. Un acte **perlocutoire**, puisque l'énoncé est censé provoquer des effets précis et concrets, hors parole.

Le discours littéraire ne cesse de jouer de ce *feuilleté** des pragmatiques* conversationnelles, dans le sens de la subversion de toute univocité réductrice.

2. DISCOURS ET REPRÉSENTATION

La question du discours dans le texte littéraire ne peut évidemment pas se poser de la même façon selon qu'il s'agit d'une pièce de théâtre ou d'un récit à la troisième personne. On retrouve la question du **code**, **esthétique** et **générique** ici. Certaines œuvres se présentent comme des discours transitifs directs : théâtre bien sûr, mais aussi « dialogues », lettres ou confessions à la première personne. D'un point de vue linguistique énonciatif, *La Recherche du temps perdu*, *L'Étranger* de Camus ou *Les Rêveries* de Rousseau sont de (longs) discours, lisibles comme ces messages codés proposés par un énonciateur-auteur à un énonciataire-lecteur, et prenant en charge des matières narratives, explicatives ou analytiques ; et *Phèdre* ou *La Cantatrice chauve* peuvent être *reçus* (problème propre au théâtre, qui, d'une façon générale, n'est pas fait pour être *lu*) comme des paroles authentiques, reconduisant l'identité idéale du code oral et du code écrit. Le repérage strict des embrayeurs et des déictiques* ne pose aucun problème et ne révèle aucune confusion quant aux niveaux de production du texte.

Le cas du **récit à la troisième personne** peut sembler plus retors : l'effacement de tout indice d'énonciation directe au profit de la transparence d'un simple *contenu* du langage suggère une disparition locutoire du sujet producteur. Mais il faut se souvenir de plusieurs évidences :

– L'inscription d'un discours ne se limite pas au contexte de la ***déixis****** de production empirique : il y a des repères sociologiques, culturels, politiques, diversement rappelés par toute situation.

– Il existe des leurres énonciatifs : pactes de lecture (ex. : Gide, *L'Immoraliste*, dont tout le texte est la transcription, par un ami qui écrit à son frère, de la confession du héros, ainsi introduite : « Quand ce fut la nuit, Michel dit : » ; suit alors la « première partie » du récit), énallages* de personnes ou confusions **scénographiques*** travaillées qui dédoublent, par exemple, la production de l'énoncé dans son entendement (voir, au théâtre, les cas de double énonciation, avec un énonciataire E2-personnage et un énonciataire E2' – public).

– Il est rare, et quasi impossible dans le cas d'un énoncé aussi riche et complexe que celui d'une œuvre littéraire, quelle que soit sa qualité, que le **discours*** soit unique, et plus encore univoque : les niveaux d'analyse conduisent presque toujours à des phénomènes d'emboîtements et d'inclusions, non, parfois, sans contradiction.

Ces rappels conduiront le reste du présent chapitre, avant d'être retrouvés dans les deux exemples retenus.

2.1 SCÉNOGRAPHIES

Par « **scénographie*** », on désigne la situation d'énonciation propre à un énoncé (voir Maingueneau, 1993, p. 123), son **contexte**. On prendra garde de ne pas ramener la notion de « scène » au support théâtral, mais à la corrélation de l'espace (**topographie**) et du temps (**chronographie**) qui dessine le contexte de production à l'intérieur duquel se positionne le sujet parlant. Ainsi chacun des dix-sept récits réunis par Maupassant dans son recueil intitulé *Contes de la bécasse* (1883) doit être ramené à la **scénographie matricielle** du tout premier texte, *La Bécasse*, qui présente une assemblée de bons vivants en province à qui le baron des Ravots demande, autour d'une table, après un repas bien arrosé, de raconter des histoires savoureuses, terrifiantes ou édifiantes. Maupassant ne reprend pas, à la fin du recueil, son cadre scénographique fondateur, lequel peut donc être rapidement oublié, contrairement à ce qui se passe avec les histoires enchâssées dans un roman (épisode des amours de Sancerre et de madame de Tournon, en plein milieu de *La Princesse de Clèves*). Celui-ci n'en structure pas moins la production des discours : chacun des récits est censé être un discours tenu par un individu particulier, à des auditeurs particuliers, dans une situation d'écoute et d'attente très particulière ; la morale plus ou moins grave des anecdotes, leur portée, doivent être revues et nuancées du fait de ces limites précises. Le cadre scénographique est ici explicite, et constitue même une des structures actantielles* les plus nettes de toute production narrative. De la sorte, la matière du récit se mesure selon l'axe d'une *déixis** qui est elle-même inventée par le contexte d'énonciation utilisé au service de la crédibilité de l'*effet-fiction*.

La **structure scénographique** peut donc être utilisée en tant que telle : rappel de la situation élémentaire de discours à l'intérieur de laquelle toute littérature se positionne aussi. Elle peut tout autant, et plus souvent, rester implicite.

L'intrusion d'un énoncé *a priori* étranger à la conduite générale de l'énonciation matricielle permet de mesurer le support scénographique de référence, menacé dans son homogénéité. Ainsi l'exemple d'une **maxime** dans le discours narratif d'un roman : « Ses vêtements simples, peu coûteux, trahissaient des formes jeunes. Elle était jolie par juxtaposition. Heureuse, elle eût été ravissante : *le bonheur est la poésie des femmes, comme la toilette en est le fard* » (Balzac, *Le Père Goriot* ; je souligne l'énoncé sentencieux). Le lecteur repère immédiatement une modification du régime énonciatif conducteur : les temps du passé sont suspendus au profit de temps du présent aux valeurs aspectuelles plus floues ; le temps ponctuel de la narration est remplacé par un temps élargi, figuration d'une *disponibilité* référentielle de démonstration et non assignation d'une exactitude de la désignation ; la détermination individuelle et particulière, sur le mode du *il* (*i. e.*, lui, le héros) s'efface au profit d'une détermination générale, générique et universelle (*i. e.*, nous, les hommes) ; enfin, le **rythme** de l'énonciation narrative se modifie, suspendant son *tempo* plus ou moins rapide, pour proposer une pause réflexive. Celle-ci s'inclut avec évidence dans la prose balzacienne, du fait de la permanence d'une même **isotopie*** romanesque, illustrée par des idées, plus ou moins acceptables mais présentées avec autant d'assurance que des repères narratifs de convention – de ce fait, la fiction crédibilise la vérité morale de la maxime, tout comme elle travaille à rendre plus acceptable cette même vérité en l'incluant dans un ensemble discursif fictif que le lecteur a accepté. Deux discours sont ainsi confrontés l'un à l'autre : le discours narratif, de scénographie de niveau 1, et le discours moraliste, intégré dans le premier, illustration d'une scénographie de niveau 2, qui parle *depuis* la première. On peut alors être tenté d'attribuer plusieurs identités à ces énonciations discursives complémentaires (le narrateur *vs* le moraliste *vs* le peintre dans les cas de modification d'énonciation par un discours de type descriptif), mais c'est là ramener l'énonciation à une contingence individuelle, quand sa vérité est plus souvent de type collectif.

2.2 POLYPHONIES

L'exemple précédent est une illustration du **feuilleté polyphonique*** dont tout texte, et particulièrement un texte en prose, de forme moins immédiatement nette que la poésie classique, est toujours plus ou moins porteur[1] (voir Bakhtine, 1978, Authier-

---

1. Pour être juste linguistiquement, cette idée reçue doit absolument être nuancée par l'analyse stylistique, pour laquelle ce présupposé n'est pas une évidence ; cf. *infra*.

Revuz, 1984). Sur quelques lignes, la prose balzacienne fait *entendre* (importance du paramètre de la **voix***) un discours narratif *et* un discours moraliste : les délimitations de l'un et de l'autre ne peuvent pas toujours être catégoriques, et les énonciations s'enrichissent mutuellement, sur le mode de l'accord ou du désaccord (ces discours ne disent pas tous toujours la même chose : la morale de la maxime peut être radicalement démentie par l'exemple illustré par la fiction). De façon plus simple, parce que reconduisant l'attribution de tout discours à une **personne**, la **polyphonie*** s'entend sous les formes du **style indirect libre**, si souvent sollicité par la prose narrative du XIXe siècle.

Discours du personnage et discours du narrateur se superposent, selon des procédures aujourd'hui bien connues (voir Herschberg Pierrot, 1993, Banfield, 1995) : la polyphonie est ici de type **mimétique*** réaliste, facteur de crédibilité langagière.

UN EXEMPLE DE STYLE INDIRECT LIBRE

« Mme Raquin fut comme frappée d'un trait de lumière ; elle vit d'un coup tous les avantages qu'elle retirerait personnellement du mariage de Thérèse et de Laurent. Ce mariage ne ferait que resserrer les liens qui les unissaient déjà, elle et sa nièce, à l'ami de son fils, à l'excellent cœur qui venait les distraire, le soir. De cette façon, elle n'introduirait pas un étranger chez elle, elle ne courrait pas le risque d'être malheureuse ; au contraire, tout en donnant un soutien à Thérèse, elle mettrait une joie de plus autour de sa vieillesse, elle trouverait un second fils dans ce garçon qui depuis trois ans lui témoignait une affection filiale. Puis il lui semblait que Thérèse serait moins infidèle au souvenir de Camille en épousant Laurent. Les religions du cœur ont des délicatesses étranges. Mme Raquin, qui aurait pleuré en voyant un inconnu embrasser la jeune veuve, ne sentait en elle aucune révolte à la pensée de la livrer aux embrassements de l'ancien camarade de son fils. Elle pensait, comme on dit, que cela ne sortait pas de la famille. »

Émile ZOLA, *Thérèse Raquin* (1867), Flammarion-GF, 1970, p. 163.

Mais il convient de rappeler que la polyphonie, au sens bakhtinien et non au sens général suggéré par l'étymologie du mot, n'est pas la simple réunion de discours pluriels. Elle implique l'inclusion des discours les uns dans les autres, opposant discours du collectif (la *doxa**) et discours de l'individuel (le personnage) *à l'intérieur* d'un même support linguistique traversé de réalisations diverses. Qualifier *Les Liaisons dangereuses* de « roman polyphonique » sous prétexte que plusieurs personnages y prennent la parole épistolaire et que l'auteur ordonne cette diversité, c'est réduire la polyphonie à une simple mise en scène extérieure d'objets anecdotiques, qui est bien le contraire même de ce que démontre cette théorie des hétérogénéités structurées. De même, *Corinne ou l'Italie* de Madame de Staël, récit hétérodiégétique de facture classique (1807), quoique mêlant savamment discours des *uns* et discours des *autres* (les personnages), et surtout, discours d'auteur (des intrusions sur le mode du *je*), discours de narrateur* (manipulations métapoétiques* de l'énoncé romanesque), discours digressifs, discours narratifs, discours moralistes, discours descriptifs, etc., ne peut en aucun cas être *entendu* comme un texte polyphonique. La qualité stylistique générale d'énonciation, mesurée par l'ancienne rhétorique* en termes de *niveaux de langue*, est d'une homogénéité telle qu'aucune disparate n'est sensible : le passage d'un discours à un autre est souvent à peine marqué, contrairement à ce qui se passe chez Balzac ou Stendhal, rendant toute attribution ponctuelle précise quasiment impossible. La prise en charge de discours pluriels est fondue dans une représentation harmonieuse de la qualité sensible, faisant entendre une **monodie**, de référence moins réaliste que lyrique.

2.3 LA QUESTION DES IDENTITÉS

Tout énoncé doit donc être lu et entendu comme un **discours**, et la littérature du XXe siècle, en particulier, n'a cessé de jouer sur ces effets de confusion poétique*, entre matière narrative et construction discursive (Proust, Céline, Beckett, Sarraute, Pinget, entre autres). Mais qui parle à qui ? La réduction des productions aux **figures de l'auteur** et du **lecteur** pose de gros problèmes de cohérence : l'auteur ne peut pas véritablement *parler* ; on doit envisager la production de texte comme la projection imagée d'une activité *énonciative* qui peut tout à fait excéder les limites des unités individuelles de référence. Car l'énonciation est souvent collective – c'est là un des grands enseignements de la polyphonie bakhtinienne. Pensons au phénomène du **cliché***. Quand j'ai recours à un cliché de langue, phrase toute faite ou mot figé dans son emploi et son acception, le discours collectif de la *doxa** anonyme parle sous mes mots, qui ne sont plus que « les mots des autres », des emprunts saturés. Impossible de dire **qui parle**, de l'individu ou du collectif : la réunion, la superposition des deux discours, discours de *l'un*, discours de *l'autre*, est absolue. **Ça parle**. La reconnaissance d'un discours, comme activité productrice de **sens**, rend souvent secondaire l'identification de l'énonciateur empirique de ce discours : ça parle, et c'est dans cette énonciation labile qu'apparaît la vérité des autorités sémantiques et stylistiques.

3. LECTURES

3.1 LE FEUILLETÉ* DISCURSIF : INTERACTIONS ÉNONCIATIVES

« De toutes les passions celle qui est la plus inconnue à nous-mêmes, c'est la paresse ; elle est la plus ardente et la plus maligne de toutes, quoique sa violence soit insensible, et que les dommages qu'elle cause soient très cachés ; si nous considérons attentivement son pouvoir, nous verrons qu'elle se rend en toutes rencontres maîtresse de nos sentiments, de nos intérêts et de nos plaisirs ; c'est la rémore qui a la force d'arrêter les plus grands vaisseaux, c'est une bonace plus dangereuse aux plus importantes affaires que les écueils, et que les plus grandes tempêtes ; le repos de la paresse est un charme secret de l'âme qui suspend soudainement les plus ardentes poursuites et les plus opiniâtres résolutions ; pour donner enfin la véritable idée de cette passion, il faut dire que la paresse est comme une béatitude de l'âme, qui la console de toutes ses pertes, et qui lui tient lieu de tous les biens. »

LA ROCHEFOUCAULD, *Maximes* (maximes supprimées après la première édition, 1665 : § 53), Gallimard-Folio, 1976, p. 140-141.

La première phrase du texte a toutes les caractéristiques de la maxime classique[1] : concision remarquable, détermination générique réalisée par l'usage de l'article défini et par le caractérisant « toutes », référence pronominale élargie, présent de vérité générale, choix d'une structure phrastique remarquable et performante (la phrase pseudo-clivée, avec extraction et reprise pronominale). Simple déclarative affirmative, cette phrase s'impose comme un **programme** intelligentiel que le reste de l'énonciation va préciser. Le texte continue d'ailleurs sur un maintien de l'isotopie* superlative (« la plus ardente et la plus maligne de toutes »), avant d'amorcer, avec l'introduction d'une concession, une modification de discours (le subjonctif, mode non déictique*, s'oppose, à cet égard, à l'indicatif catégorique du début). Avec l'hypothétique à valeur de condition (« si nous considérons »), le discours moraliste matriciel commence à se modifier en **discours argumentatif** strict, distribuant thèse et antithèse, sur le mode de l'opposition protase *vs* apodose ; la représentation du procès mis en scène par le discours classique s'ouvre sur un futur inaccompli de démonstration (« nous verrons »), dont la portée vient nuancer ce que le discours premier avait de catégorique. On retrouve l'usage du présentatif « c'est », maintenant la cohérence stylistique de l'ensemble, dans des énoncés de ton quasi visionnaire, avec les métaphores animale et élémentaire (« rémore, bonace, écueils, tempêtes ») : le discours 1, doublé d'un discours 2 (argumentatif), assume maintenant un discours 3 (métaphorique) de style presque biblique et le propos se fait **oratoire**, en une prose fortement rhétorisée. Les disparates, sensibles, sont atténuées par la permanence d'un temps de démonstration et non de représentation ainsi que par l'usage commun des superlatifs relatifs. Enfin, une quatrième **strate discursive** vient faire surgir une nouvelle énonciation : la désignation métapoétique* qui assigne les nécessités de prise en charge de la matière référentielle par le discours savant (« pour donner enfin la véritable idée [...], il faut dire »).

---

1. Par « phrase », on désigne toute unité minimale de prédication, et non le strict repère typographique posé entre une majuscule et un point : cette conception est voulue par la nature *oratoire* de la séquence classique, ramenable à une période.

Ces quelques lignes présentent donc un exemple de développement de la structure brève de la maxime classique par des enrichissements discursifs à triple entrée, qui ne remettent pas en question l'unité de la référence identitaire de cette énonciation (on hésitera donc à parler de « polyphonie » ici), mais laissent entendre les passages d'un niveau de désignation à l'autre. Les interactions énonciatives s'enrichissent sur le mode de la complémentarité, non de la rivalité. Le feuilleté discursif est dans la précision et l'affinement des perspectives, révélé par des modifications de type poétique, sous l'égalité stylistique du niveau de langue.

3.2 L'EFFET-VOIX* D'UNE FAUSSE POLYPHONIE*

« 1 Mais le maître est toujours là. Et la maison dans le même paysage. Même lumière, même ambiance équivoque. Mêmes rumeurs indistinctes.

Un inventaire à dresser. Du peu qui reste. Objets, lieux, voix. N'en pas nommer l'auteur. Qui le mandate ? Il était là hier, il est là ce matin, sera là demain. Le temps de verbaliser. Est-ce le terme ? Il écoute et écrit. Il relit, il récrit.

Du peu qui reste.

2 Quelqu'un serait entré sans prévenir. La porte n'était pas fermée. Une ancienne cuisine. Grande table de chasse, sièges dépareillés. Une cheminée à l'âtre noir, des étains accrochés aux murs. Au-dessus d'une crédence un portrait de vieillard dont on dirait comme dans les guides touristiques qu'il vous regarde d'où qu'on l'observe.

Jour gris de novembre. Premiers froids. En ville les gens soudain emmitouflés de laine. Conversations écourtées sur le temps de saison. En campagne personne dehors. Brouillard, pluie. Dernières feuilles aux arbres, premiers vols de corbeaux.

L'arrivant regarde le portrait et reste silencieux. Il s'est assis à l'invite d'une voix absente. Imaginée. La même d'une année à l'autre.

3 Le domestique dit le maître est sorti, il ne tardera pas. Vous prendrez bien quelque chose ? Nous avons tout le temps. Vous avez tout le temps. »

Robert PINGET, *L'Ennemi*, Minuit, 1987, p. 7-8 [*incipit** du « roman »].

Le texte, présenté comme un récit par l'usage dominant de la troisième personne, joue tout de suite des effets de la *déixis** pour faire entendre quelques discours mal identifiables sous la scénographie* matricielle (*déixis* spatio-temporelle : « là, hier, ce matin, demain », usage du présent). Le rythme, également, suggère une **voix individuelle** : effets de reprise (« même » ; « et » de relance phrastique), détachement des unités prédicabilisables (« Un inventaire à dresser. Du peu qui reste »), absence de déterminants (« Objets, lieux, voix »), élision de certaines unités grammaticales (« N'en pas nommer l'auteur »).

Cette voix première est ensuite relayée par **une voix *autre***, qui résonne avec la tonalité d'un discours indirect libre : « Quelqu'un serait entré sans prévenir. La porte n'était pas fermée » ; le passage à l'imparfait (et futur du passé) laisse deviner une modification dans la représentation de la durée et dans la perception de l'instant. Cette voix *autre* s'efface ensuite pour laisser entendre une **voix collective**, parodie des clichés pseudo-culturels (« on dirait comme dans les guides touristiques qu'il vous regarde d'où qu'on l'observe »). Enfin, après une reprise et une superposition des procédés, le texte propose un fragment de discours rapportés au style direct (paragraphe 3), avec une indétermination des locuteurs et une dilution des repères déictiques généraux, effet d'anonymat accentué par la banalité des propos.

De la sorte, cet *incipit** joue de procédures suggérant une polyphonie* (entrecroisement de discours pluriels d'origine imprécisée, imprécisable) qui s'avère un nivellement stylistique : l'ensemble du texte prend en charge cette **indétermination énonciative**, qui se ramène à une confusion générale sur l'origine de la voix rectrice. Qui parle ? Et surtout : quel est *le* discours conducteur ? Quel est *le* discours qui assume ce que l'on appellera, par défaut, la narration ? Il ne s'agit pas d'utiliser la polyphonie comme le vecteur d'un réalisme mimétique, mais comme l'illustration d'un éclatement des genres, des tons et des identités, à partir duquel, précisément, tout s'ordonne avec rigueur.

Lectures conseillées

AUSTIN (John L.), *Quand dire, c'est faire*, trad., Seuil, 1970.
AUTHIER-REVUZ (Jacqueline), « Hétérogénéité(s) énonciative(s) », *Langages*, Paris, 1984, n° 73, p. 98-111.
BAKHTINE (Mikhaïl), *Le Marxisme et la Philosophie du langage*, trad., Minuit, 1977.
BAKHTINE (Mikhaïl), *Esthétique et théorie du roman*, trad., Gallimard, 1978.
BANFIELD (Ann), *Phrases sans parole*, trad., Seuil, 1995.
BARTHES (Roland), *Le Degré zéro de l'écriture*, Seuil, 1953.
BENVENISTE (Émile), *Problèmes de linguistique générale 1* et *2*, Gallimard, 1966-1974.
HERSCHBERG-PIERROT (Anne), *Stylistique de la prose*, Belin, 1993.
KERBRAT-ORECCHIONI (Catherine), *L'Énonciation. De la subjectivité dans le langage*, Armand Colin, 1990.
MAINGUENEAU (Dominique), *Le Contexte de l'œuvre littéraire*, Dunod, 1993.
SAUSSURE (Ferdinand de), *Cours de linguistique générale*, éd. critique préparée par T. De Mauro, Payot, 1972.

CHAPITRE 6
LE RYTHME

1. UNE NOTION PROBLÉMATIQUE
2. RYTHME DE LA PHRASE, RYTHME DU VERS
3. LA PÉRIODE
4. LE RYTHME ET LE SENS : LA QUESTION DE L'EXPRESSIVITÉ
5. LECTURE : LA « PHRASE » DE PROUST

1. UNE NOTION PROBLÉMATIQUE

Trouver une définition satisfaisante du **rythme** est difficile : « J'ai lu ou j'ai forgé vingt définitions du Rythme, dont je n'adopte aucune » (Valéry). La conception traditionnelle, issue de Platon, paraît trop restreinte. Elle repose sur la *régularité* : le rythme naît du **retour périodique** du même événement. Le rythme d'une phrase se définit ainsi par le retour des **accents** qui, en français, portent sur les groupes syntaxiques, et non sur les mots : « Je m'ado**ssai** contre le **tron**c d'un magno**lia** et je m'endor**mis** » (Chateaubriand). Ces accents définissent eux-mêmes des intervalles (ou mesures) dont la dimension est déterminée par le nombre des syllabes (4/4/4/5). Le rythme produit par l'alternance régulière des mesures se réduit alors à une métrique. Lorsque Baudelaire parle d'une « prose poétique, musicale sans rythme et sans rime, assez souple et assez heurtée pour s'adapter aux mouvements lyriques de l'âme, aux ondulations de la rêverie, aux soubresauts de la conscience » (Dédicace des *Petits poèmes en prose*), il emploie la notion en ce sens restreint, tout en évoquant une conception plus large du rythme, qui excède cette métrique.

Il existe une conception antithétique, représentée notamment à l'époque romantique, fondée sur la *rupture* de la régularité. Le rythme est alors créé par l'effet de surprise ou le déséquilibre. Ainsi, dans cette phrase de Nerval : « **Tout** m'était expli**qué** par ce souve**nir** à demi-rê**vé** » (1/5/5/5), le rythme naît de l'accent qui isole le pronom indéfini sujet. Mais dans cette conception la notion de régularité reste essentielle.

> La difficulté à définir le rythme est redoublée par le flou d'autres notions avec lesquelles il entre en interaction. Le terme de **cadence** peut désigner la régularité des mesures, ou les rapports de volume dans la phrase complexe. Celui de **prosodie** recouvre plusieurs significations. Selon une définition restreinte, il renvoie, dans la métrique antique, aux règles de quantité vocalique (brèves et longues) ; dans la métrique française, aux règles de comptabilisation des syllabes. Plus généralement, il désigne les caractères quantitatifs et mélodiques des sons dans la poésie. En linguistique, il se réfère à l'étude des phénomènes suprasegmentaux*. Pour Meschonnic, la prosodie est l'organisation vocalique et consonantique du discours.

L'acception du rythme comme régularité est encore majoritaire dans nombre d'ouvrages (voir Molinié). Elle offrirait l'avantage de saisir le phénomène général du rythme, puisqu'elle est aussi bien musicale (la mesure), architecturale (les colonnes d'un temple), voire physiologique (les battements du cœur) et cosmique (le retour des saisons), que linguistique et littéraire. Mais on peut penser que le rythme du langage est spécifique, ce qui conduit à le dissocier du modèle musical.

Henri Meschonnic a théorisé le refus d'une définition fondée sur la régularité en élaborant une conception *sémantique* du rythme : le rythme constitue une « organisation du sens dans le discours* » (1982, p. 70). Ainsi, le rythme d'une phrase ne se définit pas par la régularité, mais dépend de divers facteurs : l'accent rythmique de groupe syntaxique (noté –), l'accent prosodique (allitération et assonance, noté ↓), plus l'accent métrique en poésie versifiée (à la césure et à la fin du vers). Cette variété engendre des possibilités de contre-accent (succession de deux accents ou plus, noté 1⌒2). Voici le rythme d'une phrase de Zola :

Gervaise avait attendu Lantier jusqu'à deux heures du matin ».

2. RYTHME DE LA PHRASE, RYTHME DU VERS

Si, selon une conception large du rythme, c'est bien toute phrase, dans le vers et en dehors du vers, qui est rythmée, lorsque le rythme est défini par la régularité, l'existence d'une **prose rythmique** est contestée : « Le rythme n'existe que dans la poésie » (Jakobson, *Questions de poétique*, p. 41). Cette conception conduit à retrouver dans la prose une **métrique**, notamment par la recherche de vers blancs (non rimés). La phrase « on n'y sentait jamais les doux zéphyrs, ni les grâces naissantes du printemps » (Fénelon) peut ainsi être considérée comme une succession de deux décasyllabes. Mais une telle comptabilisation est faussée par la scansion de la prose selon des règles propres à la poésie (le compte du « e » caduc dans « grâces » et « naissantes »).

Le rythme du vers même gagnerait à être relié au rythme de la phrase. Un poème versifié repose sur une structure syntaxique qui peut interagir avec l'organisation métrique. Le phénomène de l'enjambement (non-correspondance des coupes syntaxique et métrique) en est une manifestation évidente.

3. LA PÉRIODE

La *période* est un type de phrase complexe présentant une **unité de sens**. Idéalement, le sens n'est achevé que dans la dernière proposition. La période est composée d'une partie ascendante (*protase*) et d'une partie descendante (*apodose*). L'apodose peut être plus longue que la protase (*cadence majeure*) ou plus courte (*cadence mineure*). Voici un exemple de cadence majeure chez Bossuet dans son *Sermon sur la mort* :

« Comme un vieux bâtiment irrégulier qu'on néglige de réparer, afin de le dresser de nouveau dans un plus bel ordre d'architecture, / ainsi cette chair toute déréglée par le péché et la convoitise, Dieu la laisse tomber en ruine, afin de la refaire à sa mode et selon le premier plan de sa création. »

> Au-delà du rythme de la phrase (unité linguistique), il faut envisager l'étude du rythme des textes en prose (reposant sur des unités variables, voir le rôle joué par les alinéas et les blancs), qui ne se réduisent pas à une simple juxtaposition de phrases. Ainsi, un discours classique n'est pas fait que de périodes, mais celles-ci sont serties par des phrases plus courtes.

La période repose sur une **conception oratoire** de la prose : la phrase ne doit pas être plus longue que le souffle. Le rythme de la période, avant tout syntaxique, relève de l'esthétique classique ; le XVIIIe siècle lui préfère le style coupé, fondé sur l'organisation parataxique du discours. Plus généralement, l'étude de la période soulève des questions essentielles pour l'analyse du rythme de la phrase, touchant le rapport entre oralité et écrit :

– L'**intonation** et le **débit**

Le rythme de la phrase est mis en évidence lors de la prononciation : la mélodie intonative est de fait une interprétation du discours. Intonation et débit peuvent être indiqués dans le texte écrit par des repères (la ponctuation notamment). Lors d'une lecture silencieuse, ces effets d'oralité persistent : toute lecture silencieuse est accompagnée d'une ébauche mentale, sinon physique, d'articulation.

– Le temps d'**appréhension** de la phrase

Toute phrase est appréhendée dans le temps. Le déchiffrement des signes crée une *tension* vers la résolution sémantique* (phénomène frappant lors de la recherche du verbe). La prégnance de la structure d'attente dépend du degré de complexité de l'organisation syntaxique. Dans le cas de phrases très longues, la lecture silencieuse, permettant arrêts et retours en arrière, semble plus aisée qu'une réalisation phonique.

4. LE RYTHME ET LE SENS : LA QUESTION DE L'EXPRESSIVITÉ

Dans la conception traditionnelle, le lien entre rythme et sens se fait sur le **mode de l'expressivité** : le rythme est redondant par rapport au sens. Ainsi, dans la période, la protase est souvent associée à une idée d'élévation, l'apodose à une idée de chute.

L'expressivité est refusée par Meschonnic, pour qui le rapport du rythme à la signification est autre : « Plutôt que des effets de sens, l'analyse rythmique doit montrer *comment* se fait la signification d'un texte. » Cette conception se refuse à considérer l'appréhension du rythme par une subjectivité interprétante. Toutefois, cette théorie peut paraître contestable : la complexité des phénomènes rythmiques analysés induirait leur perception incomplète par le lecteur, qui ne serait donc pas à même de comprendre la signification du texte.

5. LECTURE : LA « PHRASE » DE PROUST

« La flexibilité physique essentielle aux Guermantes était double ; grâce à l'une, toujours en action, à tout moment, et si par exemple un Guermantes mâle allait saluer une dame, il obtenait une silhouette de lui-même faite de l'équilibre instable de mouvements asymétriques et nerveusement compensés, une jambe traînant un peu, soit exprès, soit parce qu'ayant été souvent cassée à la chasse elle imprimait au torse, pour rattraper l'autre jambe, une déviation à laquelle la remontée d'une épaule faisait contrepoids, pendant que le monocle s'installait dans l'œil, haussait un sourcil au même moment où le toupet des cheveux s'abaissait pour le salut ; l'autre flexibilité, comme la forme de la vague, du vent ou du sillage que garde à jamais la coquille ou le bateau, s'était pour ainsi dire stylisée en une sorte de mobilité fixée, incurvant le nez busqué qui sous les yeux bleus à fleur de tête, au-dessus des lèvres trop minces, d'où sortait, chez les femmes, une voix rauque, rappelait l'origine fabuleuse assignée au XVIe siècle par le bon vouloir de généalogistes parasites et hellénisants à cette race, ancienne sans doute, mais pas au point qu'ils prétendaient quand ils lui donnaient pour origine la fécondation mythologique d'une nymphe par un divin Oiseau. »

Marcel Proust, *Le Côté de Guermantes* (1920-1921),
Gallimard-Folio, 1988, t. II, p. 425-426.

Proust a revivifié la **période classique** : si l'unité de souffle est mise à mal, la structure en tension de la période est bien présente, comme en témoignent les structures d'attente de la phrase – voir la disjonction du sujet et du verbe (« nez busqué/ rappelait »), du participe et de son complément (« assignée »/« à cette race »). Cette modification de la période par Proust explique le débat sur l'**oralité** de son style (est-il fait pour être lu à haute voix ou silencieusement ?). Ici, une relecture semble nécessaire pour placer les accents.

Cette phrase illustre les ramifications binaires propres à Proust : la « double » flexibilité des Guermantes engendre un parallélisme, mais celui-ci est miné par un déséquilibre (voir la disjonction créée par « et si par exemple un Guermantes ») et troublé par un parallélisme secondaire (soit/soit) marqué par la dissymétrie des membres, l'un consistant en un court adverbe, l'autre en une série de subordonnées en forme d'hyperbate – d'où, selon Jean Milly (1975, p. 186), une « démarche des phrases glissée sur le côté ». Dans une étude du rythme dominée par la recherche de l'expressivité, le déséquilibre du parallélisme syntaxique pourra ainsi être mis en rapport avec l'« équilibre instable » de la démarche des Guermantes. L'instabilité étant ressentie dans le mouvement de la lecture, on pourra dire plus justement que la phrase programme le déséquilibre de la lecture, en attente de points où se poser. La méthode de Meschonnic met en évidence l'importance de la fin de la phrase, soulignée par une série de contre-accents (qui marque un déplacement du noyau sémantique de la période, du ridicule des Guermantes à celui de leur entourage).

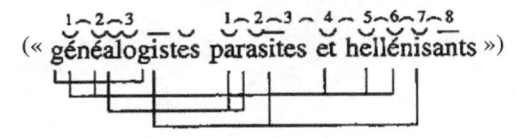

(« généalogistes parasites et hellénisants »)

Lectures conseillées

BENVENISTE (Émile), « La notion de "rythme" dans son expression linguistique », *in* É. BENVENISTE, *Problèmes de linguistique générale*, Gallimard, 1966, p. 327-335.

BORDAS (Éric), dir., *Rythmes de la prose, Semen* n° 16, 2002-1.

HERSCHBERG-PIERROT (Anne), *Stylistique de la prose*, Belin, 1993.

DESSONS (Gérard) et MESCHONNIC (Henri), *Traité du rythme. Des vers et des proses*, Dunod, 1998.

MESCHONNIC (Henri), *Critique du rythme*, Lagrasse, Verdier, 1982.

MILLY (Jean), *La Phrase de Proust*, Larousse, 1975.

SAUVANET MOLINIÉ (Georges), *Éléments de stylistique française*, PUF, 1986.

SAUVANET (Pierre), *Le Rythme et la Raison*, t. I & II, Kimé, 2000.

CHAPITRE 7
LES FIGURES

1. QU'EST-CE QU'UNE FIGURE ?
2. D'UNE LOGIQUE DE LA LISTE À UNE LOGIQUE DU TEXTE
3. LECTURES

1. QU'EST-CE QU'UNE FIGURE ?

1.1 DÉFINITION

La **figure** (du latin *figura* : forme) se définit comme une forme éloignée de l'expression simple ou non marquée. Quand on utilise le mot « voile » pour désigner un « navire », c'est une figure – en l'occurrence, une synecdoque, qui désigne le tout par la partie.

> On distingue traditionnellement plusieurs types de figures :
> – Le **trope** (du grec *trepein*, tourner) opère une conversion de sens, en général sur un seul mot ; il est un écart par rapport à la dénomination propre (ex. : métaphore, métonymie, synecdoque). Ce qu'on entend donc dans la langue courante par « figure » relève en fait souvent du trope.
> – Les **figures de mots** se divisent entre les **figures de diction**, qui jouent sur la matière sonore du discours (par exemple, l'allitération, qui repose sur une répétition des consonnes comme dans l'expression mallarméenne « aboli bibelot »), et les **figures de construction**, qui portent sur la syntaxe de l'énoncé (ainsi du chiasme, qui est un parallélisme inversé du type ABBA : voir le vers de Hugo « Un roi chantait en bas, en haut mourait un Dieu »).
> – Les **figures de pensée** sont indépendantes des sons, des sens et de l'ordre des mots. Elles ne se situent généralement pas à l'échelle du mot, mais concernent des unités plus importantes, et résident dans la relation entre les idées ; par exemple la prosopopée est un procédé qui consiste à faire parler les morts, les absents, voire les objets.

À l'origine, les figures renvoient à une **conception rhétorique du discours***. L'élocution est la troisième partie de la rhétorique* qui vise à l'**ornementation**, considérée comme un des moyens de persuader. Seule une forme appropriée peut donner à l'argument tout son poids : il s'agit donc de choisir les figures qui, en accord avec le sujet traité, seront propres à emporter la conviction de l'auditoire. Mais l'élocution devient rapidement un « art de bien dire » qui trouve sa justification en soi-même, indépendamment de tout « art de persuader », et les figures, tout particulièrement à l'âge classique, sont vues comme d'indispensables ornements, propres à toute écriture littéraire.

1.2 LES CONCEPTIONS ANTIQUE ET CLASSIQUE DES FIGURES

Le rhéteur latin du Ier siècle, Quintilien, défend une **conception rationaliste**, fondée sur l'idée de volonté : les figures sont conscientes et délibérées – de là l'importance des manuels de rhétorique*. Au sein d'une liste plus ou moins ordonnée, ceux-ci définissent les différentes figures, en donnent des exemples, les traduisent en un langage « naturel et ordinaire ». Radicalement opposée à cette conception rationaliste des figures, la position de Bernard Lamy (1675) s'inspire de l'**analyse cartésienne des passions** : la figure est l'expression d'une parole passionnée. L'écart qui distingue le langage simple du langage figuré est alors celui qui sépare le langage sans émotion du langage ému. Si la figure est le moyen de communiquer à l'auditoire cette passion ressentie par l'orateur, elle ne doit pas être recherchée : elle découle naturellement de l'état de l'orateur.

Auteur de certains articles de *L'Encyclopédie*, grammairien et non rhéteur, Dumarsais (1730) redéfinit la notion même de figure. Les figures caractérisent pour lui le **langage commun** : « Il se fait plus de figures en un seul jour de marché à la halle, qu'il ne s'en fait en plusieurs jours d'assemblées académiques. » La définition des figures comme « formes éloignées de l'expression simple et commune » est donc erronée. Dumarsais tente de redéfinir l'**écart** constitué par la figure : celui-ci se situe certes entre une forme figurée et une forme « simple » (sinon commune), mais aussi entre les figures elles-mêmes, la figure ne se positionnant pas tant par rapport à un langage « nu » que par rapport aux autres figures. Dumarsais dépasse ainsi le stade de la traduction de la figure en langage non marqué, et invite à étudier les figures en **système***, les unes par rapport aux autres.

1.3 LES APPROCHES MODERNES

Face à la conception classique, les différentes approches modernes ont repensé les liens entre la figure et son contexte.

Le Groupe μ (1970) a essayé de redéfinir la notion d'écart, en élaborant la notion d'**invariant**, soit ce que le lecteur attend dans une position donnée de l'énoncé – la figure déroutant cette attente. L'écart existe aussi entre la figure et le reste de l'énoncé non modifié (ou **base**).

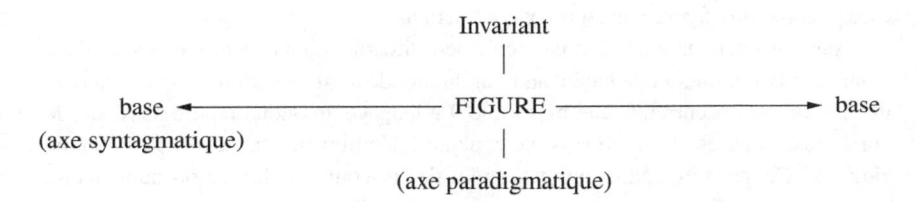

```
                        Invariant
                            |
   base  ◄─────────────── FIGURE ───────────────►  base
(axe syntagmatique)         |
                    (axe paradigmatique)
```

C'est en s'appuyant à la fois sur cet invariant et sur cette base que le lecteur peut réduire l'écart constitué par la figure, c'est-à-dire la comprendre.

Si Paul Ricœur s'est intéressé à la *métaphore*, l'ampleur de son propos dépasse ce seul trope. Le philosophe plaide pour une conception de la métaphore non comme mot mais comme **discours***, en s'appuyant sur le fait que le signe et la phrase sont deux unités distinctes, sans progression linéaire de l'une à l'autre, relevant respectivement de la sémiotique* et de la sémantique*. Il n'existe pas de métaphore en soi, c'est l'énoncé entier qui la crée. Le **cadre** qu'est la phrase agit sur un terme, le **foyer**, pour susciter en lui une signification nouvelle.

Catherine Kerbrat-Orecchioni voit le trope comme un cas particulier du fonctionnement de l'implicite, comme un jeu entre la connotation* et la dénotation*. Son analyse s'attarde sur les **indices** qui signalent le trope : ceux-ci peuvent relever du cotexte* (des modalisateurs, un commentaire métalinguistique* comme « c'est une image », etc.) ou du contexte* (informations livrées par l'ensemble du texte ou au niveau extratextuel). Lors du décodage d'un trope, le lecteur doit ainsi mobiliser toutes ses compétences linguistique et encyclopédique.

2. D'UNE LOGIQUE DE LA LISTE À UNE LOGIQUE DU TEXTE

La partie des rhétoriques consacrée à l'élocution a eu tendance à n'être qu'une liste de figures, présentée dans un ordre variable. Ce trait est révélateur d'une certaine conception de cette notion, qui se reflète dans l'étude littéraire : le rhéteur fait défiler les figures dans son traité, de même qu'on se contente souvent de faire un relevé des figures dans le texte. Une telle méthode (ou absence de méthode) a deux conséquences fâcheuses : la figure est alors un lieu textuel délimité que l'on isole du reste de l'énoncé, et le texte n'est plus pensé comme une unité mais comme une succession de signes* repérables.

2.1 FIGURE ET LITTÉRARITÉ

Derrière l'approche du texte par ses figures se trouve l'idée que celles-ci seraient les formes manifestées (et donc facilement repérables) de sa **littérarité***. Cerner les figures permettrait donc de saisir une certaine essence de la littérature. Se dessine en creux l'équation : figure = écart = style = littérature.

Pourtant les figures ne sont pas seulement littéraires, mais sont employées dans le langage commun : « elle habite au bout du monde » est une expression courante *et* une figure, en l'occurrence une hyperbole. Le langage argotique repose aussi sur de nombreuses figures, il a d'ailleurs été exploité littérairement par des auteurs comme Hugo ou Céline. Les figures animent enfin des discours* politique ou publicitaire, c'est-à-dire des discours qui visent à une certaine efficacité, se plaçant logiquement dans la postérité de la rhétorique, à l'origine « art de persuader » : les expressions « I like Ike » (langage publicitaire/politique), « Tu parles, Charles » (langage commun), « lingères légères » (citation d'Eluard, langage poétique), sont toutes des paronomases (rapprochement de mots dont le son est à peu près semblable).

En outre, mesurer la littérarité d'un texte par ses figures revient logiquement à considérer le reste du texte comme non littéraire. Celui-ci est laissé de côté, sous le prétexte tacite qu'il présente peu d'intérêt. La position du Groupe µ conduirait bien à de telles applications, puisque ce qui entoure la figure est appelé « base », image d'un discours « basique », « premier », non marqué, bref non littéraire.

2.2 LA QUESTION DU LANGAGE NON FIGURÉ

Quel est donc le rapport de la figure avec le **langage non figuré** ? Celui-ci peut revêtir deux formes d'après le schéma ci-dessus : d'une part (sur l'axe syntagmatique) la base, d'autre part (sur l'axe paradigmatique) l'invariant par rapport auquel se définit la figure.

– Dans un texte littéraire, la partie non figurée (base) paraît difficile à étudier. On aurait affaire à un langage simple, à un discours lisse qui n'offre pas de prise à l'analyse, sans les outils que constituent les figures pour l'approcher. La rhétorique classique a formulé l'hypothèse d'un langage non figuré mais néanmoins littéraire : le **sublime** – le « moi » de la Médée cornélienne en est un exemple souvent cité. Mais on a pu y voir une figure par le fait même qu'il n'y a pas de figure. Ce qui fait écart, ce n'est plus le langage figuré, mais l'absence étonnante de celui-ci. Par ailleurs, il semble que l'on puisse toujours déceler des figures dans un texte, puisqu'il est toujours possible d'imaginer une formulation plus simple, un degré plus neutre encore du langage. Dans ces deux cas, déceler des figures là où la tradition n'en voyait pas, c'est se donner les moyens d'appréhender un style qui échappe à l'analyse, c'est réintégrer dans le cercle rassurant du langage figuré une forme de littérature qui lui échappait.

– « Sous » la figure il y aurait en creux un degré zéro virtuel ou construit par l'analyse (le langage simple de la rhétorique classique, l'invariant du Groupe μ). Longtemps, lire la figure a consisté à réduire l'écart, à ramener le figuré au propre, dans le but d'une compréhension du texte. On procédait à une **traduction**, en remplaçant « voile » par « navire ». Si la correspondance entre la figure et l'invariant est établie par une convention littéraire, la traduction est possible mais superflue : on sait que « flamme » veut dire « amour ». Si, au contraire, ce lien n'est pas dicté par une logique conventionnelle, la traduction est pour le moins improbable. Surtout, la transposition en langage simple détruit la figure au lieu d'aider à la construire. En quoi le fait de traduire « le pavillon en viande saignante sur la soie des mers et des fleurs arctiques (elles n'existent pas) » (Rimbaud) par « le pavillon norvégien » permet-il l'analyse littéraire de la figure ? On peut plutôt y déceler une tentative désespérée de rattacher à une réalité connue ce qui justement lui échappe – comme le souligne la parenthèse. Voir le mot de Breton, qui critiquait la traduction de « mamelle de cristal » par « carafe » : « Non, monsieur, Saint-Pol Roux "ne veut pas dire". Ce que Saint-Pol Roux a voulu dire, soyez certain qu'il l'a dit. » Traduire, c'est procéder à une mise à plat qui ne permet pas de penser la figure, puisque l'effet même de la figure est anéanti dans cette opération. Le concept de remplacement du langage figuré par un langage simple ne paraît pas opératoire.

L'effet de la figure

Comment cerner l'effet de la figure ? Certaines figures apparaissent comme « poétiques » ou « justes », d'autres semblent au contraire « ratées ». Les positions sur le sujet varient d'un extrême à l'autre. Prenons l'exemple de la métaphore. Les rhétoriciens classiques recommandent d'employer des images qui présentent un rapport **naturel**. Dumarsais dénonce les distorsions voyantes des maniéristes comme Théophile de Viau : « Je baignerai mes mains dans les ondes de tes cheveux » lui semble une métaphore forcée. À l'opposé, selon André Breton, c'est le « rapprochement **fortuit** » de deux « réalités distantes » qui crée l'effet poétique. L'image la plus forte est celle qui présente le degré d'arbitraire le plus élevé. Et de citer cette métaphore de Lautréamont : « le rubis du champagne » (*Manifeste du surréalisme*, p. 49-50). Le terme de « fortuit » a son importance : la raison n'intervient qu'*a posteriori*, pour constater la valeur de l'image, non pour la créer. Autrement dit, les manuels de rhétorique sont inutiles. Mais comme le souligne le Groupe μ, les figures les plus originales « ne permettent pas toujours au "courant" de passer ». Décrire une métaphore comme le rapprochement de deux réalités proches ou éloignées n'explique pas en quoi elle fonctionne ou non, ne donne pas de clé pour l'analyse de son efficacité littéraire. Ce qui revient à dire que les éléments qui produisent l'effet de la figure se situeraient en dehors de celle-ci.

2.3 LA TENTATION DE L'INTERPRÉTATION « ESSENTIALISTE »

La rhétorique classique avait tendance à assigner à chaque figure du texte une fonction préétablie. Lamy sous-entend ainsi que chaque figure renvoie à une passion : par exemple, l'exclamation est marque de douleur. Ce type d'interprétation « essentialiste » a eu tendance à perdurer. Henri Morier attribue à chaque figure un **caractère psychologique**. Par exemple, l'antithèse serait la manifestation d'un caractère fort, impulsif et sanguin, qui aime à rechercher les contrastes. Et en effet, si « le style, c'est l'homme » (Buffon), il semble logique qu'une figure « soit » un trait de caractère. On a pu ainsi chercher *la* figure d'un auteur, qui serait une sorte de clé pour décrypter sa personnalité. Mais tous les textes d'un auteur ne se ressemblent pas, et en outre la même figure peut avoir une valeur différente chez différents écrivains. Dans cette optique, la figure ne fait que confirmer une connaissance acquise par ailleurs.

Même si on ne l'inscrit pas dans une approche psychologique, l'interprétation des figures suppose sinon une essence unique, du moins certaines qualités stables propres à chaque figure. Ainsi assigne-t-on généralement deux types de fonctions à la métaphore : une fonction de poétisation, et une fonction didactique d'explication du monde. Il semble difficile de sortir de cette problématique « essentialiste ». Cela reviendrait en effet à attribuer telle valeur à telle figure selon le texte – mais pourquoi celle-ci plutôt que celle-là ? Si une même figure n'a pas les mêmes effets dans des contextes différents, cela signifierait que l'analyse d'un texte par ses figures est entachée d'arbitraire.

2.4 POUR UNE CONTEXTUALISATION DE LA FIGURE

Contextualiser la figure semble être la démarche critique appropriée pour étayer une approche du texte littéraire qui s'appuie sur ce concept problématique. Les concepts de « foyer » et de « cadre » développés par Ricœur sont particulièrement opératoires. Le contexte* crée l'effet de figure, et la figure est ce qui se détache du contexte, c'est pourquoi elle est repérée et retenue par le lecteur. Ricœur conteste donc le concept de « base », selon lequel le reste de l'énoncé n'est pas modifié. En dehors de son contexte, une figure n'est pas une figure, « voile » signifie toujours « voile ». Au lieu de s'attacher à isoler la figure du texte, il s'agit donc de montrer comment elle est suscitée par celui-ci. Ainsi, la contextualisation permet d'éviter un inconvénient qui semblait inhérent à l'analyse du texte par les figures : la sélection des figures sans tenir compte du reste du texte. De même, si l'on a dit du sublime qu'il s'agissait d'un style sans figures, c'est peut-être parce que préexistait l'idée que le sublime est une formule minimale. Or le « moi » de Médée est en réalité un « Moi, / Moi, dis-je, et c'est assez » : on reconnaît aisément la figure de la répétition. C'est bien l'extraction hors du contexte du premier « Moi » qui tout ensemble détruit la figure et crée le sublime.

Néanmoins Ricœur se limite à la phrase. Or certaines figures n'apparaissent qu'à la lumière de l'**œuvre entière**. Parfois seule la fin du texte permet au lecteur de déceler une figure liminaire : c'est le dernier vers du sonnet qui permet au lecteur du « Dormeur du val » de comprendre l'euphémisme du titre. La recontextualisation de la figure doit s'accompagner d'un travail sur ses signaux (voir Kerbrat-Orecchioni) : il s'agit de voir si elle est annoncée et attendue par le lecteur, ou si au contraire il y a une rupture avec ce qui précède[1]. Cette contextualisation de la figure au sein de l'œuvre entière résout par ailleurs la question de sa littérarité*. Au lieu de considérer que la figure recèle la littérarité d'un texte, il faut inverser le raisonnement : c'est le contexte de l'œuvre qui fait que la figure est littéraire (ou non).

Au-delà de l'œuvre, la recontextualisation de la figure peut s'étendre à un **contexte littéraire** plus général. Les mouvements littéraires privilégient certaines figures : Jakobson a montré que le réalisme reposait sur la figure de la métonymie. Une même figure peut, selon le contexte où elle s'inscrit, illustrer différentes visions du monde. Il existe une conception classique et une conception surréaliste de la métaphore, qui en actualisent les différents possibles – ce qui va à l'encontre de l'idée d'une essence unique de la figure.

Enfin, il ne faut pas oublier un contexte indispensable à l'émergence de la figure, celui de la **lecture**. La figure fait appel aux différentes compétences du lecteur, compétences qui varient d'un lecteur à un autre. Nous avons vu que sans « essence » de la figure, son interprétation pouvait paraître arbitraire. Mais dans ce processus interprétatif mené par le lecteur, il n'y a pas tant arbitraire que subjectivité.

Ainsi, au lieu de se référer à une quelconque essence de la figure (que ce soit par le biais d'une traduction ou d'une interprétation préétablie), il vaut mieux considérer celle-ci comme une « variable » qui dépend de divers paramètres (le cotexte, le contexte de l'œuvre, le contexte esthétique, et le contexte de la lecture). Plutôt que de parler de « figure », il serait sans doute préférable de parler d'« effet-figure ».

3. LECTURES

3.1 UN PORTRAIT EN PRÉTÉRITION

« C'était une merveilleuse grimace, en effet, que celle qui rayonnait en ce moment au trou de la rosace. Après toutes les figures pentagones, hexagones et hétéroclites qui s'étaient succédé à cette

---

1. Le Groupe μ insiste quant à lui sur la contextualisation nécessaire de la figure de pensée, créée par la situation globale de l'énonciation. Ainsi de la célèbre litote (expression qui dit moins pour en dire plus, et figure de pensée pour le Groupe μ) prononcée par Chimène [voir chapitre 5]. Dans le contexte immédiat, « je ne te hais point » signifie uniquement l'absence de haine. En revanche, le contexte de l'œuvre donne un autre éclairage à cette phrase : elle traduit un amour qui ne peut, pour des raisons de bienséance, s'exprimer directement.

lucarne sans réaliser cet idéal du grotesque qui s'était construit dans les imaginations exaltées par l'orgie, il ne fallait rien moins, pour enlever les suffrages, que la grimace sublime qui venait d'éblouir l'assemblée. Maître Coppenole lui-même applaudit ; et Clopin Trouillefou, qui avait concouru (et Dieu sait quelle intensité de laideur son visage pouvait atteindre), s'avoua vaincu. Nous ferons de même. Nous n'essayerons pas de donner au lecteur une idée de ce nez tétraèdre, de cette bouche en fer à cheval ; de ce petit œil gauche obstrué d'un sourcil roux en broussailles, tandis que l'œil droit disparaissait entièrement sous une énorme verrue ; de ces dents désordonnées, ébréchées çà et là, comme les créneaux d'une forteresse ; de cette lèvre calleuse, sur laquelle une de ces dents empiétait comme la défense d'un éléphant ; de ce menton fourchu ; et surtout de la physionomie répandue sur tout cela ; de ce mélange de malice, d'étonnement et de tristesse. Qu'on rêve, si l'on peut, cet ensemble. »

Victor HUGO, *Notre-Dame de Paris, 1482* (1832),
Le Livre de Poche, 1998, p. 118-119.

Le lecteur attend la description de cette « grimace sublime » qui représente l'accomplissement de tout le chapitre V, celui de la « fête des fous », s'achevant avec l'élection du « pape des fous » qui a remporté le concours de grimaces. Or le narrateur* hugolien affirme son défaut de compétence (« Nous n'essayerons pas de donner au lecteur une idée ») mais, selon le principe de la dénégation, il propose tout de même ensuite sous forme de liste des éléments précis de description de la « grimace » de Quasimodo.

FONCTIONNEMENT DE LA PRÉTÉRITION

La prétérition est une figure qui « consiste à feindre de ne pas vouloir dire ce que néanmoins on dit très clairement et souvent même avec force » (Fontanier). Elle permet ici de suggérer que la laideur monstrueuse de la grimace relève de l'indicible, et dépasse les capacités expressives du langage. Le narrateur refuse donc, sur un mode désinvolte, de tenter la description : « [Trouillefou] s'avoua vaincu. Nous ferons de même. » Le narrateur semble imiter l'attitude d'un de ses propres personnages, étant lui aussi, mais sur un plan différent, mis en échec par l'extrême laideur de Quasimodo. L'effet humoristique repose sur une métalepse, à savoir la correspondance entre deux univers distincts : l'univers fictionnel de Trouillefou et celui du narrateur recourant au métadiscours*. La prétérition joue alors sur deux tableaux. En posant l'existence d'un indicible qui dépasse les pouvoirs de toute écriture, elle sollicite l'imagination du lecteur pour combler les manques de sa parole (cf. l'injonction : « Qu'on rêve, si l'on peut »), et elle décuple ainsi la puissance évocatrice de la description qu'elle propose finalement au lecteur.

LES FIGURES DE L'INDICIBLE

L'irruption de la prétérition est préparée au début du texte par deux oxymores désignant le visage de Quasimodo (« merveilleuse grimace », « grimace sublime »). Adjointes à « l'idéal du grotesque », elles présentent Quasimodo lui-même comme un oxymore vivant. Dans le portrait de Quasimodo, métaphores et comparaisons s'additionnent pour éloigner le référent de l'humain et produire un effet d'étrangeté comique : réduction de l'anatomique à du géométrique (« nez tétraèdre » qui reprend « figures pentagones, hexagones », « bouche en fer à cheval »), puis deux comparaisons qui, par la démesure du comparant, font du personnage un géant surhumain, tout en soulignant sa difformité (dents « comme les créneaux d'une *forteresse* », « comme la défense d'un *éléphant* »). Ainsi les figures permettent-elles de contourner la menace de l'indicible tout en caractérisant Quasimodo comme le paradigme de l'altérité, un être en dehors de l'humanité.

3.2 LE GENRE DU BLASON

Le Front

> « Front large et beau, front patent[1] et ouvert,
> Plat et uni, des beaux cheveux couvert :
> Front qui est clair et serein firmament
> Du petit monde[2], et par son mouvement
> Est gouverné le demeurant du corps :
> Et à son vueil[3] sont les membres concors[4] :
> Lequel je vois être troublé par nues,
> Multipliant ses rides très menues,
> Et du côté qui se présente à l'œil
> Semble que là se lève le soleil.
> Front élevé sus cette sphère ronde,
> Où tout engin[5] et tout savoir abonde.
> Front révéré, Front qui le corps surmonte
> Comme celui qui ne craint rien, fors[6] honte.
> Front apparent, afin qu'on pût mieux lire »

---

1. Largement ouvert, manifeste.
2. Il s'agit du microcosme qu'est l'homme.
3. Volonté.
4. En harmonie.
5. Intelligence.
6. Sauf.

> Les lois qu'amour voulut en lui écrire,
> Ô front, tu es une table d'attente[1]
> Où ma vie est, et ma mort très patente ! »
>
> Maurice Scève, « Blasons » (1536), *in* Scève,
> *Œuvres complètes*, Mercure de France, 1974, p. 366.

Le genre du blason, typique de la poésie amoureuse du XVIe siècle, isole une partie du corps féminin pour en faire l'éloge, en s'appuyant sur un processus de **métaphorisation** fortement codifié, dont un des *topoï* les plus courants consiste à convoquer des éléments de la nature (rose, cerise, soleil, neige, étoiles, etc.) ou des matières précieuses (ivoire, marbre, perle, corail, ébène) afin de rendre compte de la beauté féminine. Cette écriture croise les influences de la poésie amoureuse des élégiaques latins (Catulle, Properce, Ovide), de l'amour courtois du Moyen Âge, du Dolce stil nuovo de Dante et de Pétrarque, et du néoplatonisme florentin. L'école de la Renaissance lyonnaise construit ainsi une poésie savante et virtuose, qui se caractérise notamment par un recours fréquent aux allusions et **références** mythologiques, et une concentration extrême de **figures** (dans la lignée pétrarquiste, elle développe par exemple une rhétorique du contraste, multipliant les antithèses et les oxymores). Cette esthétique aux antipodes de la fiction d'un « style naturel », et le rôle qu'elle accorde aux figures ont d'ailleurs valu à Maurice Scève une réputation d'obscurité, notamment pour son recueil de dizains *Délie, objet de plus haute vertu*. Dans le cas spécifique du blason, deux tropes principaux servent de matrice aux poèmes, avant de se voir complexifiés et redoublés par d'autres figures au fil des textes : la **synecdoque** (célébration de la femme incarnée dans un élément de son anatomie), et la **métaphore**.

LA MÉTAPHORE FILÉE

Ce poème est construit sur une métaphore principale, retravaillée et approfondie tout au long du texte, qui assimile le front au ciel. Il se développe donc sur un double registre descriptif, faisant alterner la représentation du référent anatomique (v. 1-2, 8-9, 13-14) et la métaphore astronomique (v. 3-5, 7-8, 10-12). La mise en place de la métaphore fonctionne d'ailleurs de telle sorte que l'alternance se mue par moments en superposition, et de nombreux vers peuvent ainsi faire l'objet d'une double lecture (v. 4-8, ou v. 11-12 « sphère ronde où tout engin et tout savoir abonde » représentant aussi bien la tête que la terre). Maurice Scève construit aux v. 3-5 une mécanique extrêmement sophistiquée de métaphorisation, avec un emboîtement de métaphores et de références philosophiques sous-jacentes. Une analogie mettant en relation quatre

---

[1]. Plaque ou autre surface plate qu'on destine à être gravée, mais où rien n'est encore inscrit.

éléments sous-tend le passage : le front est à l'homme ce que le ciel est à la terre. Une deuxième métaphore renforce le mouvement d'abstraction, remplaçant dans l'analogie matricielle, selon la vision spécifique de la Renaissance, l'homme par « le petit monde », c'est-à-dire littéralement le microcosme. Le quatrième terme, la terre, est alors sous-entendu. Cette métaphore se déploie ainsi sur trois vers : le front est « firmament du petit monde », et le « mouvement » évoqué au v. 4 est donc à la fois celui de la pensée, qui commande aux membres, et celui des astres peuplant le ciel qui, dans la cosmologie du temps, gouvernent également les destinées humaines.

UN BLASON SPIRITUEL

Cette métaphore astronomique inattendue du « front-firmament » constitue une trouvaille de Scève, qui prend sens dans le contexte néoplatonicien de l'ensemble de ses blasons. Le poète choisit de décrire la partie du corps la moins sensuelle et la plus spirituelle, le lieu qui abrite la pensée et domine l'ensemble du corps. Dans la logique des théories néoplatoniciennes développées notamment par Marsile Ficin, la femme aimée fait l'objet d'un culte qui permet au poète d'accéder aux vérités les plus hautes et au monde des Idées. La spiritualisation du corps entraîne donc le lecteur dans un mouvement ascendant, vers des réalités supérieures (vocabulaire de l'élévation : « se lève », « élevé », « surmonte »). La structure du poème, avec l'**anaphore** de « front » – six fois en début de vers, et deux fois répété dans un même vers à l'ouverture et après la coupe du décasyllabe (v. 1 et 13) – est celle de la **litanie**, qui convient bien à cette forme de culte (« front *révéré* »).

DU DÉCHIFFREMENT À L'ÉCRITURE

Le poète n'apparaît que deux fois dans le blason (v. 7 « je vois », v. 18 : « ma vie, ma mort »), mais sa présence est latente tout au long du texte à travers la **thématique de la vision** (« patent, clair, vois, apparent, lire, patente »). Il lit son destin amoureux sur le front de sa dame comme on lit son avenir dans le mouvement des constellations. Derrière l'image lumineuse d'un cosmos harmonieux, celui du « clair et serein firmament », se dessine alors la possibilité du rejet de la femme aimée (« lequel je vois être troublé par nues, multipliant ses rides très menues »). Selon un principe de dramatisation, la longue évocation de l'objet blasonné, dans une série de propositions définissant ses qualités à la troisième personne (v. 1-17), aboutit dans la pointe du distique final, à une apostrophe (« Ô front, tu es ») qui produit un effet de surprise et transforme la tonalité du poème. Une nouvelle métaphore se surimpose à celle que le texte avait développée : le front est désormais « table d'attente », équivalent d'une page blanche, attendant l'écriture de l'amour et du poète. L'image d'un destin apparemment prévisible, déterminé à l'avance par les lois astronomiques, laisse place à celle du doute et de l'incertitude. L'effet de clôture du poème est alors renforcé par l'antithèse « vie »/« mort » du vers final, et par la reprise de l'adjectif « patent », présent au premier vers, dans un deuxième sens (figure de l'**antanaclase**). On est en effet passé du « front patent » (vaste et manifeste), simple description physique laudative, au déchiffrement de ce front, signifiant au poète sa « mort très patente » (très visible). Conformément à un schéma caractéristique de la poésie amoureuse de la Renaissance, c'est précisément dans le lieu où le poète a mis sa vie que sa mort lui est manifestée, mais c'est aussi cette mort qui transforme la femme aimée en « table d'attente », support offert pour l'écriture et la création.

Lectures conseillées

DUMARSAIS (César Chesneau sieur), *Le Traité des tropes* [1730], Houilles, éd. Manucius, 2011.

DUPRIEZ (Bernard), *Gradus : Les Procédés littéraires (dictionnaire)* [1980], Union générale d'Éditions, coll. « 10/18 », 1984.

FONTANIER (Pierre), *Les Figures du discours* [1821], Flammarion, 2009.

GENETTE (Gérard), « Figures », *in* G. GENETTE, *Figures I*, Seuil, 1966. – « La rhétorique restreinte », *in* G. GENETTE, *Figures III*, Seuil, 1972.

GROUPE µ, *Rhétorique générale* [1970], Seuil, 1982.

JAKOBSON (Roman), « Deux aspects du langage et deux types d'aphasie », *in* R. JAKOBSON, *Essais de linguistique générale* (t. I), [1963], Minuit, 2003.

KERBRAT-ORECCHIONI (Catherine), *L'Implicite* (ch. 3) [1986], Armand Colin, 1998.

KIBEDI-VARGA (Aron), *Rhétorique et littérature* [1970], Klincksieck, 2002.

LAMY (Bernard), *La Rhétorique ou l'Art de parler* [1675] (livre II), Champion, 1998.

QUINTILIEN, *De l'institution oratoire* [95] (livres VIII & IX), Clermont-Ferrand, Paleo, 2009.

RICŒUR (Paul), *La Métaphore vive* [1975], Seuil, 1997.

CHAPITRE 8
L'INTERTEXTUALITÉ

1. UNE NOTION AUX LIMITES INCERTAINES
2. LE STATUT DE L'INTERTEXTE : INCORPORATION OU COLLAGE
3. LE LECTEUR FACE À L'INTERTEXTUALITÉ
4. LE RAPPORT À LA LITTÉRATURE : ENJEUX ESTHÉTIQUES ET MÉMORIELS DE L'INTERTEXTUALITÉ
5. LECTURES

1. UNE NOTION AUX LIMITES INCERTAINES

La notion d'**intertextualité** est née à la fin des années 1960, dans le courant critique du structuralisme*, et a dès lors été régulièrement retravaillée, suscitant de nombreuses théorisations et controverses. Elle est essentiellement liée à une conception de la littérature comme **mémoire** ; on peut la définir comme le mouvement par lequel un texte se construit en intégrant ou en transformant un autre texte.

1.1 NAISSANCE DE LA NOTION : UNE DYNAMIQUE DE PRODUCTION TEXTUELLE

Le néologisme « intertextualité » est inventé par Julia Kristeva (1969) afin de traduire son analyse des mécanismes se situant à la source même de l'écriture : « Tout texte* se construit comme une mosaïque de citations, tout texte est absorption et transformation d'un autre texte. » Il s'agit d'une **conception extensive** de l'intertextualité : son enjeu n'est pas une identification des éléments empruntés (la traditionnelle « critique des sources »), mais une compréhension des ressorts fondamentaux de **production** de tout texte. Roland Barthes reformule cette démarche :

« Tout texte est un intertexte […] tout texte est un tissu nouveau de citations révolues. Passent dans le texte, redistribués en lui, des morceaux de code, des formules, des modèles rythmiques, des fragments de langages sociaux. […] L'intertexte est un champ général de formules anonymes, dont l'origine est rarement repérable, de citations inconscientes ou automatiques, données sans guillemets. »

« Théorie du texte », 1973.

Pour insister sur l'opération de transformation accomplie lorsqu'un énoncé* passe d'un système de signes* à un autre, Julia Kristeva propose par la suite de remplacer le terme d'intertextualité par celui de « **transposition** » (1974).

Cette théorie de l'intertextualité doit beaucoup aux analyses développées par Mikhaïl Bakhtine[1] sur le **dialogisme*** et la **polyphonie*** dans *Problèmes de la poétique de Dostoïevski* (1929). Le critique russe dont Kristeva a fait découvrir l'œuvre en France, quarante ans après sa publication en URSS, met en effet en évidence la présence de l'hétérogène, de l'altérité au sein de chaque énoncé et même de chaque mot, puisque « l'objet a déjà, pour ainsi dire, été parlé, controversé, éclairé et jugé diversement, il est le lieu où se croisent, se rencontrent et se séparent des points de vue différents, des visions du monde, des tendances » (Bakhtine, 1984).

1.2 UNE STYLISTIQUE DE L'INTERTEXTUALITÉ

Michaël Riffaterre renverse le point de vue sur l'intertextualité en se plaçant du côté de la réception. L'intertextualité devient un **effet de lecture**, puisqu'il la définit comme « la perception par le lecteur de rapports entre une œuvre et d'autres, qui l'ont précédée ou suivie ». L'intertextualité telle que Riffaterre la conçoit est illimitée, fondamentalement ouverte : au-delà des références explicites (intertextualité « obligatoire »), le lecteur peut en effet faire appel à sa subjectivité pour établir des rapprochements entre les textes en inversant la chronologie, et en lisant par exemple Balzac à la lumière de Proust (intertextualité « aléatoire »). L'intertexte s'identifie avec « l'ensemble des textes que l'on retrouve dans sa mémoire à la lecture d'un passage donné ». L'**analyse stylistique** doit repérer les traces de **résistance sémantique** ou **grammaticale** dans le texte, qui sont souvent des indices de la présence d'un intertexte. La figure de la syllepse est, pour Riffaterre, une illustration de ces phénomènes de résistance, qui font signe vers un intertexte potentiel. Il propose ainsi de relier un poème de Laforgue et une fable de La Fontaine (« Les Animaux malades de la peste ») grâce à la syllepse sur le mot « tonsure » en rapprochant les vers « Un rien, une miniature / De la largeur d'une tonsure » et « Je tondis ce pré de la largeur de ma langue ». La notion linguistique et abstraite d'« intertexte » change ainsi profondément de nature avec Riffaterre. Il en fait un outil dont le domaine d'application est particulièrement vaste, tout en lui

---

1. Voir chapitre 5.

faisant quitter le champ de la pure théorie pour servir de base à des analyses microstylistiques.

1.3 LA TYPOLOGIE DES RELATIONS TRANSTEXTUELLES

À la différence de Julia Kristeva, Gérard Genette (1982) ne place pas l'intertextualité au cœur de la production textuelle, et contrairement à Michaël Riffaterre, il en défend une **conception restreinte**. L'intertextualité constitue pour lui une relation très spécifique parmi toutes celles qui unissent les textes, qu'il regroupe sous le terme générique de **transtextualité***. Il classe par ordre d'abstraction et de globalité croissantes cinq relations transtextuelles :

– L'**intertextualité** : relation de **coprésence** entre deux ou plusieurs textes (avec le plus souvent « présence effective d'un texte dans un autre »).

– La **paratextualité** : relation « moins explicite et plus distante » entre le texte et son **paratexte*** (titres, sous-titres, préfaces, notes, épigraphes, illustrations…) – voir Genette (1985).

– La **métatextualité*** : relation de **commentaire** « qui unit un texte à un autre texte dont il parle, sans nécessairement le citer (le convoquer), voire, à la limite, sans le nommer […] C'est, par excellence, la relation critique ». Ainsi l'« Avant-propos » de *La Comédie humaine*, rédigé par Balzac lui-même, est à la fois une préface à l'œuvre (paratexte) et une explication réflexive du projet romanesque (métatexte).

– L'**hypertextualité** : relation de **dérivation** entre un texte (l'hypertexte) et un texte antérieur (l'hypotexte). Joyce réécrivant l'histoire d'Ulysse construit un hypertexte moderne à partir de l'hypotexte homérique[1].

– L'**architextualité** : relation entre un texte et sa catégorie **générique** (poésie, roman, etc.), qui « oriente et détermine dans une large mesure l'"horizon d'attente*" du lecteur, et donc la réception de l'œuvre. Par exemple, l'écriture du poème en prose redéfinit l'architexte *poésie*, qui n'est plus uniquement caractérisé par la versification.

> La restriction opérée par Genette par rapport aux conceptions extensives de l'intertextualité s'est globalement imposée dans la critique : on tend désormais à réserver le terme de « dialogisme* » à la visée théorique issue de Bakhtine, mais on réunit néanmoins le plus souvent sous le terme d'« intertextualité » les deux types de relation distingués dans *Palimpsestes* : les relations de coprésence et celles de dérivation (*i.e.* intertextualité et hypertextualité). Les relations de *coprésence* comprennent la citation (emprunt explicite et littéral), le plagiat (littéral, mais non explicite), la référence (explicite et

---

1. Voir chapitre 1.

non littéral), et l'allusion (non explicite, et non littéral). Genette classifie les pratiques de *dérivation* en superposant deux critères : la nature de la relation (transformation/imitation) et son régime (ludique/ satirique/sérieux), ce qui produit les six catégories suivantes, respectivement, pour la transformation : la parodie, le travestissement burlesque et la transposition ; et pour l'imitation : le pastiche, la charge et la forgerie. Ces catégories de dérivation ne demeurent cependant pas étanches, et les analyses menées dans *Palimpsestes* témoignent des possibilités d'hybridation de ces différents types de dérivation au sein des textes.

2. LE STATUT DE L'INTERTEXTE : INCORPORATION OU COLLAGE

L'insertion d'un texte dans un autre peut se faire avec une plus ou moins grande fluidité, par l'effacement de toutes les traces du collage, ou au contraire par l'exhibition d'une **radicale hétérogénéité** entre les deux textes. On rencontre l'intégration la plus forte dans les relations de dérivation : l'hypotexte n'est en effet présent que de manière implicite, l'hypertexte se l'étant entièrement approprié. Les relations de coprésence offrent quant à elles toute une gradation de pratiques.

L'**incorporation** la plus complète est réalisée dans le **plagiat**. Ainsi *Les Chants de Maldoror* (1869) présentent des pages extraites d'encyclopédies scientifiques que Lautréamont a copiées sans aucun signe démarcatif, intégrant entièrement la parole extérieure dans son propre discours. Les commentateurs de Georges Perec ont forgé une catégorie différente, celle de l'« impli-citation », qui porte sur des énoncés plus brefs, fondus eux aussi dans le texte grâce à un gommage de tout effet d'hétérogénéité, mais dont la présence est signalée au lecteur par la « liste des auteurs cités » à la fin de *La Vie mode d'emploi* (1978). Dans le cas de l'**allusion** et plus encore de la **référence**, l'intertexte est certes dilué dans le discours principal, mais quelques éléments font signe vers un autre texte et créent un effet de rupture : nom d'auteur, de personnage, titre d'œuvre, situation spécifique, vocabulaire original propre à un auteur, etc. (ex. : un auteur employant l'expression « faire catleya » fait nécessairement allusion au texte proustien, puisqu'il s'agit d'une périphrase forgée par Swann pour rappeler sa première nuit avec Odette). La citation représente quant à elle le stade minimal de l'incorporation. Énoncé aisément repérable (guillemets, italiques ou retrait), elle demeure malgré tout intégrée dans la continuité textuelle.

Lorsque la citation est isolée du texte pour devenir un bloc autonome, comme c'est le cas dans l'**épigraphe** et le **collage**, l'hétérogénéité est revendiquée, affichée typographiquement. Le texte n'est plus conçu comme une continuité mais comme une juxtaposition de fragments où c'est l'écart, la rupture, la confrontation d'énoncés aux statuts génériques différents qui font sens. Une œuvre comme *La Vie mode d'emploi* illustre bien cette esthétique, puisqu'elle repose sur le morcellement de la narration et l'insertion de fragments hétéroclites dans le texte – collage d'énoncés non littéraires, comme le catalogue des articles vendus par une société de décoration (chapitre XX) ou la table des matières du *Bulletin de l'Institut de Linguistique de Louvain* (chapitre LVI). Ce roman joue ainsi sur la diversité des modes d'insertion de l'intertexte (incorporation de citations littéraires ou collage d'éléments directement empruntés au monde référentiel), recourant à cette pratique pour mettre en question le statut de l'œuvre littéraire.

Les métaphores servant à désigner les œuvres reposant sur l'intertextualité traduisent bien les imaginaires du texte qui se déploient derrière ces deux pôles. Du côté de la rupture et de l'hétérogénéité se développent des images d'un texte fragmenté, éclaté : le texte est alors **mosaïque**, puzzle ou kaléidoscope. À l'inverse, les images organiques ou fluviales, comme le texte qui « coule » depuis une source, ou qui germe et se développe, expriment fortement l'idée de la **continuité** et de l'**homogénéité**. Le modèle est dans ce dernier cas de type vertical, manifestant une relation de filiation tandis que dans la mise en avant de l'hétérogénéité, on a plutôt affaire à un modèle horizontal de circulation des œuvres, qui ne sont plus inscrites dans un système hiérarchisé.

3. LE LECTEUR FACE À L'INTERTEXTUALITÉ

La reconnaissance de l'intertexte fait appel à la compétence et à la mémoire du lecteur. L'intertextualité est donc un phénomène fragile et variable, dont la perception n'est jamais assurée. Trois étapes sont nécessaires à l'« activation » de l'intertexte. Le lecteur doit d'abord **repérer** l'existence d'un intertexte (sans forcément découvrir d'emblée de quel texte il s'agit), puis il doit **identifier** avec précision le passage concerné, et enfin **interpréter** les enjeux du lien entre les deux textes.

Dans le cas de l'intertextualité explicite, les indices de l'existence d'un intertexte sont suffisamment voyants, et la première étape de repérage ne soulève pas de difficulté. En revanche lorsque l'intertexte est **implicite**, son décodage est plus aléatoire. La méthode proposée par Riffaterre consiste à rechercher « la déformation d'une norme ou une incompatibilité par rapport au contexte » (qui, même si elle ne renvoie pas systématiquement à un intertexte, en est souvent un signe), et à se laisser guider par un sentiment d'hétérogénéité, qu'elle soit syntaxique, lexicale, ou métrique (ex. : insertion de vers blanc). La mémoire du lecteur est alors le ressort indispensable pour permettre de reconnaître le texte-source. Ce lecteur-enquêteur fait appel à la bibliothèque des savoirs pour faire fonctionner pleinement le texte et réaliser ses potentialités intertextuelles, avant de se muer en lecteur-herméneute qui propose des hypothèses interprétatives afin de motiver le rapprochement entre texte et intertexte.

> C'est la tension entre deux énoncés hétérogènes qui donne son sens à l'intertextualité, et le travail interprétatif du lecteur vise à combler cet écart. La pratique de l'*épigraphe* en constitue une illustration exemplaire. Elle se présente comme une énigme pour le lecteur, une concentration du sens et des thèmes qui sont ensuite redistribués et réinterprétés dans le chapitre qu'elle ouvre. Stendhal joue volontiers de cette intertextualité, en accentuant encore l'altérité de l'épigraphe puisqu'il recourt de préférence à des textes en langue étrangère. Ainsi l'ouverture du chapitre XX d'*Armance* (1827) convoque-t-elle *Othello* (« *À fine woman ! a fair woman ! a sweet woman !/ – Nay, you must forget that/ – O the world has no sweeter creature*[1] »), pour mettre en perspective le renoncement du héros à l'amour. La solitude, la marginalité et l'altérité fondamentale d'Octave de Malivert au sein des hommes de sa classe font écho à celles du Maure de Venise, isolé parmi les nobles italiens.

Le caractère aléatoire de la reconnaissance et surtout de la compréhension de l'intertexte est fondamental : c'est la possibilité qu'il soit ignoré qui lui donne tout son prix. L'intertextualité peut ainsi être interprétée comme un mécanisme visant à produire une implication forte du lecteur dans l'opération de lecture. L'effet d'**intimidation** que peut provoquer le recours à l'érudition se transforme, grâce à l'interprétation construite par le lecteur, en une relation de **complicité** avec l'auteur. Cette pratique fonctionne alors comme un processus de reconnaissance et d'intégration du lecteur, mais la sollicitation de ses compétences peut également créer un effet d'élitisme, le texte ne fonctionnant pleinement que pour une sélection de *happy few*. L'intertextualité travaille donc à plusieurs niveaux et suscite différents types de lecteurs, plus ou moins engagés dans la production du sens :

– L'implication minimale consiste à repérer l'intertextualité inscrite, faute de quoi des textes comme les pastiches ou les parodies perdent l'essentiel de leur intérêt.

– Un lecteur herméneute poursuivra en réfléchissant sur l'impact de la nouvelle contextualisation des énoncés intertextuels.

– Un dernier type de lecteur pourra enfin entrer de manière plus profonde dans la démarche proposée par la relation intertextuelle, en dévoilant les enjeux esthétiques du geste intertextuel et ses implications quant à la conception de la littérature.

4. LE RAPPORT À LA LITTÉRATURE : ENJEUX ESTHÉTIQUES ET MÉMORIELS DE L'INTERTEXTUALITÉ

La reprise de textes antérieurs s'accompagne généralement d'un jugement porté sur leur esthétique. De manière générale, l'intertextualité peut être conçue comme une force de liaison entre les textes, aussi bien que comme un instrument de rupture de la

---

1. « Une femme noble ! une femme belle ! une femme douce ! – Non, il faut oublier cela. – Ô, le monde n'a pas de plus douce créature. »

continuité littéraire. Ces deux pôles de la pratique intertextuelle recouvrent en partie deux régimes de sollicitation de l'intertexte, le régime **sérieux** et le régime **ludique**.

– La doctrine de l'**imitation** professée à la Renaissance, notamment par Du Bellay, est un exemple de régime sérieux d'intertextualité, où ce ne sont pas l'écart et le morcellement qui sont recherchés, mais l'assimilation de l'intertexte considéré comme une *autorité* qu'il faut s'approprier par « innutrition ». Tout en conservant l'idée de **continuité** d'une tradition littéraire, l'intertextualité peut aussi prendre une teinte mélancolique lorsque l'ampleur de la « bibliothèque » semble interdire tout espoir de nouveauté et condamner au ressassement indéfini du même. On pense à la célèbre exclamation de La Bruyère, en ouverture des *Caractères* (1688) : « Tout est dit, et l'on vient trop tard, depuis plus de sept mille ans qu'il y a des hommes, et qui pensent. » Cependant là encore, c'est l'appropriation de l'ancien qui permet à La Bruyère d'effacer par ses *Caractères* ceux de Théophraste.

En décalage par rapport à cette esthétique de la continuité qui fait de la référence une caution et de la citation un discours d'autorité, la liberté de Montaigne dans sa relation à l'intertexte annonce les conceptions modernes qui rejettent l'attribution, voire la notion de **propriété intellectuelle**. Ses emprunts constants, mais non référencés, aux auteurs de l'antiquité grecque et latine sont une manière de nier la notion de hiérarchie et de promouvoir la mémoire littéraire non comme réserve de modèles à imiter mais comme système de circulation indéfinie des textes.

– La dimension ludique de l'intertextualité est mise en avant par les recherches de l'Oulipo (Ouvroir de littérature potentielle, groupe fondé par Raymond Queneau et François Le Lionnais, où Georges Perec entre en 1967). Par des techniques de combinatoire et de jeux formels, ils réécrivent les textes classiques. La littérature, désacralisée, est conçue comme un fonds de textes qui doivent servir à entretenir une production continuelle de nouveaux énoncés. L'**arbitraire des contraintes** imposées à la création va de pair avec le refus de considérer l'intertextualité comme productrice de sens.

Ce mouvement prolonge la subversion des catégories d'auteur et de propriété littéraire entreprise par Lautréamont avec *Les Chants de Maldoror* et *Poésies I & II* (1870), qui font l'apologie du plagiat. Cependant, si l'injonction célèbre de Lautréamont : « La poésie doit être faite par tous. Non par un » est bien réactualisée par l'Oulipo, elle va néanmoins de pair, chez les Oulipiens, avec l'abandon de la remise en question des pensées classique et romantique que Lautréamont avait engagée. L'intertextualité telle que la conçoit la pensée postmoderne, insistant sur le morcellement et la fragmentation de tous les énoncés, se présente finalement comme une expérimentation de la « mort de l'auteur » annoncée par Barthes[1]. L'hypertrophie de la citation ne sert plus alors une

---

1. Voir chapitre 2.

esthétique de la **transmission**, mais l'intertextualité se met paradoxalement au service d'une entreprise de **dissolution de la mémoire** dans la démultiplication de la référence.

5. LECTURES

5.1 UNE PARODIE DE L'ÉPOPÉE

Chapitre premier
Une troupe de comédiens arrive dans la ville du Mans
« Le soleil avait achevé plus de la moitié de sa course et son char, ayant attrapé le penchant du monde, roulait plus vite qu'il ne voulait. Si ses chevaux eussent voulu profiter de la pente du chemin, ils eussent achevé ce qui restait du jour en moins d'un demi-quart d'heure ; mais, au lieu de tirer de toute leur force, ils ne s'amusaient qu'à faire des courbettes, respirant un air marin qui les faisait hennir et les avertissait que la mer était proche, où l'on dit que leur maître se couche toutes les nuits. Pour parler plus humainement et plus intelligiblement, il était entre cinq et six quand une charrette entra dans la ville du Mans. Cette charrette était attelée de quatre bœufs fort maigres, conduits par une jument poulinière dont le poulain allait et venait à l'entour de la charrette comme un petit fou qu'il était. La charrette était pleine de coffres, de malles et de gros paquets de toiles peintes qui faisaient comme une pyramide au haut de laquelle paraissait une demoiselle habillée moitié ville, moitié campagne. Un jeune homme, aussi pauvre d'habits que riche de mine, marchait à côté de la charrette. Il avait un grand emplâtre sur le visage, qui lui couvrait un œil et la moitié de la joue, et portait un grand fusil sur son épaule, dont il avait assassiné plusieurs pies, geais et corneilles, qui lui faisaient comme une bandoulière, au bas de laquelle pendaient par les pieds une poule et un oison qui avaient bien la mine d'avoir été pris à la petite guerre[1]. »

Paul SCARRON, *Le Roman comique* (1651), Gallimard-Folio, 1985, p. 37.

Le genre romanesque a longtemps été défini comme une « épopée en prose ». En réaction à cette conception se sont élaborés des « anti-romans » qui mettent à mal le modèle épique[2]. Cet *incipit** du *Roman comique* (*i.e.* : roman des comédiens) se présente ainsi comme une parodie de l'épopée.

Le roman débute par le **détournement** de la métaphore* épique du « char du soleil ». En reprenant ce mythe antique, Scarron tourne en dérision un procédé courant dans les épopées, où le début des chapitres est consacré à dire métaphoriquement l'heure du jour (voir « l'aurore aux doigts de rose »). Cette première phrase s'achève en effet sur une chute qui dévoile l'intention parodique : « roulait plus vite qu'il ne voulait ». Le filage de la métaphore (« la pente du chemin ») achève de la rendre ridicule :

---

1. « Petite guerre » : maraudage.
2. Voir chapitres 15 et 16.

les chevaux du char du soleil, dignes objets poétiques dans les épopées, s'amusent « à faire des courbettes ». Le narrateur* recourt ensuite à la traduction en style simple et non figuré (« pour parler plus humainement et plus intelligiblement », « entre cinq et six »), ce qui marque la volonté d'une prise de distance par rapport à un langage épique dénoncé comme artificiel et ampoulé. Il ne s'agit pas ici de parler d'une réalité grossière en style noble (l'héroï-comique) ni de parler d'une réalité noble en style bas (le burlesque) mais de procéder à une brusque **mise à plat** des procédés épiques, dénoncés à la fois par une dégradation et une traduction.

Le style épique évacué du champ romanesque, le récit laisse place, avec la **description** de la « charrette » et de ses occupants, à un régime plus « réaliste ». Celui-ci se construit néanmoins encore sur le rejet du modèle épique : la « vraie » charrette s'oppose évidemment au char métaphorique, et bœufs, jument, poulain font de leur côté pendant aux chevaux du soleil. Enfin les personnages sont loin d'être des modèles héroïques, comme en témoigne le portrait du jeune homme « riche de mine » mais qui a un « emplâtre » qui lui couvre la moitié du visage. On peut même voir dans les divers volatiles qu'il porte en bandoulière une image dégradée des dépouilles de l'ennemi exhibées par le héros victorieux, la « petite guerre » sans gloire ayant remplacé la guerre noble et héroïque, sujet de l'épopée.

L'intertextualité joue donc, à cette place stratégique qu'est l'*incipit**, le rôle de mise en place d'un **pacte de lecture** : le lecteur ne doit pas s'attendre à une fiction rapportant des aventures héroïques. L'hypotexte du genre épique est ici refusé au nom d'un certain « réalisme ».

5.2 UNE REPRÉSENTATION DE *PHÈDRE*

– "Elle aimera mieux du classique ! *Phèdre* par exemple ?"
– "Soit."
Bouvard conta le sujet. – « C'est une reine, dont le mari, a, d'une autre femme, un fils. Elle est devenue folle du jeune homme – Y sommes-nous ? En route ! »
Oui, Prince, je languis, je brûle pour Thésée,
Je l'aime !
Et parlant au profil de Pécuchet, il admirait son port, son visage, « cette tête charmante », se désolait de ne l'avoir pas rencontré sur la flotte des Grecs, aurait voulu se perdre avec lui dans le labyrinthe. La mèche du bonnet rouge s'inclinait amoureusement ; – et sa voix tremblante, et sa figure bonne conjuraient le cruel de prendre en pitié sa flamme. Pécuchet, en se détournant, haletait pour marquer de l'émotion.
Mme Bordin immobile écarquillait les yeux, comme devant les faiseurs de tours. Mélie écoutait derrière la porte. Gorgu, en manches de chemise, les regardait par la fenêtre.

Bouvard entama la seconde tirade. Son jeu exprimait le délire des sens, le remords, le désespoir, et il se rua sur le glaive idéal de Pécuchet avec tant de violence que trébuchant dans les cailloux, il faillit tomber par terre.
– "Ne faites pas attention ! Puis, Thésée arrive, et elle s'empoisonne."
– "Pauvre femme !" dit Mme Bordin. »

Gustave FLAUBERT, *Bouvard et Pécuchet* (1881), Gallimard-Folio, 1979, p. 208-209.

Ce passage de *Bouvard et Pécuchet* opère une désacralisation de *Phèdre*, la tragédie donnant symboliquement lieu à une scène comique. Mais c'est l'**ambiguïté** de la scénographie* ironique qui est remarquable : est-ce une satire de la pièce de Racine, trop classique et désuète ? Ou sont-ce les personnages, mauvais acteurs et spectateurs imbéciles, qui sont tournés en ridicule ? Le narrateur* flaubertien, discret, ne distribue pas clairement les rôles, jouant pleinement de l'ambivalence du recours à l'intertextualité.

– **Les modes de figuration de l'intertexte**

La désacralisation s'appuie d'abord sur les différentes manières de faire référence à *Phèdre*. La pratique la plus brutale, qui met à plat la tragédie, est incontestablement le résumé (« C'est une reine [...] », « Puis, Thésée arrive »), d'autant plus que ce procédé côtoie des remarques familières loin de la tonalité tragique (« Y sommes-nous ? En route ! », « Ne faites pas attention »). Les autres références se font par l'emploi du **discours* rapporté**. Les vers au discours direct, retranscrits en italiques, sont les plus connus de la scène. La dégradation du modèle tragique rebondit avec le passage au discours narrativisé (« il admirait son port », etc.). Cette reprise déformée du texte de Racine (« Il avait votre port, vos yeux, votre visage », « Et Phèdre au Labyrinthe avec vous descendue/Se serait avec vous retrouvée, ou perdue ») au sein d'une énumération qui accélère et condense tout à la fois la tirade établit une connivence avec le lecteur, spectateur privilégié de cette scène **ironique**.

– **Acteurs et spectateurs**

La mise en scène et sa réception aident aussi à la désacralisation de la tragédie racinienne. C'est le « profil de Pécuchet », pitoyable Hippolyte, que Bouvard, mal métamorphosé en Phèdre, admire et évoque par l'expression « tête charmante ». Dans la phrase suivante, alors que la gestuelle tragique est caricaturée par le halètement de Pécuchet, le procédé de la métonymie (« La mèche [...] s'inclinait amoureusement ») achève de ridiculiser le jeu de Bouvard. L'attitude des spectateurs sert aussi le détournement **comique** de la tragédie : leur ébahissement est moins de l'admiration pour la pièce qu'un étonnement devant les simagrées des deux compères, acteurs de tragédie déchus en « faiseurs de tours ».

Une double chute comique achève de désacraliser la pièce. Bouvard, après l'envolée de sa seconde tirade, manque de tomber dans les « cailloux », et l'exclamation de Madame Bordin, en forme de morale conclusive, rabaisse la grande figure tragique à une « pauvre femme », piètre héroïne de fait-divers. D'autres intertextes affleurent ici à la surface du récit, contribuant à tenir à distance le modèle tragique : la scène comique où Sganarelle, dans *Dom Juan* (1665), tombe après son raisonnement ; la mort de Madame Bovary, bourgeoise adultère de province qui finit par s'empoisonner ; la réflexion désabusée de Renée, dans *La Curée* de Zola (1871), lorsque voyant jouer *Phèdre*, elle se demande à propos d'elle-même : « Aurait-elle la force de s'empoisonner, un jour ? Comme son drame était mesquin et honteux à côté de l'épopée antique ! » Au XIXe siècle, avec l'avènement de la bourgeoisie, la tragédie devient impossible.

Lectures conseillées

BAKHTINE (Mikhaïl), *Esthétique et théorie du roman* [1975], trad., Gallimard, 1993 ; *Esthétique de la création verbale* [1979], trad., Gallimard, 1984.

BARTHES (Roland), « Théorie du texte », *in Encyclopedia Universalis*, 1973.

COMPAGNON (Antoine), *La Seconde Main ou le Travail de la citation*, Seuil, 1979.

GENETTE (Gérard), *Palimpsestes, La Littérature au second degré* [1982], Seuil, 1992.

JENNY (Laurent), « La stratégie de la forme », *Poétique*, n° 27, Paris, 1976, p. 257-281.

KRISTEVA (Julia), *Séméiotikè, Recherches pour une sémanalyse* [1969], Seuil, 1985 ; *La Révolution du langage poétique. L'Avant-Garde à la fin du XIXe siècle : Lautréamont et Mallarmé* [1974], Seuil, 1985.

MILESI (Laurent), « Inter-textualités : enjeux et perspectives », *in* É. LE CALVEZ et M.-Cl. CANOVA-GREEN (éd.), *Texte et intertexte*, Amsterdam-Atlanta, Rodopi, 1997, p. 7-34.

PIEGAY-GROS (Nathalie), *Introduction à l'intertextualité* [1996], Nathan, 2002.

RIFFATERRE (Michaël), *La Production du texte*, Seuil, 1979, « La syllepse intertextuelle », *Poétique*, n° 40, Paris, 1979, p. 496-501.

SAMOYAULT (Tiphaine), *L'Intertextualité, mémoire de la littérature* [2001], Nathan, 2005.

SCHNEIDER (Michel), *Voleurs de mots, essai sur le plagiat, la psychanalyse, et la pensée*, Gallimard, 1985.

TROISIÈME PARTIE
TYPOLOGIES

L'étude du **texte*** littéraire dans sa nature linguistique, proposée en deuxième partie, fait apparaître un certain nombre de **bases matérielles** dont l'écrivain joue pour trouver l'originalité de son discours : langue, rythme, figures, etc. Le choix du **mode d'énonciation*** privilégié est une des premières manifestations des **structures*** qui conditionnent le texte et le déterminent en tant qu'objet esthétique, le faisant passer au statut d'œuvre. L'écrivain peut privilégier une énonciation narrative, en racontant des événements selon un ordre plus ou moins chronologique, censé reproduire le cours de la vie sur l'axe du procès*, une énonciation descriptive, en déclinant des séries d'items* autour d'un motif posé, une énonciation dialogique, en rapportant des discours directs en interaction, ou encore une énonciation argumentative, en proposant des repères logiques de progression de la pensée. Ces modes d'énonciation constituent les repères structuraux les plus larges et les plus immédiatement sensibles de l'énoncé proposé. Par leur reconnaissance, l'analyse littéraire passe d'un travail strictement formel à une interrogation des contenus des discours. On peut dire que c'est à ce niveau macrostructural* d'identification des textes que commence la perspective d'**interrogation poétique***, celle qui privilégie les procédures de signification pour expliquer le fonctionnement des formes. Ainsi, la perspective structurale de repérage des unités les plus extensibles, voire universelles et atemporelles (pensons aux récits bibliques et mythologiques, aux argumentations du droit romain, etc.), révèle un contexte structurel qui conditionne écriture et lecture. On dira que **le structural est du côté de l'œuvre**, dans sa matérialité même, dans son texte, dans le discours qui fait surgir celui-ci et le rend possible, quand **le structurel est du côté du contexte intellectuel**, qui identifie et détermine. Le structural procède du structurel. Les quatre chapitres qui suivent présentent les structures les plus récurrentes du discours littéraire, les analysant dans leur dimension créatrice.

CHAPITRE 9
LA NARRATION

1. LA PRODUCTION DU RÉCIT
2. NARRATION ET HISTOIRE
3. LECTURES

1. LA PRODUCTION DU RÉCIT

1.1 DÉFINITION

La narration est l'acte énonciatif producteur d'un récit d'ordre factuel ou fictionnel. Il convient ici, à la suite de Gérard Genette (1972), de distinguer les niveaux concernés :
– L'*histoire* désigne l'ensemble des événements.
– Le *récit* est le texte narratif qui englobe ces événements.
– La *narration* est l'énonciation du récit.

La dichotomie centrale *récit/histoire* reprend en fait la distinction proposée dès les années 1920 par les Formalistes russes entre sujet et fable. L'histoire apparaît donc comme le contenu du récit, qui est lui-même le résultat tangible de la narration. L'histoire ne doit pas, par ailleurs, être confondue avec la *diégèse** qui est le cadre dans lequel elle se déroule.

Dans le récit de fiction, l'acte narratif est premier car fondateur : il invente sa propre matière (ordre logique : narration $\Rightarrow$ récit + histoire) ; à l'inverse, le récit factuel est second par rapport à la chaîne d'événements qu'il relate (ordre chronologique : histoire $\Rightarrow$ narration $\Rightarrow$ récit). L'acte narratif de l'historien, par exemple, se situe en aval de l'histoire comme ensemble des événements révolus, et en amont du récit qui constituera le produit de cet acte.

1.2 LE RÉCIT

Pluralité et cohérence caractérisent le récit. On a en effet coutume de le définir comme la prise en charge par la narration d'une succession d'événements. Il se situe donc d'emblée dans une certaine **extension temporelle**. Mais toute chaîne événementielle ne constitue pas un récit : encore faut-il que la succession chronologique devienne **relation de dépendance** causale. « Tout laisse à penser », écrit ainsi Roland Barthes, « que le ressort de l'activité narrative est la confusion même de la consécution et de la conséquence, ce qui vient *après* étant lu dans le récit comme *causé par* ; le récit serait, dans ce cas, une application systématique de l'erreur logique dénoncée par la scolastique sous la formule *post hoc ergo propter hoc* » (1977, p. 22). C'est la raison pour laquelle le récit se caractérise par sa tension vers son aboutissement, rendue notamment sensible par la mise en place d'une **intrigue**, inachèvement porteur d'une tension narrative soumise à la curiosité du lecteur. Le récit privilégie donc la vectorisation et l'orientation téléologique au détriment d'une simple juxtaposition. La chaîne événementielle doit par ailleurs constituer un tout cohérent, selon le principe de l'unité d'action hérité d'Aristote, qui dès sa *Poétique* affirmait la nécessité pour tout récit d'être agencé « autour d'une action une, formant un tout et menée jusqu'à son terme, ayant un commencement, un milieu et une fin[1] ». Le récit met enfin en scène des agents anthropomorphes, seuls garants possibles des dispositions précédentes et démontre ainsi son attachement à la relation d'événements « d'intérêt humain » (Bremond).

Les développements de l'**analyse structurale*** ont permis de mettre en exergue un certain nombre d'**invariants du récit**. À la suite des travaux de Propp sur le conte[2], la **fonction** est ainsi apparue comme l'unité de base de toute description du récit. Claude Bremond en distingue trois :
– La virtualité, qui ouvre la possibilité d'un processus.
– L'actualisation, qui réalise cette virtualité.
– Le résultat, qui clôt le processus.

Sachant que l'actualisation comme le résultat donnent lieu à une alternative, ce modèle triadique peut se traduire par un premier schéma :

Dans la trame du récit, toutes les fonctions ne jouent pas un rôle d'égale importance. On peut ainsi distinguer avec Roland Barthes les « fonctions cardinales » ou « **noyaux** », qui constituent les étapes essentielles de la marche du récit en ouvrant des alternatives, des « **catalyses** » qui n'ont d'autre légitimité que de remplir l'espace entre deux fonctions cardinales (1977, p. 21).

---

1. *La Poétique*, 1459a, 18-20 : Le Livre de Poche, 1990, p. 145.
2. *Morphologie du conte*, Seuil, 1965.

Ces fonctions s'intègrent, à un niveau supérieur, dans des *séquences* qui les regroupent pour constituer des blocs ou *programmes narratifs* cohérents. On pourra de la sorte diviser la séquence « Trahison » ou « Fraude » en un certain nombre de fonctions liées entre elles par un double rapport chronologique et causal.

Ces séquences ont pour objectif de modifier un *état*, à l'aide d'un certain nombre d'*actions*. C'est un élément perturbateur qui, en rompant une situation d'équilibre, est à l'origine du récit. À ce premier déclencheur répond symétriquement un second élément perturbateur, dispensateur d'un nouvel équilibre à l'origine de l'état final. Au modèle triadique il convient donc de substituer la formalisation connue sous le nom de « schéma quinaire du récit » :

> Véritable Monsieur Loyal, le narrateur thématise un tel schéma dans les premières pages du roman d'Alain Robbe-Grillet, *Les Gommes*, en exhibant la nécessité structurale de la Complication. Sans « inversion », « courbure », « décalage », ou « confusion », pas de récit : « Enveloppés de leur cerne d'erreur et de doute, les événements de cette journée, si minimes qu'ils puissent être, vont dans quelques instants commencer leur besogne, entamer progressivement l'ordonnance idéale, introduire çà et là, sournoisement, une inversion, un décalage, une confusion, une courbure, pour accomplir peu à peu leur œuvre […] ».
>
> *Les Gommes*, Minuit, 1953, p. 11.

1.3 TYPOLOGIE DES INSTANCES DE LA NARRATION

L'inscription dans le monde réel ou celui de la fiction détermine le **positionnement des diverses instances** concernées par l'acte narratif. Contrairement à ce qui se passe dans un récit factuel, une autobiographie par exemple[1], l'auteur dans un récit fictif, personne de chair et de sang, dont l'existence ne dépend pas du récit, ne se confond pas avec le narrateur, rôle construit intégralement par le texte au sein duquel il raconte l'histoire. Le narrateur peut alors, soit être un personnage inclus dans l'histoire qu'il raconte, soit lui être étranger. Dans le premier cas, on parlera de récit *homodiégétique*, voire *autodiégétique* si un personnage raconte sa propre histoire. Dans le second cas, on parlera de récit *hétérodiégétique* (Genette, 1972).

Cette question de la voix (qui narre ?) se double de celle du point de vue (qui voit ?), à l'origine des *focalisations* zéro, interne et externe[2], qui déterminent elles-mêmes la tripartition suivante :

– Récit non focalisé, à narrateur omniscient.

---

1. Voir chapitre 20.
2. Voir chapitre 10.

– Récit à focalisation interne, où le narrateur adopte le point de vue d'un personnage.
– Récit à focalisation externe, où le narrateur se tient à l'extérieur du personnage.
Le narrateur remplit **diverses fonctions au sein du récit**. En charge de l'histoire (fonction narrative), il en marque les articulations principales en la doublant d'un commentaire métalinguistique riche en « indications de régie » (fonction de régie). Le narrateur prend également soin d'adresser son récit à un interlocuteur dont il s'assure de la présence par des notations à vocation essentiellement phatique (fonction communicative). Il peut en outre commenter et juger le déroulement de l'action (fonction idéologique) ou témoigner de sa relation, notamment affective et morale, avec l'histoire qu'il narre (fonction testimoniale).

> On peut lire au chapitre IV des *Employés* de Balzac (1837) : « Cette amitié consolidée par le temps était basée sur des sentiments, sur des faits assez naturels qui trouveront leur place ailleurs (voyez *Les Petits Bourgeois*) et qui formeraient ici ce que les critiques appellent des longueurs » (Gallimard-Folio, 1985, p. 132). Le qualificatif « assez naturels » constitue la trace d'un jugement inséré par le narrateur (fonction idéologique), quand l'impératif suppose la prise à partie d'un destinataire (fonction communicative). L'ensemble du passage relève en outre de façon évidente d'un commentaire sur l'organisation même du texte (fonction de régie).

En s'affichant de la sorte, le narrateur inscrit ostensiblement sa pratique dans la *diégèsis*. Mais l'auteur peut avoir à cœur de dissimuler davantage le rôle joué par le narrateur. La fiction réaliste de la seconde moitié du XIXe siècle tenta ainsi d'effacer les marques d'énonciation du texte pour présenter au lecteur une histoire censée se dérouler directement sous ses yeux et sans aucune médiation. C'est alors le registre de la **représentation** (*mimèsis**) qui fut privilégié. Dans sa forme théâtrale du monologue narratif, le récit obéit à cette même dialectique, mais selon un rapport inversé. Il n'intervient en effet sur la scène du théâtre classique que lorsque la représentation des faits, mode de présentation habituel des événements, est interdite par les bienséances. Parce que sanglantes, les scènes de bataille demeurent ainsi hors de la scène et ne sont pas *montrées*, mais *racontées*.

Tout récit demeure assignable à un narrateur, et s'adresse, symétriquement au couple que forme cette première instance avec l'auteur, à un **narrataire*** distinct du lecteur. Le narrataire, c'est-à-dire celui à qui est destiné le récit, est lui aussi une construction du texte, alors que le lecteur est une personne physique et historique.

> Le narrateur peut s'adresser ouvertement au narrataire et ainsi postuler son existence, comme le fait le « je » de *L'Homme atlantique* de Marguerite Duras en apostrophant sans cesse un « vous ». La valse des pronoms personnels traduit, outre la puissance d'un sentiment amoureux, la relation de nécessité

réciproque qui unit narrateur et narrataire : « Vous penserez que c'est moi qui vous ai choisi. Moi. Vous. Vous qui êtes à chaque instant le tout de moi-même auprès de moi, cela, quoi que vous fassiez, si loin ou si près que vous soyez de mon espérance. »

L'Homme atlantique, Minuit, 1982, p. 10.

2. NARRATION ET HISTOIRE

2.1 TEMPS ET NIVEAUX DE LA NARRATION

Deux imaginaires de la narration, horizontal et vertical, invitent, grâce aux travaux de Gérard Genette relevant de la narratologie définie comme théorie du récit, à considérer la narration sur le mode de la **succession**, puis sur celui de l'**enchâssement**.

L'acte narratif n'épouse pas obligatoirement la chronologie de l'histoire. Leur situation relative détermine quatre types de narrations :

– La narration *ultérieure*, qui saisit *a posteriori* les faits constituant l'histoire. C'est le cas le plus fréquent.

– La narration *antérieure*, cas bien plus rare d'anticipation des événements, réservé en particulier aux prédictions et aux prophéties.

– La narration *simultanée*, productrice d'un récit au présent, contemporain de l'action. C'est celle, par exemple, du reportage sportif.

– La narration *intercalée*, constituée de l'alternance de tranches de narration et d'histoire événementielle, dans le journal ou le roman épistolaire notamment.

La narration pratique par ailleurs l'enchâssement de divers *niveaux narratifs*. Les événements racontés appartiennent à l'univers de la diégèse*, ils se situent à un niveau que l'on nommera **diégétique** ou, pour souligner cette insertion, *intradiégétique*. L'acte narratif du récit, par définition, ne peut que se situer, à première vue, à l'extérieur de cet univers. Il appartient ainsi au niveau *extradiégétique*. Cependant, lorsqu'un des personnages appartenant à la diégèse se met à son tour, comme un narrateur second, à raconter une histoire, le récit obtenu, appelé « récit dans le récit » ou **métarécit**, délimite un cercle concentrique supplémentaire que l'on désignera comme le niveau *métadiégétique*. C'est le cas des récits de Schéhérazade dans *Les Mille et Une Nuits*, des anecdotes narrées à la faveur d'un voyage ou au cours d'une veillée par des personnages qualifiés de « causeurs » ou de « conteurs ». Ce récit enchâssé peut expliquer les causes de la situation décrite au niveau diégétique (relation causale), prolonger par simple association d'idées le récit premier (relation thématique) ou bien encore n'entretenir aucun rapport discernable sur le plan du contenu avec son récit-cadre. Dans ce dernier cas, qui est celui de Schéhérazade, c'est l'acte même de narration, capable en l'occurrence de repousser la sentence fatale, qui prime le contenu.

Les frontières entre ces trois niveaux ne demeurent pas constamment étanches. Les romans comiques, notamment, se complaisent à organiser la circulation des instances de la narration à travers ces divers niveaux. Genette nomme *métalepses narratives* ces intrusions incongrues. « Si cela vous fait plaisir », lit-on ainsi dans *Jacques le Fataliste* (1780), « remettons la paysanne en croupe derrière son conducteur, laissons-les aller et revenons à nos deux voyageurs ». Le narrateur extradiégétique s'immisce ainsi dans l'univers diégétique au mépris de la vraisemblance, et jouit ostensiblement d'une telle transgression en affichant le pouvoir absolu qui est en réalité celui de tout narrateur. Romans et nouvelles ont systématisé au XXe siècle de telles pratiques, susceptibles de congédier l'illusion habituellement bâtie au niveau diégétique, au profit d'interrogations ludiques des rapports entre fiction et réalité, narrateur et narrataire (Borges, Cortazar…).

2.2 L'ORGANISATION DU RÉCIT

L'orientation vectorielle qui définit le récit canonique exige la prise en compte de phénomènes d'ordre temporel.

Si l'ordre des événements de l'histoire est identique à celui de leur apparition dans le récit, on désignera cette correspondance parfaite par le terme de *synchronie*. Mais bien souvent le récit recourt à des décalages ou *anachronies*. Selon que le récit présente par anticipation un événement ultérieur ou qu'à l'inverse il évoque après coup un événement antérieur, on parlera de **prolepse*** ou d'**analepse***. La prolepse s'avère peu fréquente car contraire, en particulier, au ménagement d'un quelconque suspense. L'analepse ou retour en arrière (*flash-back*), en revanche, est omniprésente, car elle permet notamment d'éclairer le lecteur sur le passé des personnages. Ces deux discordances temporelles exigent un retour au temps présent du récit qui joue pour le lecteur un rôle de repère stable.

La comparaison de la durée de l'histoire, mesurée en jours, heures, minutes et de la longueur du texte, mesurée en lignes et pages, détermine par ailleurs la *vitesse* du récit. Ce rapport, qui constitue le rythme du récit, donne lieu à quatre vitesses :

L'**ellipse** : le texte ne progresse quasiment pas, alors que le temps de l'histoire subit une vive accélération. L'ellipse est le plus souvent explicitée par des formules du type : « Trois ans plus tard… ».

Le **sommaire** : contracte le temps de l'histoire en narrant plusieurs journées, mois ou ans en quelques lignes ou paragraphes dénués de détails.

La **scène** (le plus souvent dialoguée) : temps du récit = temps de l'histoire. Il s'agit souvent des temps forts de l'action.

La **pause** : l'histoire n'avance pas, alors que le texte progresse. C'est notamment le lieu privilégié de la description.

On trouve ainsi, au fil de l'œuvre de Flaubert :
– Une ellipse qui traduit, au début du chapitre IV de *Bouvard et Pécuchet* (1881), l'entrain et la boulimie livresque des deux personnages impatients de commencer leur étude commune : « Six mois plus tard, ils étaient devenus des archéologues ; et leur maison ressemblait à un musée » – *Bouvard et Pécuchet*, Gallimard-Folio, 1979, p. 163.
– Un sommaire, très succinct et proche de l'ellipse, à l'ouverture du chapitre VI de la troisième partie de *L'Éducation sentimentale* (1869) : « Il voyagea. Il connut la mélancolie des paquebots, les froids réveils sous la tente, l'étourdissement des paysages et des ruines, l'amertume des sympathies interrompues. Il revint. Il fréquenta le monde, et il eut d'autres amours encore » – *L'Éducation sentimentale*, Le Livre de Poche, 1983, p. 491. Voir également l'*incipit** d'*Un cœur simple* (1877) : « Pendant un demi-siècle, les bourgeoises de Pont-L'Évêque envièrent à Mme Aubain sa servante Félicité » – in *Trois contes*, Flammarion-GF, 1986, p. 43.
– La célèbre « scène des comices agricoles » au chapitre VIII de *Madame Bovary*, qui évoque la progression de l'entreprise de séduction d'Emma par Rodolphe, au rythme de leurs échanges dialogués et des discours officiels en contrepoint.
– Une pause descriptive interrompant le fil de l'action engagée par Antipas et Phanuel, personnages d'*Hérodias* (1877) : « Et, sans quitter Antipas, [Phanuel] pénétra, derrière lui, dans un appartement obscur. Le jour tombait par un grillage, se développant tout du long sous la corniche. Les murailles étaient peintes d'une couleur grenat, presque noir. Dans le fond s'étalait un lit d'ébène, avec des angles en peau de bœuf. Un bouclier d'or, au-dessus, luisait comme un soleil. Antipas traversa toute la salle, se coucha sur le lit » – in *Trois contes, op. cit.*, p. 117.

Un événement produit par l'acte narratif appartient dans le même temps à l'histoire et au récit. Dès lors, le narrateur peut jouer d'éventuelles discordances entre le nombre d'occurrences d'un fait dans l'histoire et le nombre de fois où il figure dans le récit. Le rapport entre les deux définit la *fréquence narrative* (Genette, 1972). Le narrateur peut tout d'abord :
– Raconter une fois/ce qui s'est passé une fois.
– Raconter *n* fois/ce qui s'est passé *n* fois.

Ces deux premiers cas, définis par un rapport d'équivalence du nombre d'occurrences, appartiennent au récit singulatif. En revanche, le déséquilibre de ce rapport donne lieu à deux derniers types de récits :
– Le narrateur raconte *n* fois/ce qui s'est passé une fois : récit répétitif.
– Le narrateur raconte une seule fois ce qui s'est passé *n* fois : récit itératif.

Ces typologies se fondent sur des quantifications obtenues par la comparaison du temps du récit et du temps de l'histoire. Il faut cependant garder à l'esprit qu'il y a quelque imprécision à parler de « temps du récit », le récit étant un espace textuel sans véritable durée intrinsèque. Le seul véritable *temps du récit* serait en effet celui de sa réception, c'est-à-dire la durée de sa lecture. Aussi Gérard Genette (1972, p. 78 et 1983, p. 16) préfère-t-il parler de « pseudo-temps » du récit pour désigner la donnée permettant de déterminer ordre, vitesse et fréquence.

3. LECTURES

3.1 RÉCIT ET POÉSIE : LA FABLE

Le Geai paré des plumes du paon

> « Un paon muait : un geai prit son plumage ;
> Puis après se l'accommoda ;
> Puis parmi d'autres paons tout fier se panada[1],
> Croyant être un beau personnage.
> Quelqu'un le reconnut : il se vit bafoué,
> Berné, sifflé, moqué, joué,
> Et par Messieurs les paons plumé d'étrange sorte ;
> Même vers ses pareils s'étant réfugié,
> Il fut par eux mis à la porte.
>
> Il est assez de geais à deux pieds comme lui,
> Qui se parent souvent des dépouilles d'autrui,
> Et que l'on nomme plagiaires.
> Je m'en tais, et ne veux leur causer nul ennui :
> Ce ne sont pas là mes affaires. »

Jean DE LA FONTAINE, *Fables*, livre IV (1668), Gallimard-Folio, 1991, p. 133.

– **Structure du récit.** La fable est un récit bref et vivant à but didactique. La Fontaine, en distinguant (dans sa « Préface ») les « deux parties » qui la composent, « dont on peut appeler l'une le corps, l'autre l'âme », en décrit la structure dualiste : « Le corps est la fable ; l'âme la moralité. » La présence dans le second paragraphe de la moralité souligne donc l'**orientation vectorielle** du récit contenu dans les neuf premiers vers. Ce premier ensemble illustre d'ailleurs clairement le **schéma quinaire** de la séquence narrative. La situation initiale allie l'explicite à l'implicite. À la mue du paon, il convient en effet d'adjoindre une rivalité qui se laisse deviner entre les deux volatiles. En s'accaparant le plumage du paon, le geai rompt cet équilibre et enclenche véritablement le récit, comme l'indique le phénomène de **mise en relief** sensible dans

---

1. Se pavana.

la proximité de l'imparfait et du passé simple (« muait »/« prit »). Le passé simple véhicule ici une information nouvelle de premier plan. Les vers 3-4 présentent le développement issu de ce premier acte significatif, interrompu au vers 5 par une force rééquilibrante qui dissipe le mensonge : « Quelqu'un le reconnut. » La fin du paragraphe instaure une nouvelle situation, dominée par la déchéance du présomptueux imposteur que traduit l'omniprésence de la voix passive. L'ensemble du récit se laisse donc représenter de la sorte :

– **Fonction idéologique et niveaux narratifs.** Dans le second paragraphe de la fable, le narrateur intervient directement pour délivrer la signification morale du récit. Cette relecture, illustration de la fonction idéologique, semble découler logiquement de l'humanisation des animaux à laquelle est habitué tout lecteur de fables et que trahissaient certaines notations précédentes (« Messieurs », « mis à la porte »…). La moralité s'apparente donc à un **appendice axiologique** de l'état final. Mais La Fontaine semble ici se jouer des canons habituels de la fable pour en questionner l'énonciation même. L'acte narratif qui précède n'est-il en effet pas quelque peu concerné par cette dénonciation en apparence bonhomme des « plagiaires » ? L'**antiphrase** du dernier vers (« Ce ne sont pas là mes affaires », alors qu'il n'a été question que de cela jusqu'ici !) ainsi que la **prétérition** sensible dans l'avant-dernier (même remarque) autorisent probablement le lecteur à appliquer, au moins partiellement, la moralité à l'auteur lui-même. Cette confusion auteur-narrateur fait en effet écho à divers propos de La Fontaine, qui concède par exemple, dès la dédicace du premier livre à Monseigneur le Dauphin, « chant(er) les héros dont Ésope est le père ». On peut donc lire ici toute l'ambiguïté d'une moralité qui, cohérente au niveau *intradiégétique*, s'applique par réflexivité avec moins de clarté à la sphère *extradiégétique*. Si la présence d'un hypotexte* dans les *Fables* ne fait pas mystère, des grincheux virent probablement en leur auteur même un geai désireux de s'égaler au paon de l'Antiquité en lui subtilisant sa… plume.

3.2 RÉCIT DU RÉCIT

« L'autre jour, je trouvai mon ami Alphonse Karr assis sur son divan, avec une bougie allumée, quoiqu'il fît grand jour, et tenant à la main un tuyau de bois de cerisier muni d'un champignon de porcelaine sur lequel il faisait dégoutter une espèce de pâte brune assez semblable à la cire à cacheter. […] Je pris, sans rien dire, l'appareil des mains de mon ami, et je m'ajustai à l'un des bouts ; après quelques gorgées, j'éprouvai une espèce d'étourdissement qui n'était pas sans charmes et ressemblait assez aux sensations de la première ivresse. Étant de feuilleton ce jour-là, et n'ayant pas le loisir d'être gris, j'accrochai la pipe à un clou et nous descendîmes dans le jardin […]. Je rentrai chez moi, je dînai […] puis je revins me coucher. […] Enfin […] je m'endormis. Après une ou deux heures complètement immobiles et noires, j'eus un rêve.

« – Le voici : Je me retrouvai chez mon ami Alphonse Karr – comme le matin, dans la réalité ; il était assis sur son divan de lampas jaune, avec sa pipe et sa bougie allumée. [...] Je pris la pipe de ses mains, ainsi que je l'avais fait quelques heures auparavant, et je me mis à aspirer lentement le fumée enivrante. Une mollesse pleine de béatitude ne tarda pas à s'emparer de moi, et je sentis le même étourdissement que j'avais éprouvé en fumant la vraie pipe. Jusque-là mon rêve se tenait dans les plus exactes limites du monde habitable, et répétait, comme un miroir, les actions de ma journée. [...] À force de regarder (le plafond) avec cette attention extatique qui précède les visions, il me parut bleu, mais d'un bleu dur, comme un des pans du manteau de la nuit. »

Théophile Gautier, « La Pipe d'opium » (1838), in GAUTIER, L'Œuvre fantastique I, Bordas-Garnier, 1992, p. 109-110.

– **Insertion d'un métarécit***. Le conte propose dès l'*incipit** un récit *homodiégétique*, et plus précisément *autodiégétique*, le « je » narrateur étant le héros de l'histoire qu'il raconte. Les premières lignes indiquent, de façon très classique (« L'autre jour »), qu'il s'agit d'une narration *ultérieure*. À l'intérieur de ce cadre très rapidement dessiné, vient s'inscrire un *métarécit* sous la forme d'un récit de rêve que le narrateur adresse et offre au *narrataire**, comme en témoigne l'emploi d'un présentatif : « le voici ». L'instance narrative assumant à la fois le premier récit (narrateur 1, appartenant par définition à l'*extradiégétique*) et le second (narrateur 2, appartenant à l'*intradiégétique*), elle superpose à ce moment-là du texte ces deux niveaux narratifs. Le récit enchâssé entretient un lien de répétition avec le récit englobant que traduit un jeu de reprise de la première phrase avec adjonction d'un préfixe (« je trouvai mon ami »/ « je me *re*trouvai chez mon ami ») et qu'explicitent un certain nombre de notations (« comme le matin », « ainsi que je l'avais fait », « le même étourdissement »). Le récit métadiégétique semble donc *répétitif* (il raconte deux fois un événement qui n'est arrivé qu'une fois), d'autant qu'en tant que « miroir » concentrique d'événements situés plus tôt dans la diégèse*, il constitue, à ce stade, une *analepse**.

– **Narration et vraisemblable.** La fin de l'extrait affranchit cependant ce récit second de la pure spécularité. Le conte s'engouffre en effet à partir de là dans un monde fantastique qui appartient en propre au niveau métadiégétique*. Or, cette déréalisation reçoit deux types de légitimations liées aux niveaux narratifs en présence. Le récit enchâssé naît, dans la diégèse*, d'un rêve : la logique déroutante des phénomènes oniriques fournit ainsi une première explication à la dérive future du texte. Le narrateur note d'ailleurs un peu plus loin « la facilité que l'on a en rêve d'admettre comme naturelles les choses les plus bizarres ». Mais la conduite même de la *séquence* narrative « Fumer la pipe » au niveau métadiégétique justifie également une telle orientation. Alors que dans le récit premier, le narrateur renonce bien vite à fumer la pipe, « n'ayant pas le loisir d'être gris », il mène à son terme cette action dans le métarécit.

Une représentation *triadique* de la séquence souligne cette différence : la mention de l'occupation d'Alphonse Karr ouvre en effet une *virtualité* du type « moi aussi, je peux fumer ». Alors que le récit enchâssant n'*actualise* que partiellement ce programme (« j'accrochai la pipe à un clou »), le récit enchâssé le poursuit, permettant au personnage d'atteindre le *résultat* visé, à savoir l'enivrement. Fumer s'affirme donc comme une *fonction cardinale* au sein de la séquence, puisque de son actualisation dépend l'ensemble de la suite du récit.

Lectures conseillées

ADAM (Jean-Michel), *Le Texte narratif*, Nathan Université, 1985.

BARTHES (Roland), « L'analyse structurale du récit » [1966] *in Poétique du récit*, Seuil, 1977, p. 7-57.

BARONI (Raphaël), *La Tension narrative*, Seuil, 2007.

BREMOND (Claude), *Logique du récit*, Seuil, 1973.

FRYE (Northrop), *L'Écriture profane. Essai sur la structure du romanesque*, Circé, « Bibliothèque critique », 1998.

GENETTE (Gérard), *Figures III*, Seuil, 1972 ; *Nouveau discours du récit*, Seuil, 1983. « Récit fictionnel, récit factuel », *in* GENETTE : *Fiction et diction*, Seuil, 1991, p. 65-93.

PRINCE (Gérald), « Introduction à l'étude du narrataire », *Poétique*, n° 14, 1973, p. 178-196, et « Périchronismes et temporalité narrative », *in A Contrario*, vol. 13 (2010/1), (www.cairn.info/revue-a-contrario-2010-1.htm).

RICŒUR (Paul), *Temps et récit III. Le Temps raconté*, Paris, Seuil, 1985.

SCHUEREWEGEN (Franc), « Réflexions sur le narrataire », *Poétique*, n° 70, 1987, p. 247-254.

CHAPITRE 10
LA DESCRIPTION

1. VERS L'ESSENCE DE LA DESCRIPTION
2. FRONTIÈRES DE LA DESCRIPTION
3. LECTURE : LA MISE EN MOTS D'UN ESPACE STRUCTURÉ

1. VERS L'ESSENCE DE LA DESCRIPTION

1.1 DÉFINITION

Rendre présents un lieu, un personnage, un objet en les *donnant à voir* au lecteur : tel est le but du **texte* descriptif**. La description construit son objet en spectacle(s) et recèle donc en elle une matrice constituée par un présentatif du type « voici », noyau autour duquel elle se déploie. On considère habituellement la description par Homère du bouclier d'Achille au chant 18 de l'*Iliade* comme l'acte de baptême littéraire d'une telle pratique textuelle. Elle se répartit inégalement selon les genres : si elle est omniprésente dans la poésie et le roman, et tout particulièrement dans la prose réaliste, elle se fait plus rare dans les textes dramatiques, surtout classiques : c'est que, comme l'écrit Paul Valéry dans *Tel quel*, il n'est pas très « naturel qu'un personnage ait le pittoresque à la bouche ».

Voir/apparaître : c'est de cette dialectique, d'un aller-retour dynamique entre les deux termes, que naît la description. C'est donc très logiquement qu'un tel acte d'ostentation tendra à privilégier champs* lexicaux et isotopies* liés à la vue. Le lecteur, que l'on nommera *descriptaire*, se fait spectateur. Le lecteur se fait spectateur, construit dans et par le texte en *descriptaire* (sur le modèle du *narrataire* : voir chapitre 9).

Se figurer et « se représenter » : tels sont les deux impératifs assignés au lecteur par Chateaubriand décrivant Athènes : « Il faut maintenant se figurer tout cet espace tantôt nu et couvert d'une bruyère

> jaune, tantôt coupé par des bouquets d'oliviers, par des carrés d'orges, par des sillons de vignes ; il faut se représenter des fûts de colonnes et des bouts de ruines anciennes et modernes [...]. »
>
> *Itinéraire de Paris à Jérusalem* (1811).

On notera toutefois que certaines tentatives contemporaines s'efforcent d'affranchir la description de sa visée représentative.

> Le Nouveau Roman inverse ainsi la conception habituelle de la description. Désormais, affirme par exemple Alain Robbe-Grillet, il ne s'agirait plus pour elle de rendre visible son objet, mais au contraire de l'effacer, par un texte surchargé et finalement opaque. La description balzacienne « faisait voir les choses et voilà qu'elle semble maintenant les détruire. [...] On commence à entrevoir quelque chose, et l'on croit que ce quelque chose va se préciser. Mais les lignes du dessin s'accumulent, se surchargent, se nient, se déplacent, si bien que l'image est mise en doute à mesure qu'elle se construit. Quelques paragraphes encore et, lorsque la description prend fin, on s'aperçoit qu'elle n'a rien laissé debout derrière elle : elle s'est accomplie dans un double mouvement de création et de gommage [...] ».
>
> *Pour un nouveau roman*, Minuit, 1963, p. 127.

1.2 TYPES DE DESCRIPTIONS

La prise en compte du référent* de la description, c'est-à-dire de la nature de l'objet décrit, a très longtemps conditionné la classification des divers types de descriptions. Ce sont les auteurs de traités de rhétorique qui tentèrent, les premiers, d'ordonner cet ensemble confus. Fontanier, dans son traité des *Figures du discours* (1821) se propose ainsi de dresser un bilan des divers classements forgés par ses prédécesseurs. Il retient sept catégories principales :

– La **topographie** : description d'un lieu.
– La **chronologie** : description d'une époque, d'une période.
– La **prosopographie** : description de l'aspect extérieur d'un être animé.
– L'**éthopée** : description du caractère, des mœurs d'un être animé.
– Le **portrait** : description physique et morale d'un être animé.
– Le **parallèle** : description de deux êtres, permettant comparaisons et effets de contraste.
– Le **tableau** : description particulièrement vive et animée.

Par la suite, les rhéteurs auront tendance à poursuivre de tels travaux dans le sens d'une simplification accrue. Topographie et chronographie constitueront la *description* à proprement parler, quand prosopographie et éthopée se fondront dans la catégorie du *portrait* (Adam et Petitjean, 1989).

On aperçoit sans peine l'illusoire confort qu'apportent de telles classifications. Ces ossatures en apparence rigides sont en réalité soumises aux fluctuations des courants littéraires. L'engouement pour le *locus amœnus*, vision idéalisée d'une nature peuplée de jardins, de sources, de fleurs, d'oiseaux… imposa ainsi une partition de la catégorie « topographie », que notre modernité ne reconnaît plus comme indispensable. Le lien étroit entre les critères de classement et la nature du référent fragilise donc l'entreprise rhétorique qui se voulait pourtant systématique.

1.3 UNE APPROCHE SYSTÉMATIQUE DE LA DESCRIPTION

De nouvelles tentatives de classification tentèrent alors de libérer la description de cette dépendance référentielle. Philippe Hamon (1993), en fondant essentiellement ses travaux sur la littérature réaliste du XIXe siècle, proposa ainsi une « typologie du descriptif » particulièrement opératoire, puisque disséquant la *structure* du texte descriptif.

La *dénomination** dote la description du terme générique qui assure la cohérence de l'ensemble du système : d'où le terme de *pantonyme*. La description est description de P. L'*expansion* constitue l'énumération des parties de P (*liste* ou *nomenclature*) et de ses qualités ou traits distinctifs (*prédicats*). La description minimale, du type : « la maison dont la fenêtre est ouverte » se laisse ainsi décomposer en P + N + Pr.

Une telle représentation schématique met en relief la **démarche fondamentalement analytique** de la description littéraire. Son objet subit en effet un éclatement en prédicats que vient résorber, ou non, le pantonyme aux vertus synthétiques. Ce dénominateur commun peut apparaître au tout début, au beau milieu, ou bien à la fin de la description. Dans ce dernier cas, le texte s'apparente à une devinette, proposant au lecteur un puzzle à reconstituer dont la solution n'est fournie que tardivement. La description démontre ici ses liens profonds avec la liste et l'inventaire qui sont comme sa colonne vertébrale.

C'est dire si la description tend à privilégier **le fragment**, souvent au détriment de l'ensemble. Elle court ainsi le risque de vaporiser son objet au lieu de le rendre visible et présent. Sa volonté d'exhaustivité l'entraîne à noter le moindre détail caractéristique du lieu, de la personne qu'elle se propose de décrire, au risque de bannir toute hiérarchie du texte descriptif, aplani par l'importance égale accordée à l'accessoire comme à l'essentiel. Boileau, et avec lui toute une tradition classique, s'élevait déjà contre l'empire du « détail inutile ». Dès lors, le texte descriptif peut ne plus apparaître que comme une *définition* imparfaite : telle fut l'accusation que portèrent dès 1662 les grammairiens de Port-Royal à l'encontre de la description.

1.4 FONCTIONS DE LA DESCRIPTION

Parmi les principales fonctions assumées par le texte descriptif, on retiendra :

– La **fonction ornementale** : la description, pur ornement, embellit l'œuvre dans laquelle elle se trouve. Elle s'affirme alors comme morceau de bravoure, exercice de style aisément détachable.

– La **fonction expressive** : la description peut privilégier l'expression du moi de l'écrivain. Fort appréciée de Rousseau puis des Romantiques[1], elle s'incarne notamment dans le « paysage-état d'âme » qui reflète davantage les sentiments du descripteur plaqués sur le spectacle que la réalité objective de ce même spectacle.

> L'expression du moi se traduit fréquemment par l'attribution métaphorique de caractéristiques humaines à la nature évoquée. Une telle personnification apparaît, systématisée, au début de « Pasteurs et troupeaux » de Victor Hugo (*Les Contemplations*, 1856) :
>
> « Le vallon où je vais tous les jours est charmant,
> Serein, abandonné, seul sous le firmament,
> Plein de ronces en fleurs ; c'est un sourire triste.
> […] C'est tantôt l'aubépine et tantôt le genêt ;
> De noirs granits bourrus, puis des mousses riantes. »

– La **fonction mathésique** : la description est le lieu privilégié de l'inscription dans le texte des savoirs (*mathesis**) maîtrisés par l'auteur. Connaissances sur le monde ou les hommes trouvent à s'exposer dans un texte qui recourt, en premier lieu, à un savoir lexical.

> C'est ainsi que Buffon, dans son *Histoire naturelle* (1749), voit dans la description à vocation pédagogique le point de départ de toute démarche scientifique : « La description exacte et l'histoire fidèle de chaque chose est […] le seul but qu'on doive se proposer d'abord. Dans la description on doit faire entrer la forme, la grandeur, le poids, les situations de repos et de mouvements, la position des parties, leurs rapports, leur figure, leur action et toutes les fonctions extérieures. »

– Un ensemble de **fonctions narratives** : sous cette appellation générale, on peut en réalité regrouper nombre de visées diverses traditionnellement attribuées à la description incluse dans un récit. Placée en début de roman ou de chapitre, la description

---

1. Au point que J.-M. Adam (1993) en fait un type de description à part entière, et non une fonction.

permet ainsi de présenter au lecteur les personnages ainsi que les lieux dans lesquels ils évoluent, et qui seront par la suite le théâtre de l'action. Il s'agit ici de mettre en place le cadre de l'histoire, voire de camper une atmosphère. Lieux et personnages se font d'ailleurs parfois écho, notamment dans le roman réaliste du XIXe siècle.

> La célèbre évocation de la pension Vauquer par Balzac dans *Le Père Goriot* (1835) permet ainsi de placer la mansarde comme son habitant sous le signe de la décrépitude, dans un rapport de réciprocité. La description de la pension légitime une évaluation du personnage : « Mme Vauquer respire l'air chaudement fétide sans être écœurée. Sa figure fraîche comme une première gelée d'automne, ses yeux ridés, dont l'expression passe du sourire prescrit aux danseuses à l'amer renfrognement de l'escompteur, enfin toute sa personne explique la pension, comme la pension implique sa personne. Le bagne ne va pas sans l'argousin, vous n'imaginez pas l'un sans l'autre. »

Ce type de description-copie du réel est d'ailleurs l'occasion, dans les textes réalistes, d'une forte inscription du réel dans le texte. La description tend à donner l'illusion de la **réalité** et à ancrer le récit dans la **vraisemblance**. Peu importe, parfois, la nature même de l'objet décrit, pourvu qu'il renvoie au réel, qu'il le connote clairement. Roland Barthes (1968, p. 89) nomme « effet de réel » cet emploi de détails concrets évidés de réelle dénotation* qui « ne disent finalement rien d'autre que ceci : *nous sommes le réel* ».

La description pourra également stocker des informations à valeur d'indices*, qui prendront tout leur sens dans la suite du récit. Dans d'autres cas, sa seule présence, étendue sur quelques lignes ou quelques pages, jouera un rôle dans l'économie du récit, en retardant l'arrivée des événements attendus. Elle prend alors place aux côtés des autres procédés dilatoires chargés d'attiser la curiosité du lecteur en différant sa satisfaction.

2. FRONTIÈRES DE LA DESCRIPTION

2.1 DESCRIPTION ET NARRATION

Bien qu'elle puisse assumer un certain nombre de fonctions narratives, la description n'en demeure pas moins un bloc peu soluble dans le flux du récit dont elle tend à troubler la bonne marche, d'ordre continu et linéaire. Quel lecteur de roman, dans sa hâte de découvrir le sort final réservé au héros ou à l'héroïne, n'a jamais ainsi « sauté » telle ou telle description ? Le récit traditionnel est une tension ; la description une plongée. Tension de l'histoire vers sa fin ; plongée dans un lexique constitutif, sous forme de liste, d'énumération : « Soyez vif et pressé dans vos narrations ; /Soyez riche et pompeux dans vos descriptions » recommande Boileau dans son *Art poétique* (1674). La description puise aussi longtemps qu'elle le désire dans un stock lexical lui permettant d'évoquer son objet, explorant par là même un paradigme* en conflit avec la progression syntagmatique* du récit. Une description en focalisation interne ne sera ainsi vraisemblable que si le narrateur précise que son personnage s'arrête face à un objet ou un paysage qu'il a le temps de contempler.

La description paraît moins soumise à de claires **règles structurantes** que le récit. Alors que ce dernier court naturellement vers sa fin, la description semble en effet ne s'achever qu'accidentellement et donner constamment l'impression qu'elle pourrait s'étendre à l'infini. On a par ailleurs fréquemment reproché à la description de n'obéir à aucun ordre précis, contrairement au récit mené par une claire orientation (chrono)logique.

> Paul Valéry fut un des adversaires farouches de l'arbitraire des descriptions – voir *Degas, danse, dessin* (1936) : « Une description se compose de phrases que l'on peut, en général, intervertir : je puis décrire cette chambre par une suite de propositions dont l'ordre est à peu près indifférent. Le regard erre comme il veut. Rien de plus naturel, rien de plus vrai, que ce vagabondage, car… *la vérité, c'est le hasard…* »

Si les récentes modélisations du texte descriptif permettent de nuancer une telle sévérité, c'est parfois la convention qui tient lieu de nécessité interne. L'**esthétique* classique** opta ainsi pour une description ordonnée verticalement : des racines à la cime pour les arbres et les plantes, de la tête aux pieds pour les hommes.

Le conflit description/récit connaît toutefois des trêves. La description ne refuse pas, ainsi, de s'ouvrir à une forme de récit. La *description d'actions*, en s'attachant non plus à un objet inerte mais à des personnages en mouvement, se doit de suivre l'évolution du spectacle qu'elle tente de reproduire. L'ordre syntagmatique* des actions, liées entre elles par des liens logiques (cause/conséquence…) et chronologiques (avant/pendant/après) impose une narrativisation du texte descriptif. Une bataille, évoquée au sein d'une épopée par exemple, de par sa nature, nécessitera un recours prononcé au narratif en contexte descriptif. Mouvements de troupes, retournements de situations, actes de bravoure : autant de situations dramatiques qui requièrent en effet les services du récit.

> La Bruyère, dans ses *Caractères* (1688), dessine des portraits psychologiques de ses contemporains en les mettant en situation afin de noter leurs attitudes en société : « [Giton] occupe à table et à la promenade plus de place qu'un autre. Il tient le milieu en se promenant avec ses égaux ; il s'arrête,

et l'on s'arrête ; il continue de marcher, et l'on marche : tous se règlent sur lui. Il interrompt, redresse ceux qui ont la parole [...]. S'il s'assied, vous le voyez s'enfoncer dans un fauteuil, croiser les jambes l'une sur l'autre, froncer le sourcil, abaisser son chapeau sur ses yeux pour ne voir personne [...] ».

2.2 DESCRIPTION ET TABLEAU

La formule d'Horace, « *ut pictura pœsis* », qui figure dans son *Art poétique*, devait s'assurer une postérité remarquable. La description se trouva en effet chargée d'établir ce lien suggéré entre le texte littéraire et l'œuvre picturale. Pour Julien Gracq, par exemple, la description est « ce qui en littérature se rapproche le plus d'un tableau » (*En lisant en écrivant,* 1982, p. 14).

Les termes mêmes de « portrait », ou de « tableau », par leur double appartenance, suffiraient à traduire l'importance de telles affinités entre ces deux arts. Si leurs moyens d'expression diffèrent, **description** et **peinture** peuvent se côtoyer dans leurs modalités de réalisation. L'écrivain est souvent tenté, en effet, de disposer les éléments constitutifs d'une description de paysage, par exemple, comme le ferait le peintre sur une toile. Notations de couleurs, de formes, de contrastes lumineux confirment la parenté : les nymphéas décrits par Proust dans *Du côté de chez Swann* (1913) semblent tenter une telle transposition d'art, tant ils rappellent les toiles de Monet.

Jusqu'au **cadre**, dont l'écrivain cherche des **équivalents textuels**. Nombre de descriptions réalistes, assumées en focalisation interne par un personnage, se limiteront ainsi à l'évocation d'un être ou d'un espace contenus et délimités par le cadre d'une fenêtre ou d'une porte. Cette restriction du champ de vision, et donc, dans une écriture privilégiant la vraisemblance, de celui de la description, tente de délimiter l'objet du texte descriptif comme s'y prête tout tableau soumis pour de bon à la démarcation que concrétise le véritable cadre de bois. Un encadrement textuel peut également jouer ce rôle : certaines descriptions s'ouvrent en effet par un « voici » à valeur cataphorique d'annonce, correspondant le plus souvent à l'étape de la dénomination, et se ferment sur un « voilà », ou un « tel était... » en guise de bilans anaphoriques.

Pourquoi tenter de conformer une pratique textuelle aux règles de composition régissant un art, certes instinctivement perçu comme proche, mais irréductiblement différent ? C'est la **notion d'image** qui explique ces rapprochements. La description traduit constamment chez l'écrivain sa fascination pour l'expression iconique. Parti en Orient « chercher des images », comme il le confesse dans la préface de son *Itinéraire de Paris à Jérusalem* (1811), Chateaubriand n'aura de cesse de doter son texte de la même puissance de représentation. Si rendre présent et donner à voir sont les buts de la description, on comprend que l'image en apparaisse comme l'idéal inaccessible, mais vers lequel elle peut tendre. Cet effort relaie le but imposé au texte descriptif par la tradition rhétorique qui, de Quintilien (Ier siècle) à Fontanier (XIXe siècle), décela dans l'**hypotypose** l'apogée de l'art descriptif, hypotypose qui selon Fontanier « peint les choses d'une manière si vive et si énergique, qu'elle les met en quelque sorte sous les yeux, et fait d'un récit ou d'une description, une image, un tableau, ou même une scène vivante ».

La prise en compte de la **temporalité** viendrait toutefois tracer une frontière hermétique entre la toile et le texte. L'écrivain et dramaturge allemand G.E. Lessing (1729-1781) proposa en effet de répartir les tâches respectives de la peinture et de la poésie en fonction de leur traitement du temps. Son *Laocoon ou des frontières de la peinture et de la poésie* (1766) tente de mettre un coup d'arrêt aux rapprochements évoqués jusqu'ici entre texte descriptif et œuvre picturale. Cette dernière fige et suspend le temps, alors que la poésie, et avec elle tout texte descriptif, demeure prisonnière de la **successivité** du langage humain, incapable de simultanéité. Alors qu'en théorie du moins l'œil peut saisir l'ensemble d'un tableau en une seconde, le lecteur, lui, ne peut aboutir à une telle vision d'ensemble qu'après avoir parcouru l'ensemble de la description, ce qui peut prendre plusieurs minutes. Aussi la peinture est-elle assimilée par Lessing, un peu rapidement et schématiquement, à un art de l'espace, et le texte descriptif à un art du temps.

> L'*ekphrasis*, description d'une œuvre d'art réelle ou fictive, tente de dépasser l'opposition description/tableau en organisant la rencontre des deux. En décrivant ce qui est déjà constitué en tableau, tapisserie, vitrail... l'écrivain semble se dégager partiellement des contraintes liées à son mode d'expression.

D'une manière générale, si le signe* linguistique, arbitraire par définition, ne peut prétendre aux mêmes vertus mimétiques que le signe iconique, qui ressemble à l'objet qu'il désigne, il peut tendre, au sein d'un texte, à une précision remarquable grâce aux jeux sur les sonorités éventuellement complétés par l'apport des connotations* attachées à tel ou tel terme. La description parvient en outre à brosser un portrait moral et non seulement physique. Si le peintre peut s'ingénier à affubler son modèle d'une mimique censée traduire tel trait de son caractère, le recours à la notation explicite par la description paraît bien plus fiable et précis. Enfin, s'il demeure dominé par la vue, le texte descriptif ne se prive pas pour autant de requérir les autres sens, ce que ne peut indiquer que très indirectement la représentation picturale. Toucher, ouïe, goût, odorat viendront ainsi bâtir une description pluridimensionnelle d'un objet, d'un lieu ou d'une personne.

3. LECTURE : LA MISE EN MOTS D'UN ESPACE STRUCTURÉ

« Un conchyliologue un peu nerveux se serait pâmé certainement devant d'autres vitrines plus nombreuses où étaient classés les échantillons de l'embranchement des mollusques. Je vis là une collection d'une valeur inestimable, et que le temps me manquerait à décrire tout entière. Parmi ces produits, je citerai, pour mémoire seulement : l'élégant marteau royal de l'océan Indien, dont les régulières taches blanches ressortaient vivement sur un fond rouge et brun ; un spondyle impérial, aux vives couleurs, tout hérissé d'épines, rare spécimen dans les muséums européens, et dont j'estimai la valeur à vingt mille francs ; un marteau commun des mers de la Nouvelle-Hollande, qu'on se procure difficilement ; des bucardes exotiques du Sénégal, fragiles coquilles blanches à doubles valves, qu'un souffle eût dissipées comme une bulle de savon ; plusieurs variétés des arrosoirs de Java, sortes de tubes calcaires bordés de replis foliacés, et très disputés par les amateurs ; toute une série de troques, les uns jaune verdâtre, pêchés dans les mers d'Amérique, les autres d'un brun roux, amis des eaux de la Nouvelle-Hollande, […] et enfin, le plus rare de tous, le magnifique éperon de la Nouvelle-Zélande ; puis, d'admirables tellines sulfurées, de précieuses espèces de cythérées et de vénus […] ; enfin des littorines, des dauphinules, des turritelles, des janthines, des ovules, des volutes, des olives, des mitres, des casques, des pourpres, des buccins, des harpes, des rochers, des tritons, des cérites, des fuseaux, des strombes, des ptérocères, des patelles, des hyales, des cléodores, coquillages délicats et fragiles, que la science a baptisés de ses noms les plus charmants. »

Jules VERNE, *Vingt mille lieues sous les mers* (1870),
Le Livre de Poche, 1990, p. 113-114.

– **Mise en place de la description.** Les premières lignes du texte s'attachent à fixer le cadre de la description qui va suivre. Dès la première phrase, les objets de la description sont placés sous le signe de l'exceptionnel. La convocation inattendue d'un descripteur fictif, ce spécialiste des coquillages ou « conchyliologue », joue en effet le rôle de *connotateur tonal* (Hamon, 1993) : sa réaction admirative, indiquée au conditionnel, permet de programmer sur le mode de l'euphorie l'activité du véritable descripteur, Aronnax.

Ces premières lignes constituent donc une *captatio benevolentiæ**, destinée à attirer l'attention du lecteur et à attiser sa curiosité pour une collection « d'une valeur inestimable » dont le texte ne cessera de mentionner la rareté et le prix. Un exemple de *prétérition* complète d'ailleurs cette stratégie inaugurale, Aronnax déclarant manquer de temps pour « décrire (la collection) tout entière ». De telles mentions des limites imposées au texte descriptif par la nature indicible de l'objet évoqué ne tendent en effet le plus souvent qu'à valoriser l'effort du descripteur.

Symétriquement, le descriptaire voit sa réaction programmée très précisément par ces déclarations. Il devra en effet, non seulement admirer à son tour le contenu de la description, mais encore accepter de jouer le rôle de l'élève au sein d'une relation pédagogique. Tous les termes scientifiques des premières lignes du texte (« conchyliologue », « échantillon », « embranchement ») indiquent bien que la description sera l'exposé d'un **savoir**, ce qui présuppose, pour respecter les règles de la vraisemblance, que le descripteur soit doté d'une compétence scientifique. C'est donc le professeur

Aronnax qui prendra en charge une description en focalisation interne : nous aurons accès aux objets décrits à travers le regard de ce personnage. Si « le descripteur se pose souvent comme savant », se distinguant ainsi du narrateur (Hamon, 1993), le descriptaire doit se poser comme élève désireux d'apprendre. Cette relation pédagogique s'insère d'ailleurs parfaitement dans le programme éditorial fixé par Hetzel aux romans de Verne, destinés, selon l'éditeur, à « résumer toutes les connaissances géographiques, géologiques, physiques, astronomiques amassées par la science moderne ».

– **Description et collection.** Le texte descriptif tend constamment à **constituer ses objets en collection(s)**. La forme première de la description, la liste, s'adapte donc tout particulièrement à l'évocation d'un ensemble disparate d'objets réunis cependant par une ou plusieurs qualités communes. La parenté structurelle entre le texte et son objet explique ainsi l'énumération qui constitue le mode d'exposition majeur d'un texte proche du catalogue.

Le descripteur s'adonne, en fait, à la **taxinomie caractéristique** des défricheurs scientifiques du XVIIIe siècle. Il s'agit de nommer chaque élément de la description afin de constituer des regroupements par classes ou espèces. Le savoir devient ainsi appropriation : Verne, nouvel encyclopédiste, s'attache en effet à réduire la part d'inconnu qui dans le monde résiste aux facultés humaines. Apposer un nom sur chaque spécimen de coquillage en réduit l'étrangeté et constitue la première étape d'une telle entreprise de domestication du monde par le biais notamment de la description à visée pédagogique.

C'est la progression du regard d'Aronnax qui structure le **mouvement du texte**. La collection décrite échappe ainsi en partie à son immobilité figée, puisqu'aux repérages spatiaux habituels (« en bas », « à droite »…), Verne substitue des repérages temporels : « puis », « enfin »… La description ne peut, suivant ainsi les remarques de Lessing, que se nourrir de notations qui sont autant d'instants et qui transforment un espace offert au regard du descripteur en une expérience temporelle proposée au descriptaire.

– **L'au-delà du descriptif.** Clarté et lisibilité maximales sont les deux conditions indispensables à l'instauration d'une pédagogie descriptive efficace. Mais le texte évoque des coquillages très probablement inconnus du lecteur : il lui faut donc combler le fossé qui sépare *a priori* descripteur et descriptaire. La **dénomination**, première étape de la description, fera ainsi l'objet d'une attention toute particulière. Des ressemblances formelles permettront le choix d'appellations, sinon transparentes, au moins suggestives pour le lecteur moyen. Nommer « marteau royal » ou « marteau commun » tel ou tel coquillage dispense ainsi de détails plus précis portant sur la forme et l'aspect général, aisément déductibles par analogie. L'exotique difficilement représentable se trouve ainsi partiellement éclairé par une comparaison implicite avec un objet familier, connu de tous.

La dénomination ne suffit toutefois pas toujours à dissiper ce sentiment d'étrangeté : la description doit dès lors retrouver les vertus de la **définition**. Le catalogue descriptif plus que jamais se fait catalogue lexical, et donc, dictionnaire. Le substantif « bucardes », opaque pour le lecteur, est ainsi complété par une glose explicative : « fragiles coquilles blanches à doubles valves, qu'un souffle eût dissipées comme une bulle de savon ». Le texte dispose en regard des noms attribués aux coquillages, premier langage, un langage second ou *métalangage**, chargé d'en éclairer les zones d'ombre.

Mais le texte s'emballe et semble, dans ses dernières lignes, oublier toute ambition pédagogique : une **poésie du nom** apparaît, transformant la liste en litanie fondée sur le son plus que sur le sens. Vertige du signifiant*, l'énumération, à partir de la mention des « littorines », ne retient que les « noms les plus charmants » au détriment des objets qu'ils désignent. Retrouvant l'élan des célèbres énumérations rabelaisiennes, Verne illustre l'horizon poétique de cette forme pourtant en apparence froide et désincarnée qu'est la liste. Le texte progresse dès lors par parentés phoniques. La paronomase, figure faisant se côtoyer des termes de sens différents mais de sonorités voisines, assure par exemple la transition entre les « *ovul*es », les « *volu*tes » et les « *oli*ves ».

Lectures conseillées

ADAM (Jean-Michel), *La Description*, PUF, 1993.

ADAM, (Jean-Michel) et PETITJEAN (André), *Le Texte descriptif*, Nathan Université, 1989.

BARTHES (Roland), « L'effet de réel », *Communications*, n° 11, Paris, 1968 ; repris *in Littérature et réalité*, Seuil, 1982, p. 81-90.

BONFAIT (Olivier), *La Description de l'œuvre d'art*, Somogy, 2004.

DEBRAY-GENETTE (Raymonde), « Narration et description », *in* R. DEBRAY-GENETTE, *Métamorphoses du récit. Autour de Flaubert*, Seuil, 1988.

FONTANIER (Pierre), *Les Figures du discours* [1821], Flammarion, 1977.

GENETTE (Gérard), « Frontières du récit », *in* G. GENETTE, *Figures II*, Seuil, 1969.

HAMON (Philippe), « Qu'est-ce qu'une description ? », *Poétique*, n° 12, Paris, 1972, p. 465-485 ; *La Description littéraire. Anthologie de textes théoriques et critiques*, Macula, 1991 ; *Du descriptif*, Hachette, 1993.

MOLINO (Jean), « Logiques de la description », *Poétique*, n° 91, Paris, 1992, p. 363-382.

CHAPITRE 11
L'ARGUMENTATION

1. UNE ACTIVITÉ STRATÉGIQUE
2. ARGUMENTATION ET RHÉTORIQUE
3. MODES DE FONCTIONNEMENT
4. LES MOYENS MIS EN ŒUVRE
5. LECTURE : UNE ARGUMENTATION POLÉMIQUE

1. UNE ACTIVITÉ STRATÉGIQUE

L'**argumentation** est une activité verbale visant à **persuader** un auditoire et éventuellement à influer sur ses actes ultérieurs. Elle se caractérise par un **ensemble de stratégies** mises en œuvre dans un contexte social et communicationnel. Elle intervient là où des opinions divergentes s'affrontent : ni la vérité scientifique incontestable ni l'évidence n'appartiennent à son champ d'application. On peut donc voir en elle l'affirmation d'une liberté d'expression désireuse de substituer à la contrainte physique une recherche de la conviction qui admet et reconnaît également la liberté de jugement de l'interlocuteur.

2. ARGUMENTATION ET RHÉTORIQUE

L'argumentation serait indissociable de la rhétorique*, apparue au ve siècle av. J.-C., à l'occasion de procès destinés à restituer leurs terres aux habitants de la Sicile précédemment expatriés par une décision arbitraire. Corax composa alors le premier manuel consacré à la rédaction des plaidoiries et fonda par là même la rhétorique comme art oratoire destiné à convaincre un public. C'est ensuite Aristote (384-322) qui constitua véritablement cette pratique de la parole efficace en outil d'argumentation. Il l'appliqua en effet à trois genres oratoires :

Genre oratoire	Nature du discours	Critères à employer
épidictique	louange et blâme	le beau, le laid, la vertu
judiciaire	jugement	le juste, l'injuste
délibératif	décision (politique)	l'utile, le nuisible, le bonheur

Le monde antique reprit pour les systématiser les propositions qu'Aristote consigna dans sa *Rhétorique*. Les ouvrages de Cicéron et de Quintilien forgèrent ainsi un modèle de construction du discours persuasif, en cinq étapes :

Invention	recherche des arguments à employer à l'appui de la cause
Disposition	recherche du plan
Élocution	quel style employer ?
Mémorisation	du discours, en vue de la performance orale
Action	prise de parole publique

Mais réduite à la seule élocution, la rhétorique tendit à devenir pur catalogue de figures de style[1]. On date habituellement cette séparation fond/forme, raisonnement dialectique/rhétorique, des écrits de Pierre de la Ramé (1515-1572). En renouant avec la pensée aristotélicienne, la « nouvelle rhétorique » proposée par Chaïm Perelman et Lucie Olbrechts-Tyteca, dans leur *Traité de l'argumentation* paru en 1958, fut en revanche à l'origine d'une réévaluation des vertus argumentatives de la rhétorique.

3. MODES DE FONCTIONNEMENT

Toute argumentation se propose de parcourir l'espace qui sépare le **connu** de l'**inconnu**. L'essentiel du processus argumentatif se comprend ainsi comme l'application d'une « loi de passage » de l'un à l'autre (Toulmin, 1994). Il s'agit, pour qui manie cet art de la persuasion, de s'appuyer sur un accord préalable conclu avec son auditoire, au nom d'opinions, de croyances ou de savoirs communs, pour proposer par la suite une thèse novatrice. L'argumentation, comme l'a établi Aristote, se fonde en effet sur des prémisses vraisemblables, et non incontestables comme c'est le cas pour la démonstration. L'accord s'obtient par la prise en compte de l'opinion commune ou *doxa**. Les interlocuteurs se rencontrent ainsi autour de valeurs fédératrices (la justice,

---

[1]. Voir chapitre 7.

l'État…), de faits avérés ou de *topoï**. Par ce dernier terme, Aristote désigne les *lieux*, ces structures sans contenu permettant de créer des arguments. Les lieux communs se répartissent principalement en deux catégories : le *lieu de la quantité* (convaincre l'auditoire de se ranger à l'avis de la majorité) et le *lieu de la qualité* (valoriser, à l'inverse, l'original et l'unique).

Les énoncés* affirmant des généralités (la sentence) voire des opinions figées (le stéréotype) constituent également des terrains d'entente indispensables au déploiement de l'argumentation : la controverse doit s'appuyer sur des prémisses échappant précisément à la controverse. L'argumentation comme **interaction** entre locuteur et allocutaire se doit constamment de s'adapter à son auditoire, du moins à l'image que s'en fait celui qui tente de persuader par sa pratique discursive.

4. LES MOYENS MIS EN ŒUVRE

Aristote distingue trois « preuves » dont le discours argumentatif peut faire usage : l'*ethos*, le *pathos* et le *logos* :

– L'**ethos** correspond à l'**image que l'orateur donne de lui** à son public. Il convaincra plus efficacement un interlocuteur s'il apparaît à ses yeux comme un honnête homme, ou plus généralement comme l'homme de la situation. Ruth Amossy (2000, p. 70) distingue l'« ethos discursif », construit par et dans le discours, de « l'ethos préalable », « image que l'auditoire peut se faire du locuteur avant sa prise de parole ». Les deux entrent d'ailleurs parfois en conflit : le locuteur peut avoir à cœur de modifier par le discours son image liée par exemple à son statut institutionnel.

– Le **pathos** en appelle aux **passions de l'auditoire**. Ce n'est pas un hasard si nombre d'argumentations recherchent la pitié du public : émouvoir, c'est déjà presque persuader. Le langage se colore alors d'affectivité : interjections et modalité exclamative joueront un rôle prépondérant aux côtés de figures comme l'antithèse ou l'hypotypose[1].

– Le **logos** concerne le **contenu du discours*** en lui-même et s'appuie sur deux types de raisonnements : l'enthymème et l'exemple. Le *syllogisme* obéit à la structure suivante :

> Tous les hommes sont mortels (majeure)
> Socrate est un homme (mineure)
> Donc Socrate est mortel (conclusion)

---

[1]. Pour l'hypotypose, voir chapitre 10.

L'*enthymème* est un syllogisme amputé de sa majeure ou de sa conclusion : il privilégie ainsi l'implicite. Il permet de déduire d'une prémisse une proposition nouvelle qui en découle nécessairement. Enfin, l'*exemple* compare le cas à prouver à un autre similaire et invite par induction à reconnaître dans un cas particulier la légitimité d'une loi générale.

Ces trois preuves croisent de multiples **typologies des arguments**. Chaïm Perelman et Lucie Olbrechts-Tyteca répartissent l'ensemble de ces techniques argumentatives en trois catégories. Les « arguments quasi logiques » ressemblent à des raisonnements formels, logiques ou mathématiques, sans atteindre toutefois leur rigueur. Les arguments « basés sur la structure du réel » se fondent sur des relations entre les faits qui existent dans la réalité. En revanche, les « liaisons qui fondent la structure du réel » inventent ces relations. Voici les principaux arguments correspondant à cette tripartition :

Catégories	Arguments
Arguments quasi logiques	Définition, identité et tautologie (« une femme est une femme »). Règle de justice ou argument *a pari* : des cas semblables exigent un traitement identique (rôle de la jurisprudence, par exemple). Argument de réciprocité : A est à B ce que B est à A (« Si je vous respecte, vous devez également me respecter »). Arguments de transitivité : si A = B et B = C, alors A = C (« les amis de mes amis sont mes amis »).
Arguments basés sur la structure du réel	1) Relation de succession (cause/conséquence, moyen/fin) : argument du gaspillage : ne pas réduire à néant les efforts entrepris jusque-là ; argument de la direction ou de la pente savonneuse : impossible d'arrêter le processus entamé ; argument du dépassement : invitation à aller encore plus loin. 2) Relation de coexistence : argument *ad hominem* : centre son action non sur le contenu du discours, mais sur la personne qui le tient, dans le but le plus souvent de relever une contradiction entre les deux (« Comment *Untel, politicien mis en examen*, peut-il axer son discours sur l'honnêteté et la transparence ? ») ; argument d'autorité : à l'inverse, se fonde sur le prestige d'un locuteur pour prouver le bien-fondé d'une proposition (« *Comme l'a dit Baudelaire*, magie et poésie sont deux pratiques proches... »).
Liaisons qui fondent la structure du réel	1) Argumentation par le cas particulier : l'exemple : cas particulier et concret qui soutient une thèse et permet une généralisation ; l'illustration : cas particulier et concret qui se contente d'étayer une thèse déjà admise ; le modèle : incite l'auditoire à imiter un personnage ou un ensemble de personnes. 2) L'analogie : A est à B ce que C est à D. C'est notamment le mode de fonctionnement de la métaphore.

Certains arguments peuvent entraîner la pratique de l'argumentation dans des dérives privilégiant la contrainte au détriment de la quête réelle de la conviction. Parmi ces *fallacies* ou **paralogismes**, raisonnements apparemment valides mais en réalité défectueux, on trouve notamment l'équivoque, qui joue du double sens d'un mot et la généralisation abusive, qui invite à l'amalgame en détournant les modalités d'application de l'induction.

5. LECTURE : UNE ARGUMENTATION POLÉMIQUE

« Le fanatisme est à la superstition ce que le transport est à la fièvre, ce que la rage est à la colère. Celui qui a des extases, des visions, qui prend des songes pour des réalités, et ses imaginations pour des prophéties, est un enthousiaste ; celui qui soutient sa folie par le meurtre, est un fanatique. Jean Diaz, retiré à Nuremberg, qui était fermement convaincu que le pape est l'Antéchrist de l'Apocalypse, [...] n'était qu'un enthousiaste ; son frère, Barthélemy Diaz, qui partit de Rome pour aller assassiner saintement son frère [...] était un des plus abominables fanatiques que la superstition ait pu jamais former. »

VOLTAIRE, *Dictionnaire philosophique*, article « Fanatisme » (1764),
Flammarion-GF, 1986, p. 189.

Si le *Dictionnaire philosophique* fait appel à de multiples stratégies argumentatives, c'est que Voltaire substitue une vaste entreprise de persuasion, souvent polémique, aux vérités établies qui traditionnellement constituent l'ossature d'un tel ouvrage. La volonté didactique de l'auteur apparaît cependant clairement dans les premières lignes de cet article : le choix des verbes « être » et « avoir » ainsi que du présent de l'indicatif à valeur gnomique participent d'un **effort initial de définition**. Mais la rigueur de cet argument quasi logique est affaiblie dans la première phrase par le recours à l'**analogie** (A est à B ce que C est à D), argument peu probant car il *invente* une relation.

Cette liaison a fonction de **loi de passage**, puisqu'elle permet à l'auteur de se fonder sur des **prémisses** connues du lecteur (la gradation qui mène du transport à la fièvre, notamment) pour proposer une nouvelle relation (entre fanatisme et superstition) sur laquelle porte l'effort de persuasion du locuteur. La deuxième phrase, tout en dissociant l'enthousiaste et le fanatique, recourt également à une forme spécieuse d'analogie : la copule « être » s'efface alors au profit du verbe « prendre ». L'auteur se construit par là même un **ethos marqué par la raison** : seul, il parvient à établir de véritables analogies, ce qui le distingue du passionné aux rapprochements non pertinents. Deux exemples ou **cas particuliers** (les frères Diaz) à valeur d'**illustration** reconduisent le mouvement binaire de l'ensemble du paragraphe. Le texte donne donc une réalité référentielle aux pronoms démonstratifs (« celui qui... ») et ancre le concept de fanatisme dans le réel et l'avéré. La définition se mêle toutefois, là encore, de subjectivité : le superlatif relatif (« un des plus... ») comme le choix d'un adjectif affectif (« abominables ») trahissent l'utilisation de la fonction expressive du langage et tentent d'émouvoir le lecteur en recourant à la preuve du **pathos**.

Lectures conseillées

AMOSSY (Ruth), *L'Argumentation dans le discours. Discours politique, littérature d'idées, fiction*, Nathan Université, 2000.

BRETON (Philippe) et GAUTHIER (Gilles), *Histoire des théories de l'argumentation*, La Découverte, 2000.

DECLERCQ (Gilles), *L'Art d'argumenter. Structures rhétoriques et littéraires*, Éditions Universitaires, 1992.

MEYER (Michel), *Questions de rhétorique. Langage, raison et séduction*, Le Livre de Poche, 1993.

OLÉRON (Pierre), *L'Argumentation*, PUF, 1993.

PÉRELMAN (Chaïm) et OLBRECHTS-TYTECA (Lucie), *Traité de l'argumentation. La Nouvelle Rhétorique* [1958], Bruxelles, Éditions de l'Université de Bruxelles, 1992.

SARFATI (Georges Élia), *Éléments d'analyse du discours*, Nathan, coll. « 128 », 1997.

TOULMIN (S. E.), *Les Usages de l'argumentation* [1958], PUF, 1994.

CHAPITRE 12
LE DIALOGUE

1. LE DIALOGUE, UNE INTERACTION
2. TRANSPOSITION DE LA PAROLE
3. LECTURES

1. LE DIALOGUE, UNE INTERACTION

1.1 DÉFINITION

C'est lorsque l'allocution (*je te parle...*) devient interlocution (*... et tu me réponds*) que l'on peut parler de **dialogue**. En tant qu'unité textuelle définie par un *échange de discours**, le dialogue suppose un engagement réel des divers intervenants qui interdit la coexistence de paroles parallèles sans influence réciproque. Dans tout vrai dialogue en effet, les répliques se déterminent mutuellement : c'est pour répondre à A que B prend la parole, et conditionne dans le même temps l'intervention suivante de A. Le dialogue pourra alors se définir comme une **interaction**.

La véritable étymologie du mot invite d'ailleurs à prendre en compte autrui comme intervenant essentiel dans une communication dynamique. Le *dia-logos* se veut parole adressée, dirigée vers l'autre. C'est par erreur que l'on veut y lire la binarité d'un échange à deux intervenants, qu'il convient plutôt d'appeler « dilogue ». On parlera de même de « trilogue » pour désigner un dialogue à trois, de « polylogue » au-delà.

Le dialogue se distingue de la *conversation* qui n'a souvent d'autre but qu'elle-même et qui place en général les divers intervenants sur un pied d'égalité. La *discussion* a, quant à elle, pour unique but de convaincre l'interlocuteur, quand le *débat* s'inscrit dans un cadre fortement ritualisé comprenant par exemple la présence d'un modérateur.

1.2 LE MODÈLE CONVERSATIONNEL

Il serait donc imprudent de confondre le dialogue et la réalité sociale qu'est la conversation. Néanmoins, l'analyse littéraire du dialogue doit beaucoup aux développements des **approches linguistiques*** et **pragmatiques*** de la conversation. Les « maximes conversationnelles » constituent ainsi de précieux instruments d'analyse. H. Paul Grice distingue de la sorte un « principe de coopération » que se doit de respecter tout intervenant dans une activité discursive : personne ne doit tenter de bloquer l'échange. Quatre règles découlent de ce principe fondamental :
– maxime de **quantité** : donner toutes les informations nécessaires ;
– maxime de **qualité** : ne tenir que des propos vrais et prouvés ;
– maxime de **relation** : parler à propos ;
– maxime de **modalité** : s'exprimer clairement et sans ambiguïté.

1.3 STRUCTURE DU DIALOGUE

Un dialogue considéré dans sa globalité se constitue de trois étapes : phatique/transactionnelle/phatique. L'ouverture et la clôture du dialogue obéissent en effet à des **rituels de salutation** qui ne véhiculent pas à proprement parler de contenu sémantique*. Ce dernier constitue en revanche le matériau de la phase centrale.

On distingue habituellement diverses unités enchâssées dans un dialogue :
– La **séquence**, ensemble de propos portant sur le même thème.
– L'**échange**, plus petite unité dialogale, constituée d'*interventions*. L'échange canonique comprend trois interventions : initiative, réactive, évaluative. Le couple question-réponse, souvent considéré comme la forme minimale de dialogue, peut en effet être complété par une dernière intervention signifiant la bonne réception de la réponse fournie.

Ainsi dans ce dialogue entre Garcia et Rambert, extrait de *La Peste* d'Albert Camus (1947) :

« Pour quoi faire ? disait-il. [initiative]
– Il a sa femme en France. [réactive]
– Ah ! » [évaluative]

Chaque intervention, également désignée par l'expression « **tour de parole** » s'inscrit dans un principe général d'**alternance**. L'activité dialogale suppose en effet que divers intervenants prennent successivement la parole, sans chevauchement cacophonique des discours ni intervalle trop long entre les interventions. Un locuteur peut indiquer de diverses manières qu'il cède la parole à l'autre : expressions comme « hein ? », « non ? », accentuation de l'intonation, ascendante ou descendante, pause, ralentissement du débit...

1.4 TYPOLOGIE

On distingue principalement trois types de dialogues :
– Le **dialogue didactique** : celui qui sait s'adresse à celui qui ignore. L'enchaînement dominant fait se succéder questions et réponses, selon un déséquilibre notable : les propos du maître occupent bien plus de place que ceux du disciple. La scène d'exposition au théâtre recèle très fréquemment de telles séquences, tout comme les *incipit** romanesques. L'adresse est donc indirecte : c'est également au lecteur ou au spectateur que s'adresse le personnage détenteur du savoir.
– Le **dialogue dialectique** ou **heuristique** : les interlocuteurs sont ici sur un pied d'égalité, puisqu'aucun n'en sait plus que les autres. Ce dialogue vise à faire progresser l'ensemble des intervenants vers un savoir commun. Les répliques sont de longueur comparable.
– Le **dialogue polémique** ou **éristique** : lieu d'affrontement, ce type de dialogue oppose violemment deux camps, les partisans du *oui* à ceux du *non*. Les répliques sont alors assez brèves, et privilégient l'assertion et l'exclamation. Le conflit tend souvent à se déporter du contenu du dialogue vers la personnalité même des interlocuteurs.

1.5 LE DIALOGAL ET LE DIALOGIQUE

Au sens strict, le dialogue nécessite la participation d'au moins deux locuteurs distincts. Cependant, même un discours produit en l'absence de tout interlocuteur peut en réalité s'adresser à une seconde instance. Dans le cas du monologue, le sujet se divise ainsi en un locuteur et un écouteur. Plus largement, tout énoncé inséré dans un processus communicatif est partiellement informé par la présence d'autrui. Ce que je sais ou imagine par exemple de mes électeurs ou de mes étudiants conditionnera la forme que je donnerai à mon discours politique ou à mon cours. Dans ces cas de *dialogisation interne* d'un discours produit par un seul locuteur, on parlera de « dialogisme » et non de « dialogue » véritable (Bakhtine, 1977).

2. TRANSPOSITIONS DE LA PAROLE

2.1 DE L'ORAL À L'ÉCRIT

Le dialogue littéraire se veut l'écho ou la transposition, à l'écrit, de discours relevant de l'oralité. Son statut s'avère donc ambigu et laisse libre cours à toute une gamme de transformations revendiquées ou au contraire niées par l'écrivain. Ce dernier dispose, tout d'abord, de quatre *discours** ou *styles* pour représenter la parole à l'écrit :
– Le **discours direct** définit au sens strict le dialogue. Les propos des personnages y sont parfois rapportés entre guillemets pour marquer l'altérité énonciative et

les marques syntaxiques de l'oral sont conservées (temps du discours, déictiques). Il transmet aussi fidèlement que possible le signifiant* du discours.

– Le **discours indirect** intègre les paroles au récit par le recours à la subordination (« Il dit que… »). Le discours cité se plie alors aux exigences du discours citant : transposition des temps, transformation des pronoms personnels et des déictiques.

– Le **discours indirect libre** mêle certaines caractéristiques des deux précédents. Il conserve les transpositions du discours indirect, mais supprime la subordination. Il s'agit d'une énonciation complexe car polyphonique*, où résonnent en réalité deux voix* (personnage et auteur*)[1].

– Le **discours narrativisé**, défini par Gérard Genette[2], considère le discours comme un événement et le résume comme tel. Un énoncé au discours direct comme « Maman, j'ai décidé d'épouser Albertine » devient ainsi chez Proust : « J'informai ma mère de ma décision d'épouser Albertine. »

Le lecteur doit en outre clairement identifier les locuteurs. Or la médiation de l'écrit impose le recours à des formules qui, tout en désignant ces intervenants, délivreront des informations sur leur prise de parole (leur intonation, par exemple). Le **discours attributif** se charge de rendre à chaque personnage le discours qui lui appartient, par des formules du type : « … rétorqua Pierre [information 1] d'une voix cassante [information 2] ». Ce qui dans la conversation ressortit au paraverbal ou au non-verbal doit ainsi se nicher dans des indications qui, au théâtre, prennent la forme de didascalies.

> D'une lourdeur certaine, le discours attributif tend à ralentir la bonne marche du dialogue. Son omission ou la variété des expressions employées permet cependant d'atténuer cet inconvénient. Raymond Queneau s'attache précisément à prendre le contre-pied d'une telle attitude, en réduisant les attributions à leur plus simple expression, et en soulignant leur présence par le jeu d'une ostensible répétition.
>
> – Et au séminaire, demande Jacques au Tonton, vous aviez de la vermine ?
> – Jamais !
> – Pourtant il y a des séminaristes qui sont singulièrement cracra, dit le garçon.
> – Ça c'est vrai, dit la patronne.
> – Moins maintenant, dit le patron, parce qu'ils commencent à faire du sport.
> – Je ne vous en ai jamais parlé, dit Jacques, mais j'ai failli entrer dans les ordres.
>
> *Loin de Rueil* (1944), Gallimard-Folio, 1993, p. 63.

---

1. Voir chapitre 5.
2. *Figures III*, p. 191.

Le **discours direct** est considéré comme la **modalité la plus fidèle** à l'oralité transposée à l'écrit. Toutefois, le passage par l'écriture, parce qu'il est inévitablement mise en forme et donc choix personnel dans un but esthétique, rend vaine toute volonté étroitement mimétique*. La solution réside le plus souvent dans l'adoption d'un pis-aller, d'un style oralisé, à mi-chemin entre l'écrit et l'oral. Tâcher de reproduire l'oralité initiale, réelle ou fictive, du dialogue, c'est aussi tenter de conserver à chaque personnage sa **parlure**. Si *La Princesse de Clèves* ou les tragédies raciniennes obéissent à une continuité stylistique qui homogénéise l'ensemble, faisant parler tout le monde de la même façon, de très nombreuses œuvres recherchent une vraisemblance, en reproduisant sociolectes* et idiolectes*. La graphie peut ainsi imiter un accent régional ou national, la syntaxe les nombreuses omissions qui caractérisent l'oral (suppression d'une partie de la négation, transformation de la structure interrogative…). L'introduction de vocabulaires spécialisés ou fortement connotés participent de cette même tentative. Le dialogue dote alors l'œuvre littéraire d'une pluralité de voix qui se succèdent, rompant la monotonie éventuelle de la narration. En restituant à tous les personnages leurs façons de s'exprimer, l'auteur semble également leur attribuer la responsabilité directe de leurs dires. Diderot dans son *Apologie de l'abbé Galiani* énonce ce principe essentiel : « Mes interlocuteurs sont dans mes dialogues comme dans la rue ; chacun pour soi ; je ne réponds point de ce qu'ils disent, ni eux de ce que je dis. »

> Injures et registre de langue vulgaire caractérisent le sociolecte, « bagou » souligné par le narrateur, qui se donne à entendre dans les propos échangés par les bonnes dans *Pot-Bouille*.
> « Et, comme Louise leur tirait la langue, du fond de la cuisine de Mme Juzeur, Victoire l'empoigna :
> – Viens-tu donc, vieille soularde ! dit la petite. Hier encore, je t'ai bien aperçue, quand tu rendais tout dans tes assiettes.
> Du coup, le flot d'ordures battit de nouveau les murailles du trou empesté. Adèle, elle-même, qui prenait le bagou de Paris, traitait Louise de morue, lorsque Lisa cria :
> – Je la ferai taire, moi, si elle vous embête. Oui, oui, petite garce, j'avertirai Clémence. Elle t'arrangera… Quelle dégoûtation ! Ça mouche déjà des hommes, quand ça aurait encore besoin d'être mouchée… »
> Émile ZOLA, *Pot-Bouille* (1882), Presses-Pocket, 1999, p. 328-329.

Mais ce culte de la vraisemblance socio-linguistique peut parfois mettre en péril la lisibilité du texte, comme le note George Sand dans son avant-propos à *François le Champi* (1850) : « Si je fais parler l'homme des champs comme il parle, il faut une traduction en regard pour le lecteur civilisé, et si je le fais parler comme nous parlons, j'en fais un être impossible, auquel il faut supposer un ordre d'idées qu'il n'a pas. »

2.2 SPÉCIFICITÉS DU DIALOGUE AU THÉÂTRE

Au théâtre, le dialogue se différencie assez peu du **monologue**. Ce dernier, forme dialogique, on l'a vu, s'adresse en effet au moins implicitement au spectateur présent dans la salle. Il peut donc également être considéré comme une forme dialogale, par opposition avec le **soliloque** qui désigne un discours ne se destinant, dans l'absolu, à aucun destinataire distinct du locuteur. La spécificité de la relation théâtrale, caractérisée par la **double énonciation**, complexifie encore le schéma habituel de la communication[1]. Dans un dialogue au théâtre, le terme d'« émetteur » désigne à la fois le scripteur, le personnage et l'acteur, et celui de « récepteur », le personnage, l'acteur et le spectateur.

Le théâtre privilégie le **dilogue**, à travers deux modalités essentielles. Le *faux dialogue* met ainsi tout d'abord en scène un personnage et son confident. Ce dernier se contente le plus souvent de témoigner de sa surprise, de sa joie ou de sa tristesse, afin de relancer, par des répliques très brèves, le discours d'autrui.

Dans *La Double Inconstance* de Marivaux, Flaminia tentant, par intérêt, de devenir la confidente de Silvia, se conforme ainsi aux règles du faux dialogue, en se contentant de répliques brèves. Les interrogations purement rhétoriques de Silvia indiquent bien, d'ailleurs, que l'autre n'est présent qu'à titre de témoin et non de réel allocutaire.

« SILVIA

Mais ne suis-je pas obligée d'être fidèle ? N'est-ce pas mon devoir d'honnête fille ? Et quand on ne fait pas son devoir, est-on heureuse ? Par-dessus le marché, cette fidélité n'est-elle pas mon charme ? Et on a le courage de me dire : Là, fais un mauvais tour, qui ne te rapportera que du mal, perds ton plaisir et ta bonne foi. Et parce que je ne veux pas, moi, on me trouve dégoûtée.

FLAMINIA

Que voulez-vous ? Ces gens-là pensent à leur façon, et souhaiteraient que le prince fût content.

SILVIA

Mais ce prince, que ne prend-il une fille qui se rende à lui de bonne volonté ? Quelle fantaisie d'en vouloir une qui ne veut pas de lui ? Quel goût trouve-t-il à cela ? Car c'est un abus que tout ce qu'il fait, tous ces concerts, ces comédies, ces grands repas qui ressemblent à des noces, ces bijoux qu'il m'envoie ; tout cela lui coûte un argent infini, c'est un abîme, il se ruine ; demandez-moi ce qu'il gagne ? Quand il me donnerait toute la boutique d'un mercier, cela ne me ferait pas tant de plaisir qu'un petit peloton qu'Arlequin m'a donné.

FLAMINIA

Je n'en doute pas, voilà ce que c'est que l'amour ; j'ai aimé de même, et je me reconnais au petit peloton. »

MARIVAUX, *La Double Inconstance* (1723), acte II, scène 1, Le Livre de Poche, 1987, p. 48.

---

[1]. Voir chapitre 17.

Le *duo d'amour*, lui, dote les personnages d'un même statut. L'alternance des discours y est régulière et démontre une inclination à la répétition. Plus que la transmission d'information, c'est en effet une proximité par la parole, une communion phatique qui est recherchée par les locuteurs. On songe bien sûr à la scène 6, acte III du *Cid* de Corneille, où les multiples répétitions (« – Rodrigue, qui l'eût cru ? / – Chimène, qui l'eût dit ? ») n'offrent aucune réelle progression de l'action. La taille des échanges conditionne grandement la dynamique de la représentation. On distingue :

– les *énoncés alternés* : succession de répliques de longueur égale ;
– la *stichomythie* : échange très rapide, de vers à vers ou d'hémistiche à hémistiche ;

Si dans la tragédie, la stichomythie est liée à une situation de crise et d'urgence, elle permet également à la comédie de prendre son élan, en créant un rythme effréné propre à susciter l'amusement du public. Ainsi dans une scène des *Plaideurs* de Racine :

« LA COMTESSE
Vraiment, c'est bien à lui de me traiter de folle !
PETIT-JEAN
Folle ! Vous avez tort. Pourquoi l'injurier !
CHICANNEAU
On la conseille.
PETIT-JEAN
Oh !
LA COMTESSE
Oui, de me faire lier.
PETIT-JEAN
Oh ! Monsieur !
CHICANNEAU
Jusqu'au bout que ne m'écoute-t-elle ?
PETIT-JEAN
Oh ! Madame !
LA COMTESSE
Qui ? Moi ? Souffrir qu'on me querelle ?
CHICANNEAU
Une crieuse !
PETIT-JEAN
Hé ! Paix !

LA COMTESSE

Un chicaneur !

PETIT-JEAN

Holà ! »

Racine, *Les Plaideurs* (1668), acte I, scène 8, *in* RACINE, *Théâtre complet*, Garnier, 1980, p. 209-210.

— la *tirade* : à l'inverse, longue réplique à valeur informative et qui contient souvent un récit ;

— le *contrepoint* : rupture du dialogue, notamment sous la forme d'apartés ou de paroles parallèles.

Dans *Le Misanthrope* de Molière, Alceste, auquel Oronte soumet un sonnet de sa composition, alterne jugements à haute voix, insérés dans le trilogue, et apartés emportés :

« ORONTE

L'espoir, il est vrai, nous soulage
Et nous berce un temps notre ennui ;
Mais, Philis, le triste avantage,
Lorsque rien ne marche après lui !

PHILINTE

Je suis déjà charmé de ce petit morceau.

ALCESTE

Quoi ? Vous avez le front de trouver cela beau ?

ORONTE

Vous eûtes de la complaisance ;
Mais vous en deviez moins avoir,
Et ne vous pas mettre en dépense
Pour ne me donner que l'espoir.

PHILINTE

Ah ! qu'en termes galants ces choses-là sont mises !

ALCESTE, *bas*

Morbleu ! Vil complaisant, vous louez des sottises ?

ORONTE

[…] Vos soins ne m'en peuvent distraire :
Belle Philis, on désespère,
Alors qu'on espère toujours.

PHILINTE

La chute en est jolie, amoureuse, admirable.

ALCESTE, *bas*

La peste de ta chute ! Empoisonneur au diable,
En eusses-tu fait une à te casser le nez ! »

Molière, Le Misanthrope (1666), acte I, scène 2,
in Molière, Œuvres complètes, Bordas-Garnier, 1989, t. I, p. 827-828.

Foyer d'interrogations sur le sujet parlant comme sur la capacité du langage à instaurer une communication fiable entre les êtres, le théâtre moderne propose une déconstruction, parfois cruelle, de ces formes et fonctions du dialogue. Le théâtre de l'absurde, illustré par les œuvres de Beckett ou Ionesco, se caractérise par le paradoxe du primat accordé sur scène à la parole sur l'action et d'une faillite du dialogue, miné par les répétitions, digressions et autres accidents langagiers.

2.3 DU TEXTE AU GENRE

Par *dialogue*, on n'entend pas seulement cette unité textuelle décomposable en échanges. Le terme désigne également **un genre à part entière**. L'Occident en attribue la paternité à la Grèce antique et à Platon (IVe siècle av. J.-C.), dont les œuvres se présentent en effet comme des transcriptions de conversations entre deux ou plusieurs personnages. Mais l'acte de naissance proprement littéraire est à chercher dans l'œuvre de Lucien de Samosate (125-180). Le monde romain adoptera et développera le genre, grâce à Cicéron, Sénèque et Tacite. Il faut attendre la Renaissance, marquée par l'essor de la notion d'individu, pour que le dialogue retrouve un tel lustre. Mais c'est le XVIIIe siècle qui constituera l'âge d'or du genre. Le « dialogue des morts », dans lequel Fénelon s'illustre, à la suite de Lucien de Samosate et de Fontenelle, organise ainsi, au mépris des anachronismes, la rencontre de grands esprits disparus pour les faire discourir sur de grandes questions morales, littéraires ou philosophiques. Voltaire, avec ses dialogues ouvertement satiriques, et Diderot, auteur notamment du *Neveu de Rameau*, contribuèrent à rapprocher le dialogue de l'essai, le dialogue étant l'essai où le lecteur est représenté par l'un des personnages. C'est bien ce qu'illustre le début du XXe siècle, réhabilitant avec Valéry et Claudel un genre tombé en désuétude au siècle précédent.

La **poétique du dialogue** comme genre paraît déterminée par la nécessité de mettre en valeur les divers discours en présence. Le dialogue tend en effet à réduire au statut d'accessoires les cadres habituels de l'œuvre littéraire. Le lieu n'est guère décrit avec précision. Il sera de préférence confiné et intime, salon ou bibliothèque, de façon à favoriser l'échange. Les personnages, eux, ne jouissent presque jamais de quelque épaisseur psychologique. Ils ne sont en effet que des voix, des énonciateurs chargés de mettre en œuvre un discours bien particulier et de le confronter à celui des autres intervenants. Aussi neutralise-t-on parfois le stade de l'onomastique, Voltaire allant jusqu'à les désigner par de simples lettres alphabétiques dans son dialogue intitulé *A.B.C.*

3. LECTURES

3.1 LE DIALOGUE DE ROMAN

« [...] Buenaventura est debout dans l'ombre, le dos à la fenêtre illuminée par les enseignes de la rue.
– Tu ne prétends tout de même pas que nous abandonnions l'opération ?
– Si, dit Treuffais.
– Pars si tu veux.
– Tu ne comprends pas. Je ne veux pas me séparer de vous. Je vous demande de suspendre l'opération le temps de discuter.
– Il n'y a plus de dialogue possible entre nous. Je regrette, Treuffais. Tu es passé de l'autre côté.
– Bordel, Buen, c'est parce que je suis communiste libertaire que je vous demande de suspendre l'opération.
– Communiste libertaire mon cul. Vous l'attrapez tous, tu n'es pas le premier que je vois, vous l'attrapez tous, la vérole de la politique, la vérole du compromis, la vérole marxisante. Fous le camp. [...] S'arrêter pour discuter ? Non, mais tu rigoles. On sait ce que ça donne. Je te rappelle que mon père est mort à Barcelone, en 37.
– Et moi j'en ai plein le cul de t'entendre le dire. C'est pas parce que ton père s'est fait buter pendant une insurrection que son fils posthume est plus intelligent qu'un autre. Tu serais même plus con. Tu sombres dans le terrorisme, et ça, c'est con. Le terrorisme ne se justifie que dans une situation où les révolutionnaires n'ont pas d'autre moyen de s'exprimer et où la population soutient les terroristes. C'est tout ce que tu as à dire ?
– Oui, dit Treuffais soudain épuisé et malade de désespoir.
– Je transmettrai tes remarques à mes camarades. À présent, fous le camp.
– Buen, ça fait quatre ans qu'on se connaît et...
– Fous le camp ou je te cogne.
– Je m'en vais, je ne veux pas qu'on en vienne là, ce serait vraiment trop dégueulasse. C'est vraiment dégueulasse. »

Jean-Patrick MANCHETTE, Nada (1972), Gallimard-Folio Policier, 1999, p. 126-127.

Buenaventura se trouve à la tête d'une conspiration qui projette d'enlever l'ambassadeur des États-Unis en France. Treuffais, professeur de philosophie séduit dans un premier temps par le projet, souhaiterait désormais ramener ses camarades à la raison.

– **Le dialogue polémique, texte-limite.** Treuffais émet une requête, à plusieurs reprises rejetée par son interlocuteur. Très rapidement, l'échange se transforme en *dialogue polémique*, comme l'indique l'agressivité qui caractérise les répliques. Si Treuffais revendique son appartenance politique (« c'est parce que je suis communiste libertaire... »), Buenaventura reprend ses termes pour contester cet *énoncé*

(« Communiste libertaire mon cul »). Symétriquement, Treuffais rejettera non plus seulement le contenu de la réplique précédente (« Je te rappelle que mon père est mort à Barcelone, en 37 »), mais bien l'acte même d'*énonciation* : « Et moi j'en ai plein le cul de t'entendre le dire. » Pourtant, dans l'ensemble du passage, c'est bien ce personnage qui tente de sauvegarder les cadres nécessaires à un échange. Mais ni l'emploi du diminutif « Buen » pour désigner l'allocutaire, ni l'appel à un passé commun (« ça fait quatre ans qu'on se connaît ») ne suffiront à sauver le dialogue de la rupture. Comme l'indique une réplique au statut de métatexte* (« Il n'y a plus de dialogue possible entre nous »), le dialogue polémique tend en effet à remettre en cause la possibilité même de dialogue en rendant tout consensus impossible. Seule la rupture de l'interaction verbale signifiera d'ailleurs la séparation physique des personnages en présence. L'ordre asséné par Buenaventura, « Fous le camp », ne deviendra en effet effectif que lorsque ce personnage aura contesté la répartition des *tours de parole*, en interrompant son interlocuteur. Le dialogue se conclut donc sur la défaite de Treuffais, qu'indique également le discours attributif (« ... dit Treuffais épuisé et malade de désespoir »).

– **Les discours en présence.** En digne héritier du roman réaliste du XIXe siècle, le roman policier se doit de reproduire fidèlement *sociolectes* et *idiolectes*. C'est bien ce que propose ce passage où domine un registre de langue familier, voire vulgaire avec des expressions comme « bordel », « mon cul », ou des verbes tels que « foutre le camp » et « se faire buter ». En apparence, la discorde naît de la rupture de la **maxime conversationnelle** liée à la quantité. Buenaventura fait en effet mine de reprocher à Treuffais une insuffisance quantitative en lui demandant : « C'est tout ce que tu as à dire ? » En réalité, l'échange succombe à la mise en présence de deux discours inconciliables. Alors que Buenaventura se réclame en effet d'une expérience personnelle qui légitime à la fois ses actes et ses paroles, Treuffais produit un discours totalement informé par une parole extérieure. Son bref exposé gnomique sur le terrorisme (« Le terrorisme ne se justifie que dans une situation où les révolutionnaires n'ont pas d'autre moyen de s'exprimer et où la population soutient les terroristes ») donne en effet à entendre, derrière la voix du personnage, le discours de l'idéologie marxiste orthodoxe. C'est bien ce **feuilleté*** que dénonce Buenaventura, qui voit dans ce feuilletage* énonciatif la trace d'un engagement personnel insuffisant et la référence à un système de pensée sclérosant (« la vérole marxisante »).

– **Fonctions du dialogue en contexte romanesque.** Si Buenaventura oppose ainsi constamment actes et paroles (« S'arrêter pour discuter ? Non mais tu rigoles »), ce dialogue possède pourtant tous les traits d'une véritable *action*. La vivacité, voire la violence des propos échangés, en font en effet le substitut de l'ancien duel. « Ce serait vraiment trop dégueulasse » d'en venir aux mains, affirme Treuffais, avant de reprendre aussitôt : « c'est vraiment dégueulasse » de se quitter en si mauvais termes. La reprise de la même formulation et le passage du conditionnel au présent de l'indicatif assimilent clairement la violence physique qui « cogne » à la rupture de l'interaction verbale qui congédie l'un des intervenants. Ce passage *fait* d'ailleurs *progresser* **l'action**, puisque l'éviction de Treuffais aura de notables conséquences sur la suite de l'intrigue. Le dialogue permet à l'univers diégétique* d'évoluer sans recourir ouvertement à l'intervention du narrateur. Enfin, les interventions du professeur de philosophie proposent au lecteur une **évaluation** originale de l'action centrale, sous la forme d'un refus argumenté. Le système axiologique convoqué, d'orientation marxiste, offre ainsi un point de vue spécifique, « démultiplie la vision et relativise l'interprétation des faits » (Mitterand, 1985).

3.2 LE DIALOGUE POÉTIQUE

Colloque sentimental

« Dans le vieux parc solitaire et glacé,
Deux formes ont tout à l'heure passé.
Leurs yeux sont morts et leurs lèvres sont molles,
Et l'on entend à peine leurs paroles.
Dans le vieux parc solitaire et glacé,
Deux spectres ont évoqué le passé.
– Te souvient-il de notre extase ancienne ?
– Pourquoi voulez-vous donc qu'il m'en souvienne ?
– Ton cœur bat-il toujours à mon seul nom ?
Toujours vois-tu mon âme en rêve ? – Non.
– Ah ! les beaux jours de bonheur indicible
Où nous joignions nos bouches ! – C'est possible.
– Qu'il était bleu, le ciel, et grand l'espoir !
– L'espoir a fui, vaincu, vers le ciel noir.
Tels ils marchaient dans les avoines folles,
Et la nuit seule entendit leurs paroles. »

Paul VERLAINE, *Fêtes galantes* (1869), Le Livre de Poche, 2000, p. 115.

– **Structure.** Le début du poème définit le cadre spatio-temporel (le parc, la nuit) dans lequel vient s'inscrire, vers 7 à 14, un dialogue entre deux locuteurs. La nuit qui

« seule entendit leurs paroles » complète ce système énonciatif en jouant le rôle d'un témoin muet. On distinguera, dans un premier temps, deux *séquences* de longueur égale : les vers 7 à 10, dominés par la modalité interrogative, questionnent la pérennité d'un amour ; les vers 11 à 14, dominés par la modalité exclamative, déploient plus ostensiblement une tonalité nostalgique. La répartition en distiques traduit en outre la présence de quatre *échanges*, qui obéissent toujours à une même structure binaire, le premier locuteur (L1) assumant une série d'*interventions initiatives* et le second (L2) se contentant d'*interventions réactives*.

– **Un « colloque » ?** Ce *dilogue* semble instaurer un cadre communicatif proche de celui du *duo d'amour*. Une telle théâtralisation du poème, qui se traduit notamment par l'omniprésence des tirets et la suppression de tout *discours attributif*, n'a rien de surprenant au sein des *Fêtes galantes*. Cependant, de nombreux obstacles apparaissent, qui fragilisent la communication. L'adresse témoigne ainsi d'une dissymétrie affective, puisque au tutoiement employé par L1, L2 oppose un cinglant vouvoiement (v. 7-8). Le couple traditionnel *question-réponse* subit en outre un dévoiement significatif. L2, dans le premier distique du dialogue, répond en effet à la question de L1 par une nouvelle question, refusant ainsi ouvertement l'orientation illocutoire de l'intervention précédente[1]. Cette rupture entraîne par la suite une série de déséquilibres. Aux deux questions de L1 (v. 9-10), L2 n'opposera qu'une seule réponse, réduite à un monosyllabe isolé à la fin du vers 10. Une telle disproportion quantitative, également sensible aux vers 11-12, indique bien le refus de L2 de prendre part à un véritable duo. Mais si ce passage dialogué peine à constituer un véritable « colloque », c'est-à-dire un véritable échange de paroles, c'est aussi que L1 ne tient que très partiellement compte des répliques de son allocutaire. Malgré les réticences multiples de L2, persiste en effet une parole de L1 presque autonome, obstinée dans le rappel d'un passé idyllique. Alors qu'un dialogue véritable, dans lequel chaque intervenant est à la fois émetteur et récepteur d'un message, se caractérise par une *détermination mutuelle* des répliques, la parole de L1 semble proche d'un monologue, c'est-à-dire d'une forme plus *dialogique* que véritablement *dialogale*. Cette atteinte à la dimension *interactionnelle* du dialogue, selon laquelle « parler, c'est échanger, et c'est changer en échangeant » (Kerbrat-Orecchioni, 1990, p. 17), souligne clairement la distance irréductible qui désormais sépare les deux intervenants et teinte d'ironie le titre du poème.

---

1. Voir chapitre 5.

Lectures conseillées

BAKHTINE (Mikhaïl), *Le Marxisme et la Philosophie du langage*, Minuit, 1977.
BARTHES (Roland), « La réponse » *in Le Neutre*, Seuil/Imec, 2002, p. 145-160.
BERTHELOT (Francis), *Parole et dialogue dans le roman*, Nathan Université, 2001.
DURRER (Sylvie), *Le Dialogue romanesque*, Genève, Droz, 1994.
GODOT (Emmanuel), *Histoire de la conversation*, PUF, 2003.
GRICE (H. P.), « Logique et conversation », *Communications*, n° 30, Paris, 1980, p. 57-72.
GUELLOUZ (Suzanne), *Le Dialogue*, PUF, 1992.
KERBRAT-ORECCHIONI (Catherine), *Les Interactions verbales*, tome 1, Armand Colin, 1990.
MITTERAND (Henri), « Dialogue et littérarité romanesque », *in Le Dialogue*, LÉON P. et PERRON P. (éd.), Ottawa, Didier, 1985, p. 141-154.
MORTIER (Roland), « Pour une poétique du dialogue : essai de théorie d'un genre », *in Literary Theory and Criticism* (tome 1), J. STRELKA (éd.), New York, Peter Lang, 1984, p. 457-474.
UBERSFELD (Anne), *Lire le théâtre III. Le Dialogue de théâtre*, Belin, 1996.

QUATRIÈME PARTIE
REPÈRES

Le travail sur les structures d'énonciation (troisième partie) a insisté sur les phénomènes généraux de signification, tels qu'ils sont illustrés par la mise en discours. Sur cette base très large, l'écrivain propose une série de repères que le lecteur peut ou doit reconnaître pour que commence la part de sa propre activité créatrice. Ces repères ne sont pas tant des structures* formelles invariables que des balises sémantiques, des suggestions interprétatives visant à guider la lecture selon un principe d'identification. On ne limitera pas « identification » au sens étroit d'une psychologie de projection qui demande, par exemple, au lecteur de se prendre pour le personnage – cet aspect existe, mais il n'est pas unique –, mais au sens de reconnaissance d'une identité sémantique rendant possible la **lisibilité du texte**. Ce sémantisme identitaire peut être **anthropomorphique** : un repère actantiel* est construit à visage humain, et l'usage l'appelle « le personnage ». Il peut être **conceptuel**, sur des bases d'ordre spatio-temporel : le texte sollicite alors la reconnaissance des catégories humaines du temps et de l'espace pour placer le sujet individuel, inscrit ou non dans le discours, dans une perspective identifiable. Il peut enfin être **d'ordre stylistique**, en proposant des registres et tonalités qui orientent la lecture du côté du sérieux ou du côté du risible par exemple. C'est par l'identification de ces repères de base que le lecteur peut **lire** le texte proposé, le recevoir et le faire sien, par acceptation ou rejet : intelligibilité de l'histoire, reconnaissance des modèles référentiels chronologiques et topographiques, adoption des axiologies* énonciatives dominantes. Après le travail formel sur la langue, puis le travail poétique* sur les structures d'énonciation, l'analyse littéraire s'ouvre ici à un autre niveau d'investigation : l'expérience personnelle et individuelle du lecteur y est directement sollicitée, qui identifie des repères sémantiques comme des propositions de lecture.

CHAPITRE 13
LE PERSONNAGE

1. LA REPRÉSENTATION DE L'INDIVIDU
2. PERSONNAGE ET RÉCIT
3. LECTURES

1. LA REPRÉSENTATION DE L'INDIVIDU

1.1 DÉFINITION

Le **personnage** littéraire est la **représentation fictive d'une personne**. Une telle définition délimite les problématiques liées à cette notion. En tant que *représentation*, le personnage littéraire apparaît en effet indissociable, depuis les écrits d'Aristote, d'une interrogation sur la place et les pouvoirs de la *mimèsis**. La scène théâtrale dote ici le personnage d'un statut particulier, « entre le mot et le corps » (Abirached, 1994). Il y paraît en effet comme en attente de son complément que lui apportera l'incarnation par l'acteur. L'appartenance du personnage littéraire à la *fiction*, par ailleurs, exige du lecteur une conscience claire de la part d'imaginaire qui le constitue. Pour autant, oublier les liens étroits du personnage avec la *personne* reviendrait à nier un des modes de fonctionnement essentiel de la lecture littéraire. C'est la raison pour laquelle on réservera le terme de « personnage » au sens strict à la création textuelle d'un être humain ou d'une réalité explicitement anthropomorphisée.

Le personnage, qu'il apparaisse dans un roman, une nouvelle, un poème ou une pièce de théâtre, joue un rôle central dans l'intérêt que le lecteur/spectateur porte à l'œuvre littéraire. En contexte narratif par exemple, il s'affirme aux côtés du temps et de l'espace comme un rouage fondamental de la diégèse*. Il apparaît si intimement lié à l'action – qu'il subit, assume ou provoque – qu'il constitue le vecteur privilégié de l'intrigue et le cœur des programmes narratifs.

1.2 TYPOLOGIES

Diverses classifications opératoires permettent de saisir les particularités de tel ou tel personnage. Selon qu'il demeure inchangé ou qu'il évolue au fil de l'œuvre, on parlera de personnage **statique** ou **dynamique**. Le degré de complexité déterminera une autre bipartition entre personnages **plats**, peu développés par l'auteur, et personnages **épais**, plus précisément construits et dotés notamment de traits contradictoires[1].

> Raymond Queneau, dans les premières lignes de son roman Le Chiendent (1933), se divertit précisément au détriment de l'« épaisseur » traditionnellement accordée au personnage apparaissant dès l'*incipit*. L'*incipit* du Chiendent se refuse ainsi à mentionner tout patronyme et se plaît à congédier tout portrait en ne mentionnant que « la silhouette d'un homme (qui) se profila ». Par la suite, le personnage ne quitte guère son statut – précisément plat – de silhouette « strictement bidimensionnelle », ce qui donne lieu à de cocasses notations parodiques du type : « la silhouette possédait une villa », « la silhouette se moucha »…

Le degré de relation au **réel** fournit un autre critère à prendre en compte. Il est évident que le personnage de Napoléon chez Balzac entretient d'étroits rapports avec la personne réelle de ce nom. En revanche, Lucien de Rubempré, personnage des *Illusions perdues* (1843), même s'il fut inspiré de modèles ayant existé, demeure pour le lecteur une création d'abord fictionnelle et textuelle. Le narrateur tend d'ailleurs à s'attarder bien plus longuement sur cette seconde catégorie de personnages, les premiers étant déjà, au moins partiellement, connus du public et assumant le plus souvent ce que Barthes nomme un « effet de réel ». Mêler personnages historiques et personnages exclusivement construits par la diégèse* permet en effet de revendiquer un réalisme supérieur pour le récit concerné.

En termes d'économie de l'œuvre, c'est principalement la proximité à l'action qui tracera la frontière entre le **personnage principal**, directement concerné par l'action, et le **personnage secondaire**, qui se contente d'accompagner l'action centrale. Il convient également de tenir compte de la « distribution différentielle » (Hamon, 1977) de ces personnages : alors que le personnage secondaire n'apparaît qu'épisodiquement, le personnage principal est omniprésent d'un bout à l'autre du texte.

Il pourra d'ailleurs parfois prétendre au titre de **héros**, même si l'on aura garde de dissocier cette notion de celle de personnage principal avec laquelle on tend à la confondre trop systématiquement. Le héros possède en effet des attributs qui lui sont

---

1. Cette distinction vient des essais théoriques du romancier anglais E.M. Forster (1879-1970) : voir bibliographie.

propres. Demi-dieu dans la mythologie, le héros gardera dans l'œuvre littéraire un lien privilégié avec le sacré. Homme supérieur et solitaire, tout entier tendu vers l'action, il exerce en outre sur son entourage un très fort pouvoir de séduction. Le romantisme se montra friand de telles figures exceptionnelles dont il assura la pérennité dans d'innombrables « romans-feuilletons » et « romans populaires » tels que *Les Mystères de Paris* d'Eugène Sue (1843).

> Notre *paralittérature*[1] est l'héritière directe de ce culte du héros prométhéen, redresseur de torts embrigadé dans un monde aux valeurs excessivement manichéennes : James Bond, personnage imaginé par Ian Fleming, possède le « permis de tuer » qui l'assimile à une divinité dont les attributs seraient devenus d'amusants gadgets (du foudre de Zeus au stylo-rayon laser…), exerce une séduction caricaturale sur la gent féminine et préfère sans conteste l'action, même périlleuse, à la lutte psychologique.

L'écriture réaliste tenta de faire redescendre le personnage principal d'un tel piédestal d'essence mythique. En substituant le reflet de la foule qui constitue la société à ces êtres d'exception, Flaubert ou Zola renouèrent en effet avec le **type**, que l'on peut définir comme un individu exemplaire. Molière décrit ainsi Harpagon, M. Jourdain ou Alceste avec une précision qui en fait sans aucun doute des personnages individualisés mais qui les destine dans le même temps à représenter un groupe entier, une collectivité caractérisée par les mêmes penchants, des opinions et des actes similaires : le type de l'avare, du bourgeois gentilhomme et du misanthrope. Balzac se proposait également une semblable dialectique, lui qui désirait « typiser » (*sic*) l'individu et « individualiser » le type, dont il donnait une claire définition : « Un type […] est un personnage qui résume en lui-même les traits caractéristiques de tous ceux qui lui ressemblent plus ou moins, il est le modèle du genre » (Préface à *Une ténébreuse affaire*, 1843).

2. PERSONNAGE ET RÉCIT

2.1 PERSONNAGE ET RÔLES NARRATIFS

Si personnage et récit entretiennent des rapports privilégiés, c'est que la narration a recours au personnage comme **fonction**, indispensable à son déroulement. Divers modèles ont ainsi été proposés dans le but de dresser l'inventaire des rôles que peut assumer un personnage au sein d'un récit. Vladimir Propp fait figure de précurseur, qui dans son étude de la *Morphologie du conte* (1928) distingue sept « sphères d'action » :

---

1. Voir chapitre 16, 1.1.

L'ANALYSE LITTÉRAIRE
LE PERSONNAGE

- l'*Agresseur*, qui accomplit le méfait et trompe le héros ;
- le *Donateur*, qui procure l'objet magique au héros ;
- l'*Auxiliaire* (l'objet magique), qui facilite les actions du héros ;
- la *Princesse*, qui constitue l'objet de la quête du héros et lui impose des épreuves ;
- le *Mandateur*, qui incite le héros à s'engager dans l'aventure ;
- le *Héros*, qui se soumet aux épreuves dans le but de vaincre l'Agresseur et d'épouser la Princesse ;
- le *Faux Héros*, qui sera puni pour avoir imité le héros dans le but de lui nuire.

Une telle approche tend bien sûr à excéder le cadre strict du conte pour proposer des répartitions schématiques des personnages valables pour n'importe quel récit. C'est bien de cette ambition qu'est né le deuxième modèle majeur, proposé par A. J. Greimas dans sa *Sémantique structurale* (1966) où il distingue **six « actants »** :
- le *Sujet* est en quête d'un *Objet* ;
- l'*Adjuvant* favorise ce projet, alors que l'*Opposant* tente de le contrecarrer ;
- le *Destinateur* se trouve à l'origine de la quête, le *Destinataire* à son terme.

En accédant à ce degré d'abstraction, les **catégories** définies tendent à effriter la conception anthropomorphique du personnage. L'Actant, défini comme force agissante, peut en effet s'incarner dans une idée ou une valeur. L'ambition peut ainsi constituer le Destinateur de la quête de la plupart des Sujets des romans d'éducation du XIXe siècle.

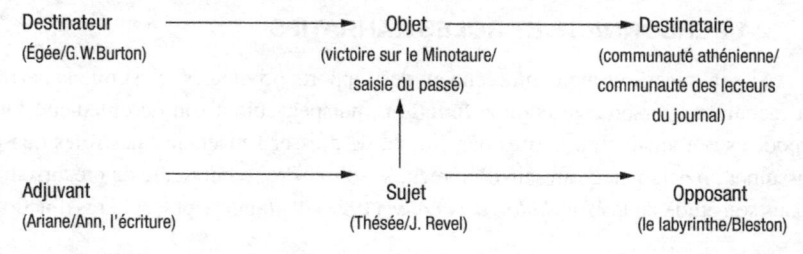

> Michel Butor, dans son roman de 1956 intitulé *L'Emploi du temps*, propose notamment une réécriture du mythe de Thésée : Jacques Revel, Français échoué dans la ville anglaise de Bleston, écrit un journal qui constitue la matière même du roman. Il tente ainsi, sous l'influence de G.W. Burton qu'il a failli tuer par sa négligence, de ressaisir les mois déjà passés dans cette cité labyrinthique au « mufle taché de sang fumeux ». Il sera aidé dans ce projet par Ann Bailey, qui lui fournira un plan de Bleston, ainsi que par l'écriture, « cordon de phrases (qui) est un fil d'Ariane » et qui bâtit peu à peu le journal, « ce que vous lirez, j'en suis sûr, un jour assez prochain ». Le mythe antique et le texte de Butor se superposent ainsi :
>
> Destinateur ⟶ Objet ⟶ Destinataire
> (Égée/G.W.Burton) (victoire sur le Minotaure/ (communauté athénienne/
>   saisie du passé) communauté des lecteurs
>   du journal)
>
>   ↑
>
> Adjuvant   Sujet   Opposant
> (Ariane/Ann, l'écriture) (Thésée/J. Revel) (le labyrinthe/Bleston)
>
> Mais l'un des intérêts de ce roman si complexe réside précisément dans la perturbation d'un tel modèle. L'écriture, si elle favorise le projet de Revel, joue dans le même temps le rôle d'un Opposant en devenant

> un mur supplémentaire du « labyrinthe du temps et de la mémoire » dans lequel il s'est égaré. Si elle est « rempart de lignes sur des feuilles blanches », cette protection contribue en réalité progressivement à son emprisonnement, un peu comme si Thésée s'était ligoté, au centre du labyrinthe crétois, avec le fil d'Ariane.

La prise en compte des champs* modaux permet par ailleurs de circonscrire efficacement les actes des personnages (Hamon, 1993) :
– le *pouvoir* : définit la compétence/l'incompétence, la puissance/l'impuissance du personnage ;
– le *savoir* : désigne la connaissance que le personnage a de soi et du monde, la détention et l'usage de l'information ;
– le *vouloir* : englobe désirs, pulsions et craintes du personnage. Le vouloir joue un rôle central dans le déclenchement de l'action, puisque c'est un projet, un souhait qui entraîne le personnage dans l'aventure et détermine l'apparition de programmes narratifs spécifiques.

Ces trois dimensions du personnage ne sont pas vouées à leur pleine et inéluctable réalisation : si elles interfèrent, c'est souvent sur le mode du conflit, et le récit se nourrit alors de leurs croisements multiples et répétés. La réalisation d'un souhait (vouloir) rencontre ainsi fréquemment de nombreux obstacles remettant en cause les capacités d'action (pouvoir) du personnage, dont la clé réside peut-être dans la détention ou la révélation d'un secret (savoir).

> À partir de la rencontre inaugurale de Patrick, archevêque d'Armagh, le personnage éponyme du récit de Pierre Michon « Ferveur de Brigid[1] » est ainsi animé du désir d'entrer en contact avec Dieu (« Elle veut cela »). Ce vouloir se trouve donc à l'origine des diverses actions ultérieures du personnage. Or, le moyen le plus sûr proposé à Brigid et ses sœurs d'accéder à la Grâce réside dans l'initiation par la communion, qui délivrera une connaissance exigeant elle-même un savoir préalable. Aussi les trois sœurs « apprennent (– elles) des mots latins dans des livres ». Mais, bientôt, désespérée par son incapacité à accomplir son vœu le plus cher, Brigid trouvera dans la prédiction de Patrick (« Tu Le verras quand tu seras morte, comme nous tous en ce monde ») le moyen, par le suicide, de conformer enfin son pouvoir à son vouloir.

2.2 PERSONNAGE ET PERSONNE : LA PART DU LECTEUR

Ces trois modélisations participent d'une même approche immanentiste du personnage. Ce dernier n'est plus alors considéré que comme une *fonction* au sein d'une structure narrative fixe. Se trouve ainsi radicalisée la critique fondatrice adressée par

---

1. P. MICHON, *Mythologies d'hiver*, Lagrasse, Verdier, 1997.

Valéry à ses contemporains dans *Tel quel* : « Superstitions littéraires – j'appelle ainsi toutes croyances qui ont de commun l'oubli de la condition verbale de la littérature. Ainsi existence et psychologie des personnages, ces vivants sans entrailles. »

De tels propos rencontrèrent un écho privilégié dans les années 1950-1960, tant au théâtre que dans le roman[1]. Alain Robbe-Grillet, ainsi, n'hésite pas affirmer dans son essai *Pour un Nouveau Roman*, que « le roman de personnages appartient bel et bien au passé, (qu') il caractérise une époque : celle qui marqua l'apogée de l'individu ». Puisque, poursuit-il, « l'époque actuelle est plutôt celle du numéro matricule », le personnage littéraire se verra dépouillé de toute psychologie, voire d'état civil, pour ne plus apparaître que comme un être de papier. Samuel Beckett désigne ainsi certains de ses personnages d'une simple initiale, quand à l'inverse Jean Ricardou affuble les siens de plusieurs patronymes différents. Même travail de sape sur la scène du Nouveau Théâtre : « N. » est le personnage principal de *La Parodie* d'Arthur Adamov et Jean Tardieu nomme « Monsieur Quidonc » le protagoniste de *La Société d'Apollon*.

> Le premier texte de Nathalie Sarraute écrit directement pour le théâtre, *Elle est là* (1978), s'ouvre par un faisceau d'interrogations mettant notamment en scène l'inconsistance du personnage théâtral. Les deux personnages en présence sont ainsi désignés par de simples initiales génériques (« H » pour Homme) numérotées : « H.1 » et « H.2 ». Leur conversation multiplie les références indéchiffrables à d'autres personnages. Les pronoms personnels utilisés ne peuvent en effet, au tout début de la pièce, jouer le rôle anaphorique que leur attribuent les locuteurs. C'est bien à une dissolution du personnage traditionnel qu'est convié le spectateur.
>
> H.1 : Je lisais l'autre jour… Il était de mon avis… C'est un mouvement irréversible…
> H.2 : Oui… C'est bien vrai…
> H.1 : Que voulez-vous ? On ne peut que faire le dos rond… Personne d'ailleurs… Vous ne trouvez pas ?
> H.2 : Si, si, bien sûr… […] Excusez-moi… Je dois… Je reviens tout de suite… (Sort. Revient.) Trop tard, elle n'est plus là.
> H.1 : Qui donc ?
> H.2 : Ce n'est rien… J'aurais voulu… Mais elle est déjà partie… Oui, la personne qui… […]
> H.1 : Qui donc ? Ah, cette personne ?… Votre collaboratrice ?
> H.2 : Oui… Enfin… Mon associée… Mais peu importe qui elle est…

Ces entreprises ne se comprennent qu'en réaction à une conception dite « classique » du personnage, fondée sur la proximité affirmée entre la personne humaine et

---

1. Voir chapitres 16 (2.3. et 3.2.) et 17.

son représentant littéraire. Cette parenté, parfois poussée jusqu'à la confusion, incline en effet à analyser le personnage avec les **catégories psychologiques** (caractère, tempérament, sentiments…) traditionnellement appliquées à la description de la personne. C'est que la création du personnage, rappelle par exemple François Mauriac en 1933, puise dès le départ dans le vécu de l'auteur : « L'artiste, dans son enfance, fait provision de visages, de silhouettes, de paroles ; […] et même, sans qu'il en soit frappé, cela existe en lui au lieu de s'y anéantir comme dans les autres hommes ; cela, sans qu'il en sache rien, fermente, vit d'une vie cachée et surgira au moment venu. » Si la figuration littéraire s'inspire à ce point de modèles réels, pourquoi dénier à la première la complexité psychologique depuis toujours accordée aux seconds ? C'est ainsi que se développa le thème, vite devenu poncif, de l'**autonomie des personnages**. Mauriac, encore, explique ainsi qu'un personnage secondaire peut, sans qu'il soit possible pour l'écrivain de s'opposer à ce mouvement, « se pouss(er) de lui-même au premier rang » et « entraîner (l'auteur) dans une direction inconnue ». Car, poursuit-il, « plus nos personnages vivent et moins ils nous sont soumis » (Mauriac, 1933). Julien Green corrobore ce constat : « Les personnages vraiment vivants obéissent quelque temps à l'auteur puis se révoltent, démolissent l'intrigue, et rien de plus heureux ne peut arriver au romancier. »

Dépouiller le personnage des attributs qui l'assimilent directement à une personne (état civil, profondeur psychologique, existence sociale) et le considérer comme une fonction, un rôle, sont deux attitudes qui permettent de battre en brèche de telles approches oublieuses des caractéristiques essentielles du matériau textuel. Pour autant, et malgré de sombres prédictions fréquemment répétées, la **mort du personnage** semble ne toujours pas être à l'ordre du jour. C'est bien que cette figure littéraire demeure indispensable au lecteur qui y cherche, y reconnaît éventuellement, des attributs proches de son monde de référence.

> Même l'évocation des personnages fantastiques des « Meidosems » par Henri Michaux dans la troisième partie de *La Vie dans les plis* (1972) ne peut faire l'économie de traits descriptifs assurant une proximité relative entre la créature de papier et le lecteur. La Meidosemme est ainsi évoquée « appuyée contre un mur » ou admirée pour « ses longues jambes fines et incurvées ». Ses actions et motivations croisent parfois directement l'univers référentiel, c'est-à-dire prosaïquement humain, du lecteur : « Elle chante, celle qui ne veut pas hurler. Elle chante, car elle est fière. Mais il faut savoir l'entendre. Tel est son chant, hurlant profondément dans le silence. »

Ni purement sémiotique ni purement référentiel, le personnage littéraire considéré comme interface entre l'œuvre et son public accède à un statut complexe plus satisfaisant. C'est la notion bien connue d'**identification** qui incite à une telle approche nuancée. Si le texte programme ce sentiment de complicité par une série de stratégies (emploi du monologue intérieur, du style indirect libre qui donnent l'impression d'accéder à l'intimité du personnage...), une telle relation ne peut s'établir que grâce à un réseau de correspondances entre la figure de papier et le hors-texte, en l'occurrence l'expérience du lecteur. Le sentiment éprouvé détermine des modalités d'identification diverses que H. R. Jauss propose[1] de répartir dans une typologie à cinq étages :

– *Identification associative*, dans le cadre du jeu auquel le lecteur prend part.

– *Identification admirative*, où le lecteur admire un héros parfait.

– *Identification par sympathie*, où le lecteur éprouve de la pitié pour un héros imparfait.

– *Identification cathartique*, où le lecteur compatit à la douleur du personnage ou rit de ses difficultés.

– *Identification ironique*, où le lecteur sanctionne l'anti-héros.

La conception du personnage comme construction commune du texte et de son lecteur autorise en outre Vincent Jouve à intégrer les processus d'identification dans le cadre élargi de « **l'effet-personnage** ». Trois effets (personne, personnel, prétexte) correspondent aux trois instances requises par la lecture (lisant, lectant, lu).

– L'identification du lecteur à l'un ou l'autre des personnages est du ressort du *lisant*, part de nous qui se prête volontiers à l'illusion romanesque, qui « y croit » aisément et se représente principalement le personnage comme l'équivalent d'une personne. Cette instance lectrice établit avec lui des relations sur les modes culturel (évaluation de l'axiologie du personnage), affectif (sympathie) et narratif (similitude de situations entre le lecteur et le personnage).

– Le *lectant* perçoit d'abord le récit comme construction, perçoit le personnage comme un « pion » sur l'échiquier de la structure romanesque. Cette instance lectrice s'attache à anticiper les actions du personnage-personnel ou à évaluer son idéologie.

– Le *lu* est la part inconsciente du lecteur qui cherche dans le personnage-prétexte le moyen de vivre par procuration des désirs qu'il ne peut assouvir dans la réalité (Jouve, 1992).

Le personnage occupe alors une place capitale, non seulement dans l'organisation du récit, mais également dans le mécanisme pragmatique* de la lecture. L'expérience littéraire du personnage s'assimile aux vases communicants : si le

---

1. *Pour une esthétique de la réception*, 1978.

comédien s'éloigne quelque peu de son moi le temps de donner vie au personnage de théâtre en l'incarnant, le lecteur construit le personnage en un double mouvement similaire.

3. LECTURE : UN STATUT PROBLÉMATIQUE

« Livre premier. Un juste

I

M. Myriel

En 1815, M. Charles-François-Bienvenu Myriel était évêque de Digne. C'était un vieillard d'environ soixante-quinze ans ; il occupait le siège de Digne depuis 1806. Quoique ce détail ne touche en aucune manière au fond même de ce que nous avons à raconter, il n'est peut-être pas inutile, ne fût-ce que pour être exact en tout, d'indiquer ici les bruits et les propos qui avaient couru sur son compte au moment où il était arrivé dans le diocèse. Vrai ou faux, ce qu'on dit des hommes tient souvent autant de place dans leur vie et surtout dans leur destinée que ce qu'ils font. M. Myriel était fils d'un conseiller au parlement d'Aix ; noblesse de robe. On contait de lui que son père, le réservant pour hériter de sa charge, l'avait marié de fort bonne heure, à dix-huit ou vingt ans, suivant un usage assez répandu dans les familles parlementaires. Charles Myriel, nonobstant ce mariage, avait, disait-on, beaucoup fait parler de lui. Il était bien fait de sa personne, quoique d'assez petite taille, élégant, gracieux, spirituel ; toute la première partie de sa vie avait été donnée au monde et aux galanteries. La révolution survint, les événements se précipitèrent […]. M. Charles Myriel, dès les premiers jours de la révolution, émigra en Italie. Sa femme y mourut d'une maladie de poitrine dont elle était atteinte depuis longtemps. […] Que se passa-t-il ensuite dans la destinée de M. Myriel ? L'écroulement de l'ancienne société française, la chute de sa propre famille […] firent-ils germer en lui des idées de renoncement et de solitude ? Fut-il, au milieu d'une de ces distractions et de ces affections qui occupaient sa vie, subitement atteint d'un de ces coups mystérieux et terribles qui viennent quelquefois renverser, en le frappant au cœur, l'homme que les catastrophes publiques n'ébranleraient pas en le frappant dans son existence et dans sa fortune ? Nul n'aurait pu le dire ; tout ce qu'on savait, c'est que, lorsqu'il revint d'Italie, il était prêtre. »

Victor Hugo, *incipit** des *Misérables* (1862),
Robert-Laffont-Bouquins, 1985, p. 5.

— **Référence et construction langagière**. Le personnage de M. Myriel, qui apparaît dès les premières lignes des *Misérables*, possède un modèle historique. Hugo s'est en effet inspiré de la vie du baron Charles-François Bienvenu de Miollis (1753-1843), évêque de Digne de 1806 à 1838. Mais le narrateur hugolien, désamorçant de tels rapprochements, semble prendre un malin plaisir à indiquer la nature également langagière du personnage littéraire. Quoique construit à partir d'un certain nombre de données apparemment fiables, le personnage se bâtit en effet essentiellement sur les « bruits et propos » divers qui courent sur son compte (« ce qu'on dit des hommes », il « avait, disait-on, beaucoup fait parler de lui »). La mise en scène de la rumeur, sous la forme notamment d'un métarécit* (« on contait de lui que... ») peut se lire comme une mise en abyme de la nature duelle du personnage, dont l'ancrage référentiel n'est rien sans les discours tenus par le narrateur ou d'autres personnages à son propos et qui tracent progressivement sa silhouette dans l'esprit du lecteur. Si le goût du ragot caractérise pour Hugo une certaine province, il figure également à un autre niveau l'éclatement des sources d'informations sur le personnage auxquelles doit recourir le lecteur.

– **L'étiquette du personnage**. Sur le mode de l'analepse*, le narrateur s'attache à brosser le portrait du personnage, en déclinant les divers éléments de ce que Philippe Hamon (1977, p. 142-143 et 1983, p. 108 et suiv.) nomme *l'étiquette* : portrait physique et psychologique (« Il était bien fait de sa personne, quoique d'assez petite taille, élégant, gracieux, spirituel »), mention d'un état civil très détaillé (« Charles-François-Bienvenu Myriel »), d'un titre (« évêque de Digne »), d'une filiation (« fils d'un conseiller au parlement d'Aix »), d'une position sociale (« noblesse de robe »), et d'un ancrage historique (« les tragiques spectacles de 93 »). Le nom se révélera bientôt motivé : quelques pages plus loin, on apprend que les pauvres du pays, « (ayant) choisi [...] dans les noms et prénoms de l'évêque, celui qui leur présentait un sens », n'appelaient plus cet homme qui toujours réserva bon accueil aux nécessiteux que « monseigneur Bienvenu ».

Une telle précision (« pour être exact en tout ») désigne sans peine M. Myriel comme le *personnage principal* de la première partie du roman. Très nettement individualisé, il se distingue en effet de la foule anonyme désignée par l'indéfini « on », mais également de ces deux personnages qui ne font que traverser très brièvement le texte, son père et sa femme.

– **Un personnage ouvert**. La liberté du lecteur est souvent inversement proportionnelle à la présence du narrateur. Or, malgré la précision du portrait de M. Myriel, de larges zones d'ombre subsistent qui ont trait aux raisons de sa brutale conversion. Trois interrogations successives aboutissent ainsi à un aveu d'ignorance : « Nul n'aurait pu le dire. »

En termes d'économie du roman, de telles lacunes permettent au narrateur de ne pas définitivement circonscrire le personnage. Ces épisodes inconnus pourront en effet justifier d'éventuelles évolutions inattendues. La programmation à dessein partielle de M. Myriel autorise ainsi à en faire éventuellement par la suite un personnage *dynamique*.

Il s'agit également d'un moyen d'instaurer, au seuil du récit, un pacte de lecture dominé par l'**illusion romanesque**. En parsemant son texte de blancs, le narrateur en appelle en effet à la participation active du lecteur : « La notation explicite d'une absence laisse au lecteur le soin de produire par lui-même (et de façon définitive) le chaînon manquant » (Jouve, 1992, p. 32). En dotant la figure de papier de la part de mystère inaccessible censée caractériser toute personne humaine, il propose au *lisant* un personnage *épais*, support privilégié d'un *effet-personne*. La présentation objective du personnage se double d'ailleurs dès cette première page d'un discours évaluatif, en l'occurrence positif. Le livre premier s'intitule en effet « Un juste » et le chapitre I, « M. Myriel ». Le lecteur semble bien évidemment invité à superposer les deux désignations contenues dans le paratexte*. L'axiologie valorisée du personnage permet alors une proximité avec le lecteur fondée sur l'actualisation d'un *code culturel* explicite.

La volte-face mystérieuse, clé de voûte occultée de la destinée de M. Myriel, qui de mondain se fit prêtre, joue par ailleurs un rôle cataphorique à l'échelle du roman. Incarnant dès les premières lignes la thématique de la conversion et de la métamorphose, il annonce en effet le destin de Jean Valjean, qui sera entièrement tissé de telles transformations et dominé par la volonté de rachat à l'origine du programme narratif principal du roman. M. Myriel se présente donc également au *lectant* comme une préfiguration structurelle et participe ici d'un *effet-personnel*.

Lectures conseillées

ABIRACHED (Robert), *La Crise du personnage dans le théâtre moderne*, Gallimard, 1994.

ERMAND (Michel), *Poétique du personnage de roman*, Ellipses, 2006.

FORSTER (Edward Morgan), *Aspects du roman* [1927], trad., Christian-Bourgois, 1993.

GLAUDES (Pierre) et REUTER (Yves), éd., *Personnage et histoire littéraire*, Toulouse, PUM, 1991. *Le Personnage*, PUF, 1998.

HAMON (Philippe), « Pour un statut sémiologique du personnage », in *Poétique du récit*, Seuil, 1977, p. 115-180 ; *Le Personnel du roman. Le Système des personnages dans* Les Rougon-Macquart *d'Émile Zola*, Genève, Droz, 1983.

JOUVE (Vincent), *L'Effet-Personnage dans le roman*, PUF, 1992.

MAURIAC (François), *Le Romancier et ses personnages* [1933], Presses-Pocket, 1990.

MIRAUX (Jean-Philippe), *Le Personnage de roman. Genèse, continuité, rupture*, Nathan, coll. « 128 », 1997.

ROBBE-GRILLET (Alain), « Sur quelques notions périmées. Le Personnage », *in* A. ROBBE-GRILLET, *Pour un Nouveau Roman*, Minuit, 1961, p. 26-28.

CHAPITRE 14
TEMPS ET ESPACE

1. DES CATÉGORIES DE FORME ET DE CONTENU
2. DES MARQUES DE GENRE
3. DES REPÈRES POUR LA REPRÉSENTATION
4. TEMPS ET ESPACE DE LA LECTURE
5. LECTURE : LE PARADIS PERDU NERVALIEN

1. DES CATÉGORIES DE FORME ET DE CONTENU

Les concepts de temps et d'espace ont un statut difficile à établir : ils ne ressortissent pas spécifiquement à la littérature, pouvant intéresser philosophes ou physiciens, et ils recouvrent des phénomènes de nature différente au sein de l'œuvre littéraire.

– Des **catégories de contenu.** Les notions de temps et d'espace touchent au contenu de l'œuvre littéraire, sous forme de **thèmes** et de **motifs** (l'Italie chez Stendhal, la vieillesse chez Ronsard) dont on explore les valeurs symboliques, fantasmatiques ou mythiques. La littérature a ainsi consacré divers *topoï* du temps (la brièveté de la vie, source de plaintes élégiaques) et de l'espace (la grande ville).

Dans ses *Études sur le temps humain*, Georges Poulet a explicité la **conception** du temps et de l'espace propre à chaque auteur, en tenant compte de son parcours psychique et de son inscription dans une civilisation particulière. Ainsi montre-t-il que « la durée humaine est, aux yeux de Proust, une simple pluralité de moments isolés les uns des autres » (I, p. 432). Afin de cerner la conception spatio-temporelle d'un auteur, Poulet s'appuie sur ses écrits quels qu'ils soient (récit, théâtre, vers, correspondance), sans tenir compte de la manière dont temps et espace peuvent interagir avec la forme des œuvres.

– Des **catégories de forme**[1]. Pourtant, le temps est une catégorie de forme, qui engage la structure même de l'œuvre littéraire – Gérard Genette a montré son rôle

---

1. Voir chapitres 9 et 10.

dans le récit. Selon Paul Ricœur, les intrigues narratives sont un moyen d'exprimer indirectement notre expérience temporelle, marquée par la confusion et inaccessible à la spéculation philosophique : tout récit est **configuration** du temps.

L'espace est-il aussi une catégorie de forme ? Pour Genette, il s'agit d'un élément de contenu qui ne concerne que l'histoire (*vs* le récit). Cependant, l'étude de la description (Ph. Hamon) montre que l'espace agit aussi sur la forme du texte. Plus généralement, la topographie est intimement liée au système des personnages et à la structure narrative (voir les deux côtés, de Guermantes et de Swann, chez Proust). L'importance formelle de l'espace est manifeste au théâtre, où le choix d'un décor par le metteur en scène, loin d'être accessoire, organise le monde fictionnel de la pièce.

> Ces deux aspects du temps et de l'espace ne sont pas exclusifs l'un de l'autre, mais relèvent d'approches littéraires différentes (thématique pour Poulet, narratologique pour Genette). Cependant, des œuvres comme *En attendant Godot* ou *La Recherche du temps perdu*, où le temps joue à la fois le rôle d'un thème et d'une structure, invitent à dépasser la dichotomie forme/contenu. Bakhtine a théorisé cette articulation en élaborant le concept de **chronotope**, qui est « une catégorie littéraire de la forme et du contenu ». S'inspirant de la conception du temps comme quatrième dimension de l'espace, Bakhtine entend par cette notion « l'indissolubilité de l'espace et du temps ». Par exemple, l'utopie est aussi u-chronie : le pays imaginaire du gouvernement idéal est situé hors du temps. Espace et temps remplissent ainsi des fonctions similaires : dans *Bajazet* (1672), Racine compense l'absence de distance temporelle (l'action est contemporaine) par un éloignement dans l'espace (la scène se déroule en Orient). En outre, le chronotope établit « l'image de l'homme en littérature, image toujours essentiellement spatio-temporelle » (1978, p. 238).

2. DES MARQUES DE GENRE

Selon Bakhtine, ce sont les **variations du chronotope** qui déterminent les **genres** dans leur diversité. Il a ainsi étudié les chronotopes des différentes formes romanesques. Par exemple, le roman d'aventures et d'épreuves (« roman baroque » à l'âge classique), dont l'intrigue repose sur une série de péripéties (naufrage, fausse mort, prison), a un chronotope abstrait : aucune durée réelle (des héros jeunes et beaux après d'innombrables aventures), pas de contexte historique précis, une géographie indéfinie (des pays interchangeables). Chaque genre se caractérise ainsi par une conception spécifique de l'espace-temps (Lukács a montré que le temps du roman n'est plus celui de l'épopée), exprimée à travers une structure (ex. : les unités de temps et de lieu dans la tragédie classique) et des motifs (ex. : « château » et « minuit » renvoient au roman terrifiant tel qu'il a été fixé par Ann Radcliffe à la fin du XVIIIe siècle, en Angleterre) qui lui sont indissociablement liés. Les références au temps et à l'espace sont donc perçues comme des **signaux génériques** par le lecteur – voir l'opposition province/adolescence *vs* capitale/maturité qui forme une structure reconnaissable de nombreux romans d'apprentissage.

3. DES REPÈRES POUR LA REPRÉSENTATION

Dans la fiction, les indications de temps et d'espace sont aussi des **repères** qui guident le lecteur en activant l'**illusion référentielle**, en permettant la représentation des scènes évoquées. C'est pourquoi de nombreux textes réalistes précisent le cadre spatio-temporel dès l'*incipit** : « Le 15 septembre 1840, vers six heures du matin, *la Ville-de-Montereau*, près de partir, fumait à gros tourbillons devant le quai Saint-Bernard » (*L'Éducation sentimentale*, 1869). Cependant, le lecteur n'a pas besoin de connaître le lieu et l'époque convoqués pour activer une première étape de compréhension du texte. Dans un roman d'anticipation, les indications spatio-temporelles (futur éloigné, planète inconnue) enclenchent également un processus de représentation du monde fictionnel : si les éléments spatiaux et temporels sont très variables, le mode de perception du temps et de l'espace reste identique. Inversement le lecteur peut être décontenancé par un temps et un espace indéterminés, et plus encore par la mise en scène de « structures mentales privées de "temps" » (A. ROBBE-GRILLET, *Pour un Nouveau Roman*, p. 130).

> Hormis leur rôle de repères, temps et espace peuvent occuper une place plus considérable en remplissant une fonction d'actants[1]. Dans *L'Emploi du temps* (1956) de Michel Butor, ce qui semble au départ un cadre spatio-temporel très simple (un an à Bleston) s'avère constituer le centre du récit, la ville maléfique jouant le rôle d'antagoniste du narrateur, et le temps celui d'opposant à son entreprise de narration des événements.

4. TEMPS ET ESPACE DE LA LECTURE

On lit dans un endroit précis et pendant une certaine durée : il existe donc un **espace-temps de la lecture**, le seul réel selon M. Picard. La fiction, qui « s'inscrit en notre espace comme un voyage » (Butor, 1970, p. 50), joue du décalage entre espace-temps de la lecture et espace-temps de l'intrigue. Si Valéry critique le roman, c'est en partie parce que son lecteur, transporté dans des lieux et à des époques qui ne sont pas les siens, est « décollé de la réalité ». Reste qu'il est difficile de théoriser cet espace-temps, tant les rythmes et situations de déchiffrement de l'œuvre littéraire varient selon les lecteurs.

---

1. Voir chapitre 13.

Contrairement au lecteur, le spectateur n'est pas libre de choisir les conditions spatio-temporelles qui président à sa perception de l'œuvre : l'espace-temps est ritualisé par la représentation. La dissociation entre temps fictif de l'action et temps réel de la représentation est alors particulièrement flagrante – l'esthétique classique cherchait à l'annuler en faisant coïncider la durée de l'histoire avec celle de la pièce.

5. LECTURE : LE PARADIS PERDU NERVALIEN

« Elle m'aimait seul, moi le petit Parisien, quand j'allais voir près de Loisy mon pauvre oncle, mort aujourd'hui. Depuis trois ans, je dissipe en seigneur le bien modeste qu'il m'a laissé et qui pouvait suffire à ma vie. Avec Sylvie, je l'aurais conservé. Le hasard m'en rend une partie. Il est temps encore.

À cette heure, que fait-elle ? Elle dort... Non, elle ne dort pas ; c'est aujourd'hui la fête de l'arc, la seule de l'année où l'on danse toute la nuit. – Elle est à la fête.

Quelle heure est-il ?

Je n'avais pas de montre.

Au milieu de toutes les splendeurs de bric-à-brac qu'il était d'usage de réunir à cette époque pour restaurer dans sa couleur locale un appartement d'autrefois, brillait d'un éclat rafraîchi une de ces pendules d'écaille de la Renaissance, dont le dôme doré surmonté de la figure du Temps est supporté par des cariatides du style Médicis, reposant à leur tour sur des chevaux à demi cabrés. La Diane historique, accoudée sur son cerf, est en bas-relief sous le cadran, où s'étalent sur un fond niellé les chiffres émaillés des heures. Le mouvement, excellent sans doute, n'avait pas été remonté depuis deux siècles. – Ce n'était pas pour savoir l'heure que j'avais acheté cette pendule en Touraine.

Je descendis chez le concierge. Son coucou marquait 1 heure du matin. – En quatre heures, me dis-je, je puis arriver au bal de Loisy. Il y avait encore sur la place du Palais-Royal cinq ou six fiacres stationnant pour les habitués des cercles et des maisons de jeu : – À Loisy ! dis-je au plus apparent. – Où cela est-il ? »

Gérard de Nerval, *Sylvie* (1853),
in NERVAL, *Les Filles du feu*, Le Livre de Poche, 1999, p. 237-238.

Dans cette page de *Sylvie*, nouvelle construite sur des jeux spatio-temporels souvent vertigineux, la « figure du Temps » est emblématique de la thématique du récit, mais son unité, tout illusoire, masque le conflit entre un **temps cyclique** et un **temps linéaire**.

5.1 DEUX TOPOÏ DU TEMPS ET DE L'ESPACE

– Le paradis perdu. Les séjours passés à Loisy font figure de paradis perdu auprès du présent parisien : le monde du bonheur qui s'ignore (« elle m'aimait seul ») s'oppose à la dépravation de la capitale (« je dissipe en seigneur »).

– La nuit d'exception. Cette nuit, marquée par une conjonction saisissante (le « hasard » rend au narrateur une partie de ses biens la nuit où il y a la fête de l'arc à Loisy, « seule de l'année » où Sylvie ne dort pas) est vécue comme un signe par le narrateur, qui espère annuler la distance spatio-temporelle entre le Paris d'aujourd'hui et le Loisy de naguère.

5.2 SYMBOLES DE LA DISTANCE SPATIO-TEMPORELLE

– L'horloge. Le narrateur croit qu'« il est temps encore » de retrouver son passé, mais, significativement, il ignore l'heure. L'arrêt de l'horloge (souligné par la pause descriptive) symbolise cette non-conscience du temps écoulé, bien réel pourtant (« depuis trois ans », « mort aujourd'hui »).

– La restauration. « Restaurer dans sa couleur locale un appartement d'autrefois » mène au « bric-à-brac » du musée (« Diane historique ») sans pour autant faire revivre le passé, seulement « rafraîchi » : retrouver le temps révolu est donc une entreprise chimérique.

– Le fiacre. Destiné aux noceurs de la capitale, le fiacre ne peut mener à Loisy (« Où cela est-il ? »), et marque donc l'hétérogénéité des deux espaces.

5.3 REFUS DE LA LINÉARITÉ

À la recherche du temps cyclique de Loisy (représenté par le retour annuel de la fête de l'arc), le narrateur marque son refus d'un temps linéaire. Des procédés de brouillage traduisent à un niveau micro-structural* le rejet de la double linéarité, narrative et temporelle : brusque passage du discours au récit (« quelle heure est-il ? / je n'avais pas de montre »), recours à des temps du passé et du présent dans le même paragraphe (« brillait » vs « est », « s'étalent »), absence de logique dans l'enchaînement des alinéas (« à cette heure, que fait-elle ? » suivi de « quelle heure est-il ? »).

Lectures conseillées

BAKHTINE (Mikhaïl), « Formes du temps et du chronotope dans le roman », in BAKHTINE, *Esthétique et théorie du roman*, Gallimard, 1978, p. 235-398.

BUTOR (Michel), « L'espace du roman » in BUTOR, *Essais sur le roman* [1964], Gallimard, 1970, p. 48-58.

HAMON (Philippe), *Du descriptif* [1981], Hachette, 1993.

PICARD (Michel), *Lire le temps*, Minuit, 1989.

POULET (Georges), *Études sur le temps humain*, I, II, III, IV, Plon, 1952-1968.

RICŒUR (Paul), *Temps et récit*, I, II, III, Seuil, 1983-1985.

ROBBE-GRILLET (Alain), « Temps et description dans le récit d'aujourd'hui », in ROBBE-GRILLET, *Pour un Nouveau Roman*, Minuit, 1963, p. 123-134.

CHAPITRE 15
TONALITÉS ET REGISTRES

1. DES OUTILS PEU THÉORISÉS
2. LE REGISTRE : UN REPÈRE SÉMANTIQUE
3. REGISTRE, CONTENU, GENRE
4. LECTURE : LE RENOUVELLEMENT DU REGISTRE ÉPIQUE

1. DES OUTILS PEU THÉORISÉS

Les notions de **tonalité** et de **registre**, outils très fréquemment convoqués dans la pratique du commentaire de texte, souffrent d'une **quasi-absence de théorisation.** Les terminologies sont fluctuantes d'un auteur à l'autre, un même objet se voyant attribuer des extensions et des dénominations différentes. Si les tonalités et les registres entrent de fait en interaction avec d'autres concepts, on s'efforcera, néanmoins, de distinguer les différents niveaux de caractérisation d'un texte.

> Un exemple de confusion entre genre, type et tonalité est analysé par Gérard Genette (1979). La triade des genres (lyrique, épique, dramatique), très répandue dans les traités rhétoriques* et poétiques*, découle en effet d'une mauvaise interprétation de la distinction platonicienne entre différents types de texte* (narration pure, narration mixte, imitation dramatique), et ne tient pas compte des tonalités avec lesquelles ces genres entrent en interaction.

– **Le type** ou **le mode**[1] : catégorie **linguistique** renvoyant au mode d'énonciation du texte. Tout texte s'inscrit dans l'un des types suivants : narratif, descriptif, dialogique, argumentatif.

– **Le genre**[2] : catégorie relevant de l'**histoire littéraire**, le genre repose sur des conventions et des modèles. Des critères de nature différente définissent les genres :

---

[1] Voir la troisième Partie : « Typologies ».
[2] Voir la cinquième Partie : « Genres ».

traits formels (le sonnet), propriétés énonciatives (l'autobiographie), composantes thématiques (le roman d'apprentissage).

– **La tonalité** : il convient de distinguer le ton de la tonalité. Le **ton** est une qualité de la voix qui exprime une attitude affective (ton enjoué), intellectuelle (ton pédagogique) ou psychologique (ton pédant). La **tonalité** est la mise en œuvre de cette attitude dans le texte : elle correspond à une disposition mentale, une posture existentielle face au réel. Ainsi la tonalité comique agit comme un regard qui fait percevoir la réalité sous l'angle du rire. On peut considérer que les différentes tonalités (pathétique, comique, élégiaque, ironique, tragique, lyrique, épique, satirique…) sont des constantes anthropologiques universelles, puisqu'elles font jouer la gamme des sentiments humains. Ces constantes sont par ailleurs fixées dans des traditions et des usages littéraires spécifiques, faisant de la tonalité une donnée proprement intertextuelle[1]. Les analyses littéraires préférant à présent parler de *registres* plutôt que de *tonalités*, nous nous conformerons à cet usage.

On inclut parfois dans les tonalités le fantastique, le merveilleux, l'étrange, voire l'écriture réaliste. Ces désignations relèvent d'une autre catégorie qui renvoie au statut que le texte accorde au réel dans le texte. Nous parlerons plutôt de **régime** fantastique, de régime réaliste, etc.

– **Le registre** : outre ce dernier sens qui l'assimile à la tonalité, le terme de **registre** recouvre trois autres acceptions. Les deux premières relèvent de la linguistique*. Le registre peut renvoyer à un usage socio-professionnel du langage (« céphalée » sera ainsi ressenti comme un terme spécifiquement médical). Le terme de *registre* est aussi employé pour désigner les niveaux de langue (« tronche » est familier, « tête » courant, « chef » soutenu ou littéraire). Enfin il existe une acception rhétorique du *registre**. On distingue traditionnellement trois registres, illustrés par la « roue de Virgile » : le registre *bas* ou *simple* (modèle : *Les Bucoliques*), le registre moyen (*Les Géorgiques*) et le registre élevé ou sublime (*L'Énéide*) ; à chacun d'entre eux sont associés des motifs spécifiques – personnage (berger/agriculteur/guerrier), instrument (bâton/charrue/glaive), etc.

Pour finir, soulignons que le terme de **style** est utilisé parfois pour le registre rhétorique (style bas) ou pour les tonalités (style élégiaque).

2. LE REGISTRE : UN REPÈRE SÉMANTIQUE

Le registre est un des premiers **repères** appréhendés à la lecture d'un texte : il s'impose au lecteur sans nécessiter une analyse approfondie. Il suscite chez le destinataire un sentiment (ex. : la pitié pour le registre pathétique), qui vaut certes en lui-même, mais qui est aussi un premier stade, intuitif, non théorisé, de l'**interprétation**. En effet,

---

1. Voir chapitre 8.

le registre fonctionne comme un encodage/décodage dans le texte : encodage que fait l'auteur d'une attitude existentielle face au réel, il agit *affectivement* sur le lecteur, le conduisant à un décodage qui lui donne accès à ce rapport spécifique à la réalité. Ainsi, le registre relève de la dimension pragmatique* de la littérature. C'est pourquoi l'interprétation proposée par le registre peut être acceptée ou non, notamment en raison de l'évolution des sensibilités littéraires : certains textes pathétiques larmoyants ont été perçus de manière comique (ex. : scènes de retrouvailles dans le mélodrame).

Le rôle du registre comme accès au sens est particulièrement visible dans le cas des textes **hermétiques**, au référent difficilement identifiable. Le passage de « Donnerbach Mühle » *(Fureur et mystère,* 1962) de René Char : « Tracée par le canon / – vivre, limite immense – /la maison dans la forêt s'est allumée : / Tonnerre, ruisseau, moulin », sans susciter une vision cohérente, évoque néanmoins, par le biais du registre tragique, un regard sur le monde hanté par la violence.

Peut-on concevoir un texte sans ce **repère sémantique*** qu'est le registre ? Une telle absence correspondrait, chez l'auteur, à un refus d'exprimer une attitude existentielle. *La Jalousie* (1957) de Robbe-Grillet constitue une expérience limite à cet égard : sa tonalité neutre, non identifiable, est à relier au statut ambigu du regard qui, dans le roman, guide la vision. L'écriture blanche de Camus et sa neutralité énonciative, qui cherche à supprimer toute axiologie*, joue également de cet effacement du registre.

3. REGISTRE, CONTENU, GENRE

Certains sujets appellent naturellement un registre donné (la mort, source de pathétique), mais peuvent aussi susciter un registre inattendu (la mort, vue sous un angle comique). L'esthétique classique prône la **concordance** entre sujet et registre : « Quels qu'ils soient, aux objets conformez votre ton » (Delille), concordance à mettre en rapport avec la constitution intertextuelle de *topoï** et de scènes-types articulés autour de modèles – voir la méditation élégiaque sur les ruines que l'on retrouve aussi bien dans les *Antiquités* (1558) de Du Bellay que dans l'*Itinéraire de Paris à Jérusalem* (1811) de Chateaubriand. À l'encontre de cette esthétique de la redondance peuvent être privilégiées des esthétiques de la rupture (les parodies des genres sérieux), de la variété (le drame romantique valorise le choc de registres contraires), voire, à l'époque moderne, de la surimpression et du brouillage des registres établis (ex. : le théâtre de Beckett).

> On peut isoler autour de la parodie un groupe de registres au mode de fonctionnement spécifique. À la différence du tragique ou du lyrique, qui se définissent en eux-mêmes, les registres burlesque et héroï-comique ne prennent leur sens que dans une optique intertextuelle. Ainsi *Le Lutrin* de Boileau (1683)

réactive le modèle épique de l'*Iliade*, mais sur un mode dégradé : « La Discorde triomphe et du combat fatal / Par un cri donne en l'air l'effroyable signal. / Chez le libraire absent tout entre, tout se mêle, / Les livres sur Évrard fondent comme la grêle ». Le décryptage du registre héroï-comique repose sur la perception du décalage entre le registre de langue (élevé) et le sujet (bas). Le burlesque associe au contraire registre de langue bas et sujet élevé. La perception des registres burlesque et l'héroï-comique reposent dès lors avant tout sur la culture littéraire du lecteur.

Le lien entre **genre** et **registre** est une donnée importante de **l'histoire littéraire**. On a pu définir le registre comme l'adhésion aux normes langagières d'un genre – et de fait il tire souvent son nom du genre où il se déploie massivement (épopée/épique, satire/satirique, comédie/comique), même si son champ d'exercice est assurément plus vaste. Ainsi, l'élégie est, en Grèce antique, un genre défini par ses contraintes formelles (le distique élégiaque : hexamètre/pentamètre), puis, cette contrainte disparaissant, le genre s'efface au profit du registre élégiaque (défini comme l'expression du sentiment amoureux sur le mode de la plainte), que l'on rencontre dans de nombreux genres. À l'inverse, dans le cas du pathétique, le registre, caractérisé par l'exacerbation de l'émotion, préexiste au genre : Diderot construit explicitement le drame autour de ce registre qui jusqu'alors ne se rattachait pas à un genre spécifique.

4. LECTURE : LE RENOUVELLEMENT DU REGISTRE ÉPIQUE

« Le premier rang, genou en terre, recevait les cuirassiers sur les baïonnettes, le second rang les fusillait ; derrière le second rang les canonniers chargeaient les pièces, le front du carré s'ouvrait, laissait passer une éruption de mitraille et se refermait. Les cuirassiers répondaient par l'écrasement. Leurs grands chevaux se cabraient, enjambaient les rangs, sautaient par-dessus les baïonnettes et tombaient, gigantesques, au milieu de ces quatre murs vivants. Les boulets faisaient des trouées dans les cuirassiers, les cuirassiers faisaient des brèches dans les carrés. Des files d'hommes disparaissaient broyées sous les chevaux. Les baïonnettes s'enfonçaient dans les ventres de ces centaures. De là une difformité de blessures qu'on n'a pas vue peut-être ailleurs. Les carrés, rongés par cette cavalerie forcenée, se rétrécissaient sans broncher. Inépuisables en mitraille, ils faisaient explosion au milieu des assaillants. La figure de ce combat était monstrueuse. Ces carrés n'étaient plus des bataillons, c'étaient des cratères ; ces cuirassiers n'étaient plus une cavalerie, c'était une tempête. Chaque carré était un volcan attaqué par un nuage ; la lave combattait la foudre. »

Victor Hugo, *Les Misérables* (1862),
Robert Laffont-Bouquins, 1985, p. 263.

Dans cette scène de bataille, Victor Hugo renouvelle le *registre* épique à partir d'un *sujet* historique (Waterloo) et au sein du *genre* romanesque. Ce registre est activé à la lecture par la reconnaissance de données intertextuelles (l'*Iliade*) et la production de sentiments (admiration, étonnement) face à une scène relevant d'un univers situé au-delà de l'humanité moyenne. La perception de ce registre peut être étayée par l'étude des procédés qui l'inscrivent dans le texte.

– Le **grandissement**. Il a pour effet de mythifier les personnages qui échappent à l'humain, et de souligner la démesure de la scène : cuirassiers transformés en « centaures », bataille « monstrueuse », chevaux « grands » et « gigantesques ». Voir aussi le rôle des hyperboles (« qu'on n'a pas vue peut-être ailleurs », « inépuisables en mitraille »).

– La **simplification**. Elle vise à effacer les combats individuels au profit d'un affrontement essentiel entre deux camps, voire deux symboles : emploi systématique des pluriels pour décrire la masse (« *les* cuirassiers », « *les* baïonnettes », « *les* ventres », « *des files* d'hommes ») ou des singuliers collectifs (« le premier rang », « le front du carré »), figures comme le chiasme (« les boulets… dans les carrés »), l'antithèse (ordre anglais *vs* tumulte français), le parallélisme (« Ces carrés n'étaient plus des bataillons, c'étaient des cratères ; ces cuirassiers n'étaient plus une cavalerie, c'était une tempête »).

– Le **vocabulaire** de la violence. Il exprime la démesure du combat, qui excède toute norme de représentation. Le dépassement de l'humain se traduit ici par le morcellement des corps, *topos* de l'épopée homérique (« écrasement », « trouées », « brèches », « broyées », « s'enfonçaient », « difformité », « rongés »).

– Les **métaphores*** cosmiques. Elles manifestent la transformation, par Hugo, des armées en forces naturelles. Préparée par l'image d'une « éruption de mitraille », la série de métaphores finales érige les deux camps français et anglais en deux principes, aérien (« tempête », « nuage », « foudre ») et tellurique (« cratère », « volcan », « lave »), offrant une vision qui cristallise dans une image frappante (« la lave combattait la foudre ») le caractère épique du passage.

Lectures conseillées

GAUDIN-BORDES L. & SALVAN G. (dir.), *Les Registres – Enjeux stylistiques et visées pragmatiques*, Bruylant-Academia, 2008.

GENETTE (Gérard), « Introduction à l'architexte » [1979], *in Théorie des genres*, Seuil, 1986, p. 89-159.

MOLINIÉ (Georges), *Éléments de stylistique française* [1986], PUF, 1997.

SOLER (Patrice), *Genres, formes, tons*, PUF, 2001.

CINQUIÈME PARTIE
GENRES

Penser en termes de **genres**, c'est-à-dire de **classes de discours***, c'est ordonner une production littéraire selon les notions de similitude et de différence. Si je suis fondé à rapprocher *Le Père Goriot* et *L'Éducation sentimentale*, c'est que ces ouvrages recèlent un certain nombre de points communs que ma lecture repère et identifie. Dans le même temps, je perçois que ce qui les unit les éloigne, par exemple, de *Lorenzaccio* ou des *Illuminations*. Insérer un texte isolé dans tel ou tel genre relève de l'architextualité[1]. Par ce jeu de similitudes et de différences, le texte se trouve en effet mis en relation avec l'ensemble de la littérature. Autant dire que l'appartenance à un genre peut témoigner de la valeur artistique d'une production discursive. Derrière toute réflexion sur les genres se profile ainsi une interrogation d'ordre essentialiste sur la « littérarité* », sur ce qui constitue le propre de la littérature.

C'est à *La République* de Platon et à *La Poétique* d'Aristote que nous devons les premières tentatives de classification générique. Aristote distingue ainsi les « espèces » de la poésie, soumises au principe primordial de la *mimèsis**. D'un côté, le *narratif*, où l'auteur parle en son nom propre ; de l'autre, le *dramatique*, où ce sont des personnages en action qui assument la représentation. Chacun de ces deux modes se subdivise à son tour, selon la nature des objets évoqués, en épopée et parodie pour le narratif, en tragédie et comédie pour le dramatique. Cette taxinomie aristotélicienne, déformée par un certain nombre de lectures imprécises, dont celle livrée par Horace dans son *Art poétique* (21 ou 23 av. J.-C.) que Boileau traduisit, enfanta la fameuse « triade » répartissant les productions littéraires dans trois catégories : le *lyrique*, le *dramatique* et l'*épique*[2]. Confortée par les Romantiques (les frères Schlegel, Goethe, Hugo…), cette tripartition est bien sûr à l'origine de nos genres majeurs : la poésie,

---
1. Voir chapitre 8, 1.3.
2. Sur une telle filiation problématique, se reporter à G. Genette, qui traite de cette « illusion rétrospective » dans « Introduction à l'architexte », *in Théorie des genres*, Seuil, 1986, p. 89-159.

le théâtre et le roman. L'essai et l'écriture de soi complètent le panorama de ce que le lecteur contemporain tend, presque intuitivement, à reconnaître comme typologie générique opératoire[1].

---

1. D. Combe propose ainsi une « petite typologie naïve » proche de la nôtre (fiction narrative, poésie, théâtre, essai) : *Les Genres littéraires*, Hachette, 1992, p. 14.

CHAPITRE 16
LE ROMAN

1. INDÉTERMINATION GÉNÉRIQUE
2. ROMAN ET RÉEL
3. MISES EN CAUSE MODERNES DU ROMAN
4. LECTURES

1. INDÉTERMINATION GÉNÉRIQUE

1.1 UN GENRE EN QUÊTE DE LETTRES DE NOBLESSE

Alors que le roman représente de nos jours une large majorité des productions littéraires, il a longtemps été le parent pauvre de la littérature. Jusqu'au XIXe siècle, la reconnaissance littéraire d'un auteur ne pouvait advenir que par la création dramatique ou poétique. Le genre romanesque était dédaigné, bien que ses origines remontent à l'Antiquité (le *Satiricon* de Pétrone) et au Moyen Âge (les romans de chevalerie de Chrétien de Troyes) – le terme de « roman » désigne une œuvre écrite en langue vulgaire, et non en latin.

Deux reproches majeurs ont été formulés à l'encontre du genre romanesque. Tout d'abord, sa propension à n'être qu'une **affabulation**, un tissu de faits invraisemblables trop éloignés de la réalité. L'ambivalence du terme « romanesque », qui qualifie à la fois une forme littéraire et une propension à la rêverie, est significative. L'**immoralité** du roman a aussi été condamnée : l'un de ses principaux thèmes étant l'amour (notamment illicite), ce genre montre une réalité basse alors que la littérature devrait élever les âmes – d'où la mise à l'index des œuvres romanesques par l'Église.

> Le roman entretient des liens étroits avec la **paralittérature** (la littérature de divertissement, sans légitimité littéraire). Au XIXe siècle, le roman populaire (Dumas, Sue, Ponson du Terrail) qui exploite les ressorts du suspens par la parution en feuilletons, ne vise pas à anoblir le genre romanesque, son but étant avant tout de divertir les lecteurs. Cependant, la frontière (culturelle, sociologique, esthétique) entre le roman populaire et le roman « académique » qui a sa place dans les anthologies de littérature

n'est pas toujours aisée à établir, les deux ayant recours à des procédés communs. De nos jours, le roman populaire comme tel n'existe plus vraiment, mais de nombreux sous-genres romanesques se sont développés : roman policier, roman de science-fiction, roman terrifiant. Certains, comme le roman policier, ont acquis une légitimité littéraire, et la technique narrative de Hammett trouve sa place dans les études sur le récit.

1.2 UN GENRE SANS CONTRAINTES GÉNÉRIQUES

Le rejet du roman est à relier à l'absence de **règles génériques spécifiques**, à son inexistence en tant que forme littéraire définie. En effet, aucune contrainte, de forme ou de contenu, ne vient encadrer la création romanesque : « Dans un roman frivole aisément tout s'excuse » (Boileau, *Art poétique*). Face à des formes littéraires dramatiques ou poétiques extrêmement codifiées (tragédie, sonnet), le roman ne peut fonder sa légitimité sur une structure établie. Mais cette absence de contrainte est aussi ce qui lui assure une **liberté**, comme le souligne M. Robert (1992, p. 15) :

« De la littérature, le roman fait rigoureusement ce qu'il veut : rien ne l'empêche d'utiliser à ses propres fins la description, la narration, le drame, l'essai, le commentaire, le monologue, le discours […] aucune prescription, aucune prohibition ne vient le limiter dans le choix d'un sujet, d'un décor, d'un temps, d'un espace ; le seul interdit auquel il se soumette en général, celui qui détermine sa vocation prosaïque, rien ne l'oblige à l'observer absolument, il peut s'il le juge à propos contenir des poèmes ou simplement être "poétique". »

En raison de cette capacité du roman à se nourrir d'autres genres, il a été qualifié de « super-genre ».

1.3 LA CRITIQUE FACE AU ROMAN

Longtemps le roman n'a guère attiré l'attention du critique : dédaigné par les traités de poétique, le roman n'était pas défini en tant que tel, mais par rapport à d'autres genres. Il a ainsi été qualifié d'**épopée en prose**, expression assignant « au roman une place modeste, le désignant comme un genre mineur à côté des genres élevés, et poétiques (versifiés), comme l'épopée et la tragédie » (A. Kibédi-Varga, 1982, p. 3).

Si la critique se penchait sur le roman, elle péchait par une tendance à ériger des lois et des modèles, alors que ce genre se caractérise par la multiplicité des formes. Maupassant dresse un constat qui fera date (*Le Roman*, 1888) :

« Le critique qui, après *Manon Lescaut, Don Quichotte, Les Liaisons dangereuses, Werther, Les Affinités électives, Clarisse Harlowe, Émile, Candide, Cinq-Mars, René, Les Trois Mousquetaires, Mauprat, Mademoiselle de Maupin, Notre-Dame de Paris, Salammbô, Madame Bovary, M. de Camors,*

L'Assommoir, Sapho, etc. ose encore écrire : « Ceci est un roman, et cela n'en est pas un » me paraît doué d'une perspicacité qui ressemble fort à de l'incompétence... »

Ces propos nient la pertinence de toute **critique normative** du roman. Pourtant, ce sont souvent les romanciers qui, en élaborant un projet romanesque, cherchent à fixer ce « genre littéraire qui a le plus grand besoin d'être situé, étant donné l'incertitude de son statut rhétorique » (H. Mitterand, 1980, p. 26). Le déploiement d'un discours dogmatique dans les préfaces de roman (ex. : l'« Avant-propos » à *La Comédie humaine* de Balzac) est à replacer dans cette perspective. Néanmoins, une description critique du roman a fini par voir le jour (voir les travaux d'Auerbach, de M. Robert, de Bakhtine, ainsi que les analyses sur le récit de G. Genette[1]).

LES GENRES NARRATIFS BREFS : LE CONTE ET LA NOUVELLE

Propp a analysé la morphologie du **conte**. En étudiant les contes russes, il en a dégagé une structure récurrente (cette analyse est à l'origine du structuralisme) : « Du point de vue morphologique, on appellera conte tout développement qui part d'une malfaisance ou d'un manque pour aboutir, après être passé par des fonctions intermédiaires, à des noces ou à d'autres fonctions utilisées comme dénouement. » Le conte a d'autres caractéristiques : absence de subjectivité énonciative (narrateur effacé) ; dimension pédagogique s'appuyant sur des symboles ; passé indéfini (« il était une fois ») qui précède la coupure de l'homme avec l'origine (ex. : les bêtes parlent) ; personnages peu caractérisés à portée emblématique. Il faut noter le lien entre le conte et le **merveilleux**. Celui-ci se caractérise par la non-pertinence du critère de vraisemblance : on accepte sans réticence la présence d'éléments irrationnels sans pour autant croire qu'ils correspondent à une réalité. Le merveilleux n'induit aucune inquiétude, constituant une agréable rupture avec la norme réaliste.

Remplaçant les formes médiévales (fabliau, lai), le *Decameron* (1351) de Boccace fournit le modèle européen de la **nouvelle** – de l'italien *novella*, « récit sur un événement présenté comme réel et récent ». La narration de la nouvelle se caractérise par le resserrement, essence même de ce genre selon Poe. Ce souci d'une narration efficace échappe à l'ambition de totalisation propre au roman : la nouvelle se définit en opposition au cycle romanesque (Balzac, Zola). L'exposition est limitée à l'essentiel, l'action se rassemble autour d'un événement simple, le récit se focalise sur des séquences clés. La brièveté permet une lecture ininterrompue qui accentue cette concentration. Surtout, la nouvelle se caractérise par un art de la pointe qui crée une déstabilisation du lecteur. La nouvelle n'est donc pas seulement un court roman, ce resserrement a sa poétique.

Voici d'autres caractéristiques de la nouvelle, notamment par rapport au conte : narration à la première personne ou focalisation lacunaire ; personnages individualisés ; conception du monde qui a perdu

---

1. Voir chapitres 9 et 10.

sa stabilité immémoriale. La nouvelle tisse des liens étroits avec le **fantastique** : « est proprement fantastique tout événement qui interdit de trancher entre une explication naturelle et une explication surnaturelle, maintenant le héros comme le lecteur dans l'incertitude » (Todorov, 1970). Le fantastique ne se confond donc pas avec l'affabulation des féeries, mais se caractérise par une intrusion brutale du mystère dans la vie réelle.

2. ROMAN ET RÉEL

2.1 LE RÉALISME DU ROMAN

Le fait que la création romanesque ne soit pas encadrée par des règles motive le lien de ce genre avec le **réalisme** : aucune contrainte formelle n'interdit au romancier de « coller à la réalité ». Surtout, le roman, pour se donner une légitimité, doit se détourner de l'affabulation et se consacrer à la peinture du réel. Ainsi, *Le Roman comique* (1657) de Scarron et *Le Roman bourgeois* (1666) de Furetière brisent-ils le modèle romanesque héroïque et précieux (ex. : *L'Astrée* d'Honoré d'Urfé), trop éloigné de la réalité. Ces romans ne mettent plus en scène un monde aristocratique ou pastoral, mais s'attachent à des personnages plus ordinaires (petite troupe de comédiens, bourgeoisie parisienne). La quête du réalisme se poursuit avec des œuvres comme *Manon Lescaut* de l'abbé Prévost (1731) : « Le roman français fut donc amené à s'éloigner de plus en plus du merveilleux, des aventures extraordinaires, des extravagances psychologiques, de l'héroïque, du gigantesque et du surhumain, qui semblaient jusque-là devoir faire partie intégrante du genre romanesque » (May, 1963, p. 47). Cependant, à cette époque les romans sont encore construits sur des coïncidences, des reconnaissances, des coups de théâtre.

Selon Erich Auerbach, le « réalisme moderne » naît en France au XIXe siècle, lorsque le roman met en scène un « **sérieux existentiel et tragique** » dans le quotidien, tandis que les « aspects quotidiens, pratiques, triviaux et laids » de la réalité étaient jusqu'alors traités de manière parodique par la littérature (Auerbach, 1968, p. 476). La bourgeoisie du *Roman bourgeois* est source de comique, alors que chez Balzac cette classe sociale peut être le support d'une intrigue dramatique. Ce nouveau regard porté sur la réalité de tous les jours a contribué à donner ses lettres de noblesse au genre romanesque. Ainsi Zola affirme-t-il que « la qualité maîtresse du romancier est le sens du réel » (1989, p. 36).

Mais la définition même du **réel** peut être sujette à controverses. Le dépassement du roman réaliste se fera notamment au nom d'une perception d'une autre réalité, plus essentielle. Proust refuse ainsi le réalisme « cinématographique » : « La littérature qui se contente de "décrire les choses", d'en donner seulement un misérable relevé de lignes et de surfaces, est celle qui, tout en s'appelant réaliste, est la plus éloignée de la réalité » (*Le Temps retrouvé*). Le réel, selon les auteurs et les époques, ce peut être la société, l'histoire, ou l'inconscient.

2.2 L'ILLUSION RÉFÉRENTIELLE

Le problème du réalisme est aussi celui de son énonciation : il s'agit de créer l'**illusion référentielle**, qui est confusion de la réalité et de sa représentation. Comment faire croire au lecteur que le roman dit le réel, voire *est* le réel ? À bien des égards, l'énonciation réaliste réactive la dialectique du **vrai** et du **vraisemblable** (*i. e.*, selon le père Rapin, « tout ce qui est conforme à l'opinion du public ») de l'esthétique classique. Le réalisme doit en effet rendre le vrai vraisemblable : « faire vrai consiste à donner l'illusion complète du vrai » (Maupassant, *Le Roman, op. cit.*). C'est pourquoi « ce n'est jamais le réel que l'on atteint dans un texte, mais […] une textualisation du réel » (Hamon, 1973, p. 129).

Tant que le genre romanesque est dénigré, le roman prétend toujours ne pas être un roman, mais un récit véridique : de là les stratagèmes fictionnels des manuscrits trouvés. Le romancier se présente en **éditeur de documents**. La structure d'*Adolphe* (1816) de Benjamin Constant est caractéristique : dans l'*incipit**, intitulé « avis de l'éditeur », le narrateur déclare s'être trouvé possesseur, par hasard, d'un « cahier contenant l'anecdote ou l'histoire qu'on va lire ». À la fin du roman, un bref échange épistolaire vient conforter l'hypothèse de l'édition. Une personne à qui l'éditeur a envoyé ce cahier affirme : « J'ai connu la plupart de ceux qui figurent dans cette histoire, car elle n'est que trop vraie […]. Vous devriez, monsieur, publier cette anecdote. » L'éditeur répond : « Je publierai le manuscrit […] comme une histoire assez vraie de la misère du cœur humain. » Cependant, par sa récurrence même, cette stratégie qui vise à accréditer la **véridicité du récit** est perçue comme un simple **procédé romanesque**, un « truc » de romancier, et ne saurait fonder une entreprise réaliste.

Même les grands romanciers du XIXe siècle rechignent à se reconnaître comme tels. Balzac s'érige en « historien des mœurs », Zola réclame une appellation plus scientifique que le terme de « roman » : « Ce mot entraîne une idée de conte, d'affabulation, de fantaisie, qui jure singulièrement avec les procès-verbaux que nous dressons. » Ces auteurs réalistes recourent à divers procédés pour accréditer leurs récits. Les **détails** (descriptifs ou narratifs), si nombreux dans les romans réalistes, ont un rôle important mis en évidence par Barthes : leur fonction serait de créer un « effet de réel », en convoquant « le "réel concret" (menus gestes, attitudes transitoires, objets insignifiants, paroles redondantes) » (1982, p. 86). Le mode de narration est lui aussi essentiel. Ainsi Balzac met-il en avant un **narrateur** au savoir illimité qui, prenant en charge de nombreuses explications, joue le rôle de **garant de la fiction**.

Flaubert et Zola, inversement, ont recours à un effacement de l'instance responsable de la **narration**. Les faits semblant se raconter d'eux-mêmes, ce procédé confère au récit la qualité même de la réalité, qui ne dépend d'aucune production littéraire. En revanche, dans *Le Temps retrouvé*, la revendication du narrateur proustien (« ce livre où il n'y a pas un seul fait qui ne soit fictif, où il n'y a pas un seul personnage "à clefs", où tout a été inventé par moi seul selon les besoins de ma démonstration ») montre que l'écriture romanesque, ayant acquis sa légitimité, peut s'assumer comme fiction.

> Comme l'a montré Mikhaïl Bakhtine, la représentation de la **parole** dans le roman a un statut aussi essentiel que spécifique, notamment parce que le discours* du personnage entre en interaction avec le discours du narrateur, interaction qui est source de polyphonie*[1] (1978, p. 152-153). « L'objet principal du genre romanesque qui le "spécifie", qui crée son originalité stylistique, c'est l'homme qui parle et sa parole […]. Dans le roman, l'homme qui parle et sa parole sont l'objet d'une représentation verbale et littéraire. Le discours du locuteur n'est pas seulement transmis ou reproduit, mais justement représenté avec art, et à la différence du drame, représenté par le discours même (de l'auteur). Mais le locuteur et son discours sont, en tant qu'objet du discours, un objet particulier : on ne peut parler du discours comme on parle d'autres objets de la parole : des objets inanimés, des phénomènes, des événements, etc. Le discours exige les procédés formels tout à fait particuliers de l'énoncé et de la représentation verbale. »

3. MISES EN CAUSE MODERNES DU ROMAN

Le roman, et notamment le roman réaliste du XIXe siècle, a suscité des critiques. Ainsi **André Breton** dénigre-t-il l'aspect scientifique du roman zolien, l'abus des descriptions, la psychologie des personnages qui laisse croire à leur liberté alors qu'ils ne sont que des marionnettes prises dans une suite de réussites et d'échecs calculée par l'auteur. Face au modèle réaliste, Breton fait l'éloge du merveilleux, seul « capable de féconder des œuvres ressortissant à un genre inférieur tel que le roman et d'une façon générale tout ce qui participe de l'anecdote » (*Manifeste du surréalisme*, p. 25). Une autre entreprise critique contre le roman a été menée par **Paul Valéry**. Celui-ci dénonce le caractère gratuit de notations réalistes telles que « la marquise sortit à cinq heures » (cette phrase est en fait citée par Breton dans son *Manifeste*), ainsi que la mystification romanesque qui transporte le lecteur hors de lui-même en lui faisant vivre des aventures *via* les personnages – la poésie, inversement, permettrait une concentration de l'être. Mais si la critique du réalisme a

---

1. Voir chapitre 5.

conduit Breton et Valéry à glorifier la poésie, elle incite plusieurs écrivains à repenser le roman.

Le **Nouveau Roman** est un mouvement littéraire qui naît dans les années 1950. Les « nouveaux romanciers » (Alain Robbe-Grillet, Michel Butor, Nathalie Sarraute, Claude Simon) n'ont jamais constitué une école au sens strict du terme, contrairement au surréalisme par exemple. Il n'y a pas de modèle unique du Nouveau Roman. S'il n'existe pas non plus de manifeste commun, certains de ces auteurs ont écrit des textes critiques pour justifier leurs points de vue : *L'Ère du soupçon* de Sarraute (1956), *Pour un Nouveau Roman* de Robbe-Grillet (1963). Cette disparité n'empêche pas que les nouveaux romanciers se retrouvent sur quelques points essentiels dans leur critique du roman réaliste.

Selon **Nathalie Sarraute,** il n'y a pas d'intrigue* qui pourrait rivaliser avec les récits des camps de concentration, et le lecteur en quête d'histoires se tourne vers le document vécu. Plus globalement, le Nouveau Roman, refusant de penser le temps comme déroulement linéaire, nie la notion même d'**intrigue**. Flaubert, avec son désir d'un « livre sur rien », a pu passer pour un précurseur de cette évolution. Le rejet de l'intrigue peut se traduire différemment : entrelacement confus du présent de l'écriture et du passé de l'histoire (*L'Emploi du temps* de Butor, 1956), développement de la description aux dépens de la narration (*La Jalousie* de Robbe-Grillet, 1957), ou, chez Simon, emploi récurrent du participe présent qui abolit les catégories du temps et de la personne et exclut la linéarité de l'intrigue. Cette déconstruction conduit à trouver d'autres principes d'organisation de l'œuvre qui souvent rapprochent le roman de la poésie (reprises de termes, variations sur un épisode obsédant).

Ces romanciers refusent la conception traditionnelle du personnage, « notion périmée » selon Robbe-Grillet. Sarraute fait le constat d'une évolution du personnage depuis le roman réaliste du XIXe siècle :

« [...] selon toute apparence, non seulement le romancier ne croit plus guère à ses personnages, mais le lecteur, de son côté, n'arrive plus à y croire. Aussi voit-on le personnage de roman, privé de ce double soutien, la foi en lui du romancier et du lecteur, qui le faisait tenir debout, solidement d'aplomb, portant sur ses larges épaules tout le poids de l'histoire, vaciller et se défaire.

Depuis les temps heureux d'*Eugénie Grandet* où, parvenu au faîte de sa puissance, il trônait entre le lecteur et le romancier, objet de leur ferveur commune, tels les Saints des tableaux primitifs entre les donateurs, il n'a cessé de perdre successivement tous ses attributs et prérogatives.

Il était très richement pourvu, comblé de biens de toute sorte, entouré de soins minutieux ; rien ne lui manquait, depuis les boucles d'argent de sa culotte jusqu'à la loupe veinée au bout de son nez. Il a, peu à peu, tout perdu : ses ancêtres, sa maison soigneusement bâtie, bourrée de la cave au grenier d'objets de toute espèce, jusqu'aux plus menus colifichets, ses propriétés et ses titres de rente, ses vêtements, son corps, son visage, et surtout, ce bien précieux entre tous, son caractère qui n'appartenait qu'à lui, et souvent jusqu'à son nom. »

Nathalie Sarraute, *L'Ère du soupçon*, Gallimard, 1956, p. 56.

« L'ère du soupçon », c'est l'incapacité qui touche le lecteur comme l'auteur à croire en un personnage traditionnel, tel que l'a institué Balzac. L'idée traditionnelle du personnage est liée à une vision caduque de la société et de l'homme. Inversement « l'ère du soupçon » correspond à une nouvelle conception de la vie, où l'inconscient et la richesse de la vie psychologique occupent le premier rang. Certes, le Nouveau Roman s'inscrit en ce sens dans la lignée de Proust et de Joyce, mais il déconstruit aussi la notion traditionnelle du personnage en la détachant de la carapace figée du **caractère** (moral) ou du **type** (social). Dépouillé de tous ses attributs « réalistes », le personnage du Nouveau Roman, dont le nom se réduit souvent à une initiale – cette conception doit beaucoup au K. des romans de Kafka – va jusqu'à s'affirmer comme être de papier (ex. : « Je suis en mots, je suis fait de mots » dans *L'Innommable* de Beckett, 1953). Cependant, en cherchant à approfondir les méandres de l'inconscient, le Nouveau Roman ne nie pas le réalisme, mais cherche à atteindre la « vraie réalité : « L'invention formelle dans le roman, bien loin de s'opposer au réalisme comme l'imagine trop souvent une critique à courte vue, est la condition *sine qua non* d'un réalisme plus poussé » (Butor, 1970, p. 11). La quête du réalisme passe toujours par la dénonciation du caractère conventionnel des modèles du passé.

> **Nouveau Roman et anti-roman.** La contestation de l'intrigue n'est pas chose nouvelle. Les romans de Sorel, Scarron, Furetière, parfois nommés « romans parodiques » ou « anti-romans », reposaient sur ce principe. Le terme même d'« anti-roman » vient du sous-titre du *Berger extravagant* (1627) de Sorel. Dans *Jacques le Fataliste* (1778) de Diderot figure le refus d'une intrigue linéaire et de personnages bien définis (le nom du maître de Jacques n'est pas révélé). Cependant, cette contestation de l'intrigue romanesque n'a pas la même portée puisqu'elle intervient avant que ne se constitue le modèle réaliste : elle vise avant tout à dénigrer les invraisemblances du roman héroïque.

4. LECTURES

4.1 LE RÉALISME BALZACIEN

« Au physique, Grandet était un homme de cinq pieds, trapu, carré, ayant des mollets de douze pouces de circonférence, des rotules noueuses et de larges épaules ; son visage était rond, tanné, marqué de petite vérole ; son menton était droit, ses lèvres n'offraient aucune sinuosité, et ses dents étaient blanches ; ses yeux avaient l'expression calme et dévoratrice que le peuple accorde au basilic ; son front, plein de rides transversales, ne manquait pas de protubérances significatives ; ses cheveux jaunâtres et grisonnants étaient blanc et or, disaient quelques jeunes gens qui ne connaissaient pas la gravité d'une plaisanterie faite sur M. Grandet. Son nez, gros par le bout, supportait une loupe veinée que le vulgaire disait, non sans raison, pleine de malice. Cette figure annonçait l'égoïsme d'un homme habitué à concentrer ses sentiments dans la jouissance de l'avarice et sur le seul être qui lui fût réellement de quelque chose, sa fille Eugénie, sa seule héritière. Attitude, manières, démarche, tout en lui, d'ailleurs, attestait cette croyance en soi que donne l'habitude d'avoir toujours réussi dans ses entreprises. Aussi, quoique de mœurs faciles et molles en apparence, M. Grandet avait-il un caractère de bronze. Toujours vêtu de la même manière, qui le voyait aujourd'hui le voyait tel qu'il était depuis 1791. Ses forts souliers se nouaient avec des cordons de cuir ; il portait en tout temps des bas de laine drapés, une culotte courte de gros drap marron à boucles d'argent, un gilet de velours à raies alternativement jaunes et puces, boutonné carrément, un large habit marron à grands pans, une cravate noire et un chapeau de quaker. Ses gants, aussi solides que ceux des gendarmes, lui duraient vingt mois, et pour les conserver propres, il posait sur le bord de son chapeau à la même place, par un geste méthodique. Saumur ne savait rien de plus sur ce personnage. »

BALZAC, *Eugénie Grandet* (1833), Flammarion-GF, 2000, p. 67-68.

Le portrait du père Grandet, type de l'avare, est caractéristique du *topos** du personnage réaliste tel que Balzac contribue à le créer[1].

– Le **personnage** comme objet d'étude. Le narrateur balzacien fait une description minutieuse de son personnage, traité comme un objet d'étude. Le personnage n'est pas en mouvement, ni inscrit dans une situation romanesque particulière, et le narrateur peut le manier à son aise : le mouvement de la description suit une logique ascendante, le corps étant saisi des mollets à la tête, la tête du menton aux cheveux, le vêtement des chaussures au chapeau. Le caractère scientifique du portrait est renforcé par les termes employés (« cinq pieds », « douze pouces de circonférence »).

– Un **corps sémiotique***. Le trait physique, signe en attente d'interprétation, permet de révéler un trait moral : tout est explicable, tout est relié. Ainsi les protubé-

---

[1]. Voir Sarraute citée ci-dessus, qui fait explicitement référence à ce passage.

rances sont-elles « significatives ». Le corps, les habits de Grandet reflètent son avarice (ex. : « forts souliers », « gros drap marron »). La constitution du type se fait notamment au moyen de détails indiciels. La logique ascendante de la description est brisée par un retour sur le nez, et plus précisément sur la « loupe » (justement dans un effet de loupe). Or cette loupe se révélera essentielle dans le roman, car elle trahit les sentiments de Grandet, pourtant impénétrable. De la même façon, le détail des gants vient briser le mouvement ascendant pour attirer l'attention du lecteur sur le caractère avare et maniaque de Grandet. Seul le narrateur* balzacien peut interpréter correctement les signes*. Certes, les personnages (« quelques jeunes gens », « le vulgaire ») connaissent l'avarice de Grandet, mais ils s'arrêtent à la malice de Grandet sans voir sa dureté. Derrière les « mœurs faciles et molles en apparence », le narrateur décèle la réalité, un « caractère de bronze ».

– Une **dramatisation du portrait**. Si tout est dit d'emblée dans une description scientifique, où se situera l'intérêt du roman ? Une dramatisation est nécessaire, afin de dynamiser la lecture. Le narrateur tarde à donner son interprétation, avant de livrer les clés de la psychologie de Grandet en une phrase : l'égoïsme et l'avarice, mais aussi l'amour pour sa fille. Le drame naîtra quand ces sentiments entreront en conflit. La dernière phrase relance l'intérêt du lecteur en promettant des révélations futures : ce portrait, quoique minutieux, ne dit pas tout sur Grandet.

4.2 *INCIPIT** D'UN NOUVEAU ROMAN

« Vous avez mis le pied gauche sur la rainure de cuivre, et de votre épaule droite vous essayez en vain de pousser un peu plus le panneau coulissant.

Vous vous introduisez par l'étroite ouverture en vous frottant contre ses bords, puis, votre valise couverte de granuleux cuir sombre couleur d'épaisse bouteille, votre valise assez petite d'homme habitué aux longs voyages, vous l'arrachez par sa poignée collante, avec vos doigts qui se sont échauffés, si peu lourde qu'elle soit, de l'avoir portée jusqu'ici, vous la soulevez et vous sentez vos muscles et vos tendons se dessiner non seulement dans vos phalanges, dans votre paume, votre poignet et votre bras, mais dans votre épaule aussi, dans toute la moitié du dos et dans vos vertèbres depuis votre cou jusqu'aux reins.

Non, ce n'est pas seulement l'heure, à peine matinale, qui est responsable de cette faiblesse inhabituelle, c'est déjà l'âge qui cherche à vous convaincre de sa domination sur le corps, et pourtant, vous venez seulement d'atteindre les quarante-cinq ans.

Michel BUTOR, *La Modification*, Minuit, 1957, p. 7.

La Modification raconte le trajet d'un personnage en train de Paris à Rome qui se révèle être un parcours avant tout psychologique. L'*incipit*, qui décrit l'arrivée du personnage dans le compartiment, assume sa fonction de contrat de lecture en proposant un modèle de narration* en rupture avec le roman traditionnel. En effet, le « vous » s'oppose aux pronoms personnels consacrés, « il » ou « je ». Ce **pronom inattendu**, premier terme provocant du roman, manifeste clairement une volonté de rupture. Ce changement du mode de désignation suscite chez le lecteur une surprise, le dérangeant dans son mode de lecture habituel, suscitant une interrogation sur les valeurs et les fonctions de ce « vous », et ce d'autant plus que cette seconde personne sature véritablement le discours (voir la répétition des déterminants possessifs « vos », « votre »).

Le « vous » ne paraît pas recouvrir une **signification univoque**. Ce pronom suppose un « je », l'autre personne de l'interlocution, qui lui parle. Or ce « je » n'apparaît pas et reste dans l'ombre, dans le roman comme dans l'*incipit*. Est-ce le personnage qui s'adresse ainsi lui-même la parole, renouvelant le procédé du monologue intérieur ? Cependant, le choix du pronom de politesse reste inexpliqué. Ce peut être aussi le narrateur qui interpelle son personnage au moyen du « vous ». Mais l'usage de ce pronom assigne au narrateur* une place ambiguë, à côté du personnage, et donc au sein de la fiction. De plus, le « vous », à travers le personnage, interpelle le lecteur. C'est en effet le **lecteur** qui est visé par le mouvement même de réflexion suscité par ce « vous » inattendu : ce pronom permet de matérialiser au sein du texte un processus propre au roman, qui est la participation du lecteur dans la création du personnage. Enfin, alors que le « il », pronom du récit, renvoie à une stabilité du personnage, le « vous » fortement ancré dans la situation d'énonciation et associé aux temps du discours (présent, passé composé), donne l'impression d'un personnage mouvant et changeant, en perpétuel devenir, ce qui correspond au projet romanesque de *La Modification*.

Lectures conseillées

AUERBACH (Erich), *Mimésis. La Représentation de la réalité dans la littérature occidentale* [1946], Gallimard, 1968.

BAKHTINE (Mikhaïl), *Esthétique et théorie du roman* [1975], Gallimard, 1978.

BARTHES (Roland), « L'effet de réel » [1968], in *Littérature et réalité*, Seuil, 1982, p. 81-90.

BUTOR (Michel), *Essais sur le roman* [1964], Gallimard, 1970.

COULET (Henri), *Le Roman jusqu'à la Révolution*, Armand Colin, 1967.

HAMON (Philippe), « Un discours contraint » [1973], in *Littérature et réalité*, Seuil, p. 119-181.

KIBEDI-VARGA (Aron), « Le roman est un anti-roman », *Littérature*, n° 48, Paris, 1982, p. 3-20.

KUNDERA (Milan), *L'Art du roman*, Gallimard, 1986.

LUKACS (Georges), *La Théorie du roman* [1920], Denoël-Gonthier, 1963.

MAUPASSANT (Guy de), *Le Roman* [1888], *in* MAUPASSANT, *Pierre et Jean*, Le Livre de Poche, 1984, p. 13-33.
MAY (Georges), *Le Dilemme du roman au XVIIIe siècle*, PUF, 1963.
MITTERAND (Henri), *Le Discours du roman*, PUF, 1980 ; *Le Roman à l'œuvre. Genèse et valeurs*, PUF, 1998.
PROPP (Vladimir), *Morphologie du conte* [1928], Gallimard, 1970.
ROBBE-GRILLET (Alain), *Pour un Nouveau Roman*, Paris, Minuit, 1963.
ROBERT (Marthe), *Roman des origines et origines du roman* [1972], Gallimard, 1992.
SARRAUTE (Nathalie), *L'Ère du soupçon*, Gallimard, 1956.
ZOLA (Émile), *Du roman* [1880], Bruxelles, Éditions Complexes, 1989.

CHAPITRE 17
LE THÉÂTRE

1. HISTOIRE D'UN GENRE
2. UN ESPACE PARADOXAL
3. UN ART DU DIALOGUE
4. LECTURES

1. HISTOIRE D'UN GENRE

Le théâtre français puise ses racines dans l'Antiquité, grecque en particulier, qui fournit à la scène des structures, des formes, des mythes fondateurs ainsi que des réflexions théoriques, comme *La Poétique* d'**Aristote**. On distingue deux grands genres, tragique et comique. La tragédie grecque est « imitation d'une action grave et complète », aux styles, sujets et personnages nobles, et vise à exciter « la pitié et la terreur ». Cette *catharsis*, purgation des passions, permet de célébrer l'union de la Cité autour de ses valeurs fondatrices et de ramener les spectateurs « à un état modéré et conforme à la raison » (*La Poétique*, VI). Les grands auteurs tragiques grecs, Eschyle (*Les Perses, Prométhée enchaîné*), Sophocle (*Antigone, Œdipe*) et Euripide (*Médée, Andromaque*) mettent en scène des héros en proie à la fatalité, dans l'exercice de leur volonté, dans l'excès de leurs passions. Ces grands mythes vont nourrir la tradition théâtrale, du classicisme aux transpositions contemporaines des grands mythes antiques (*Antigone* d'Anouilh, *Les Mouches* de Sartre, inspirées de *L'Orestie* d'Eschyle). Quant à la comédie antique grecque – de *comos*, procession burlesque en l'honneur de Dionysos, dieu de l'ivresse –, ses thèmes sont plus « bas », tels *Les Nuées* d'Aristophane ou *Le Misanthrope* de Ménandre, comédie d'intrigue et de caractère.

Le **théâtre latin** est, quant à lui, doublement influencé par les *saturnæ* étrusques (mélange de danse et de mime) et la scène grecque. Les acteurs sont uniquement des esclaves masculins, ils ne portent pas de masques ou de cothurnes comme les comédiens grecs, mais des perruques. On retrouve chez les Latins la bipartition tragédie (Sénèque, *Phèdre, Médée*) /comédie (Plaute, qui inspirera Molière).

L'ANALYSE LITTÉRAIRE
LE THÉÂTRE

Le **théâtre médiéval** se démarque de cette tradition antique, même s'il conserve la distinction d'un genre « haut », sacré (les mystères) et d'un genre amusant, de foire (les farces). Joués sur le parvis des cathédrales, écrits en français, les mystères sont représentés à des fins édifiantes. Puis, au **XVIᵉ siècle**, même si le théâtre semble faire pâle figure face au genre dominant qu'est la poésie, Garnier (*Les Juives*) ou Jodelle (*Cléopâtre captive*) renouent avec la tragédie. C'est aussi le moment où le théâtre se professionnalise, les troupes se constituent, les salles spécialisées apparaissent. À la transition du XVIᵉ et du XVIIᵉ siècle, le **théâtre baroque**, ou grand théâtre du monde, celui de Shakespeare et Calderon, mais aussi celui de Rotrou ou de Corneille (*L'Illusion comique*, 1636), joue d'une inversion de l'illusion : la vie est un songe, le monde un théâtre, la mise en abyme de la représentation permettant d'approcher la vérité à travers le mensonge.

Le **XVIIᵉ siècle** est évidemment l'âge d'or du théâtre français. Molière donne ses lettres de noblesse à la comédie, tandis que Corneille et Racine s'illustrent dans la tragédie. Quant à *L'Art poétique* de Boileau (1674), il offre la synthèse des valeurs classiques, codifie les genres, les hiérarchise, plaçant au sommet de cette pyramide la tragédie (avec ses règles des trois unités, son exigence de vraisemblance et ses convenances), le poème épique, et dans une moindre mesure, la comédie. Le théâtre trouve, à travers Boileau, influencé davantage par Horace que par Aristote, une dimension morale : la scène « mêl[e] l'agréable à l'utile, sachant à la fois charmer le lecteur et l'instruire », la tragédie permet la purification des passions, la comédie celle des mœurs par le rire (*castigat ridendo mores*).

Le **siècle des Lumières** n'abandonne pas le théâtre au profit de la philosophie, même si Rousseau condamne violemment son immoralité dans la *Lettre à d'Alembert sur les spectacles* (1758). La tragédie classique survit, sous la plume d'un Voltaire par exemple (*Zaïre*, 1732), estimant davantage ses pièces que ses contes qu'il juge des « rogatons », et le théâtre s'affirme comme un espace social, dans lequel on se rend pour voir et être vu. De fait, le théâtre va subir une première révolution durant ce siècle des contestations : avec Marivaux (*Le Jeu de l'amour et du hasard*, 1730) et Beaumarchais (*Le Mariage de Figaro*, 1784), la comédie, sous des apparences de gaieté, de légèreté et de fantaisie, dénonce les injustices sociales, renverse les hiérarchies et tend vers la critique ou la satire. Quant à la tragédie, elle laisse place au drame bourgeois, défini par Diderot, dans les *Entretiens sur le fils naturel* (1757) ou le *Discours sur la poésie dramatique* (1756). Renonçant aux règles et convenances classiques, les dramaturges ne doivent plus mettre sur la scène « les caractères [...] mais les conditions », c'est-à-dire consacrer leurs écrits à des situations réalistes, proches du public bourgeois, à des intrigues reposant sur des conflits familiaux.

Après 1789, la vogue du théâtre ne cesse de grandir. Les acteurs, longtemps mis au ban de la société et excommuniés par l'Église, sont admirés et reconnus (Talma, Rachel, Sarah Bernhardt à la fin du siècle) ; le **mélodrame** entraîne un public populaire, amateur d'émotions fortes et d'intrigues simples, vers les théâtres du Boulevard du Crime. Doublement influencé par le drame bourgeois et le mélodrame, mais aussi par Shakespeare, le **drame romantique** va naître, principalement autour de la bataille d'*Hernani* reportée par Hugo et ses disciples (1830). Hugo, dans la *Préface de Cromwell* (1827), conteste l'héritage classique, renonce aux conventions et « unités [qui] mutilent les hommes et font grimacer l'histoire », mêle les genres (tragique et comique) comme les tons (sublime et grotesque) en un genre « total », démesuré : le drame, mettant en scène des personnages à l'héroïsme paradoxal, proche de la folie et trouvant une assomption dans la crise et l'échec, à l'image du *Lorenzaccio* de Musset. L'échec des *Burgraves* de Hugo (1843) signe la fin du drame qui a marqué tout le premier XIXe siècle. Dans la seconde partie du siècle coexistent la **comédie de boulevard** et le **vaudeville** (Labiche, Feydeau, Courteline), le **théâtre naturaliste** (théorisé par Zola) ou **symboliste** (Claudel).

Le **XXe siècle** voit la survivance d'un théâtre conventionnel (le théâtre de boulevard d'un Guitry) avant de connaître la montée en puissance des **metteurs en scène** qui font eux-mêmes œuvre (Pitoëff, Dullin, Jouvet) et d'un théâtre engagé, interrogeant la responsabilité de l'homme, sa liberté (Anouilh, Giraudoux). Le théâtre s'affirme de nouveau comme un espace militant, le lieu des grandes questions politiques comme métaphysiques (Sartre, Camus). Dans les années 1950, le **théâtre de l'absurde** (ou théâtre de dérision) se joue des conventions théâtrales, exhibe ses ficelles, met en question le sens du langage : *La Cantatrice chauve* (1950), « anti-pièce » de Ionesco, comme *En attendant Godot* de Beckett (1952) révolutionnent l'intrigue, la psychologie des personnages et le langage dramatique. Ionesco l'affirme dans *Les Victimes du devoir* (1953), « plus de drame ni de tragédie ; le tragique se fait comique, *le comique est tragique* » : en effet tout est absurde. Dans les expériences du Living Theater, le texte peut même disparaître, au profit du geste et du mouvement, de l'improvisation des acteurs. Le théâtre de Genet, de Koltès, ou, ces dernières décennies, de Valère Novarina et Olivier Py, retrouve une dimension plus politique, tout en poursuivant la quête immuable du théâtre sur ses formes, son langage et ses conventions.

2. UN ESPACE PARADOXAL
2.1 SPÉCIFICITÉS THÉÂTRALES

La spécificité première du texte théâtral est d'être destiné à la **représentation**, joué face à un public présent dans la salle, assistant à des dialogues, des actions. Spectacle concret, aux personnages incarnés par des acteurs, toute pièce est écrite non pour être lue mais pour être jouée : son essence tient en deux étymologies, *drama* (action) et *theatron* (lieu où l'on voit). Musset viendra rompre avec ce critère définitionnel, en élaborant un *Théâtre dans un fauteuil*, après l'échec cuisant de *La Nuit vénitienne*, en 1830. Mais, même si le lecteur peut voir *Lorenzaccio* (1834) « sans quitter son fauteuil », le texte, dans sa mise en pages, n'en exhibe pas moins sa **théâtralité**, par la distribution des rôles et les changements d'énonciation. Toute pièce éditée, qu'elle soit ou non destinée à la scène, garde une typographie spécifique.

De plus, l'action théâtrale est particulière en ce qu'elle est concrète. Le texte s'énonce dans un contact vivant avec le **public**, suscitant une émotion directe (silence, rires, larmes, applaudissements). Si tout texte littéraire donne lieu à une visualisation mentale de la part des lecteurs, au théâtre, le texte *est* spectacle : Aristote analyse cette co-présence du verbal et du spectaculaire, montrant que l'*opsis* (réalisation scénique) est une des six composantes nécessaires à la tragédie[1], d'autant plus importante qu'elle soutient l'efficacité de la *mimèsis*, le spectacle ayant sur la poésie l'avantage d'imiter des actions par des actions. Ce qui explique la part prépondérante donnée, depuis l'Antiquité, aux effets visuels et sonores de la représentation. Ainsi, même lorsqu'on lit une pièce de théâtre, pour le plaisir ou l'étude, il faut garder en mémoire que ce texte porte en lui-même une finalité qui se situe, en partie, *hors* de lui.

Autre particularité du théâtre, sa **dimension collective**, sociale, politique. D'origine religieuse, le théâtre est né en particulier des fêtes données en l'honneur de Dionysos, vers 550 av. J.-C. Dans l'Antiquité grecque comme au Moyen Âge, il est lié au sacré. Et, même devenu profane, le théâtre conserve cette dimension de fête collective, de miroir d'une société, d'une histoire. Que ce soit par sa mise en scène de la vie individuelle ou sociale, par sa fonction de tribune idéologique et politique, par le rituel social que représente le fait « d'aller au spectacle », le théâtre renvoie l'image d'une société dans ses représentations culturelles, religieuses comme historiques ou politiques. En somme l'histoire du théâtre, jusque dans ses batailles contre les traditions, dans ses héritages, dans son discours constant sur ses pratiques, est porteuse d'une mémoire sociale comme littéraire.

2.2 « LE THÉÂTRE, C'EST D'ÊTRE RÉEL DANS L'IRRÉEL » (GIRAUDOUX, *L'IMPROMPTU DE PARIS*)

Travaillé par cette tension texte/représentation, *opsis vs mimèsis*, le théâtre est l'espace d'une illusion, spatiale comme temporelle, se donnant pour la réalité. Comme l'écrit Victor Hugo, « le théâtre n'est pas le pays du réel ; il y a des arbres de carton,

---

[1]. Avec l'histoire (*muthos*), les caractères (*éthê*), l'expression (*lexis*), la pensée (*dianoïa*) et le chant (*mélopoïa*).

des palais de toile, un ciel de haillons, des diamants de verre […]. C'est le pays du vrai : il y a des cœurs humains sur la scène, des cœurs humains dans la coulisse, des cœurs humains dans la salle ». En effet, le théâtre est le domaine de l'**illusion**, d'un jeu de convention. Des masques et cothurnes du théâtre antique aux personnages absurdes du théâtre de dérision, le théâtre exhibe, tout au long de son histoire, que si les personnages des pièces sont incarnés, ils restent des acteurs, costumés et jouant un rôle. Ni tout à fait être humain, ni tout à fait être fictif, le personnage symbolise ce procédé d'identification. Le renversement opère à chaque lever de rideau. Le théâtre baroque de Shakespeare, Calderon ou Rotrou illustre de même que la scène est un miroir déformant du monde.

Et si le **théâtre dans le théâtre** pousse à sa limite ce rapport réel/irréel, scène/illusion, il est le fait de toute *représentation*. Des trois unités classiques (temps, lieu, action), donnant à la représentation des bornes vraisemblables, à la volonté de totalité du drame romantique, impliquant une expansion de la durée de l'action comme une diversification des lieux, tout reste une convention : le spectateur de *Lucrèce Borgia* n'est pas plus à Venise ou Ferrare que celui du *Cid* à Séville… Le théâtre est mise en scène du réel. Lorsque Victor Hugo donne au drame romantique l'ambition prométhéenne d'être « la poésie complète » et de pouvoir tout représenter, il ne peut cependant montrer simultanément, sur scène, Cromwell dans l'exercice de son pouvoir et les conjurés dans l'ombre. Les actes, les scènes et les dialogues se succèdent, le spectateur n'assiste qu'à une partie de l'action : le théâtre est simplification du réel, même lorsqu'il se veut réaliste, voire naturaliste. Les décors signent, par ailleurs, ce processus de représentation qui est aussi stylisation du réel : du lieu neutre des classiques (palais de *Britannicus* ou *Polyeucte*, antichambre, cabinet de *Bérénice*) aux décors plus fouillés des mélodrames ou du théâtre romantique, la scène reste un décor, une image du réel. Seule change la convention : la scène classique est nue, rien ne vient distraire du verbe, la révolution romantique venant donner aux lieux et aux objets une importance dramaturgique capitale (escalier de *Chatterton*, « croisée par laquelle sortit Charles Ier pour aller à l'échafaud » de *Cromwell*). Ainsi la convention permet l'illusion théâtrale, les dramaturges contemporains accentuant ce recours à l'artifice, en faisant même l'armature de leurs pièces. Dès la première journée du *Soulier de satin* de Claudel, l'Annoncier demande aux spectateurs de fixer leurs « yeux sur ce point de l'océan Atlantique qui est à quelques degrés au-dessous de la Ligne à égale distance de l'Ancien et du Nouveau Continent ». Puis il les invite à se représenter « l'épave d'un navire démâté qui flotte au gré des courants », et, « au tronçon du grand mât », un père jésuite, attaché, grand et maigre, à la soutane déchirée. Il s'apprête à parler. « Écoutez bien, ne toussez pas et essayez de comprendre un peu. » Les anachronismes des pièces d'Anouilh ou Giraudoux (*Électre, La guerre de Troie n'aura pas lieu*) interprétant librement les grands mythes antiques et mettant en scène des personnages qui tricotent, fument des cigarettes ou portent des montres, accusent l'invraisemblance et illustrent que, comme tout art, le théâtre est distance, écart par rapport au réel, il est une manière, par la convention, l'illusion ou l'arbitraire, de rendre le réel signifiant.

3. UN ART DU DIALOGUE

La **parole*** est la structure* fondamentale du théâtre, comme le montre la mise en pages particulière de ces textes, organisant une répartition des discours*. Dans la tragédie antique comme classique, le Verbe concentre même l'ensemble de l'**action** : tout est dit, raconté, énoncé. Le théâtre romantique conserve cette structure ordonnée, même lorsque le personnage touche aux limites de la folie et de la dépersonnalisation, comme Lorenzo de Médicis chez Musset. Aux monologues (comme en IV, 9) d'accueillir et limiter cette parole déstructurée. Dans le théâtre de l'absurde, dans les conversations délirantes ou stéréotypées chez Ionesco (« les roses de ma grand-mère sont aussi jaunes que mon grand-père qui était asiatique », *La Leçon*, 1953), dans les logorrhées ou les silences des personnages de Beckett (« les mots vous lâchent, il est des moments où même eux vous lâchent », *Oh les beaux jours*, 1963), les dialogues, même disloqués, perdurent, ils transforment la dynamique traditionnelle de l'intrigue en longue et creuse attente, mais, tout, jusqu'aux onomatopées ou aux cris des pièces les plus avant-gardistes, reste un dialogue de la scène avec la salle. Des trois coups aux applaudissements, en passant par les rires ou peurs que peuvent susciter les péripéties ou coups de théâtre, toute pièce est un dialogue, celui d'un dramaturge avec un public. Même lorsqu'il s'agit, comme Ionesco a pu l'affirmer dans son *Journal en miettes* (1967), de dire qu'aujourd'hui « on ne veut plus comprendre, on ne veut plus se faire comprendre », ni « s'écouter », ni « s'entendre », ce drame de l'incommunicabilité passe par le dialogue d'une scène et d'une salle. Dans toutes ses dimensions, pédagogiques, politiques, divertissantes, le théâtre est voué à autrui.

3.1 LA DOUBLE ÉNONCIATION

Toute pièce a un **double destinataire** : le spectateur n'est jamais totalement ignoré du dialogue des personnages. Lorsqu'un personnage s'exprime en aparté, il s'adresse de fait au **public**. De même, le monologue est certes un moment de ressaisissement ou de doute du héros, mais il a lieu face au public, dans une intimité et une solitude paradoxales, prouvant la force de la convention dans la représentation scénique, tout comme d'ailleurs les scènes d'exposition, informant le public de l'action et des intrigues. Nombre de situations (personnage caché dans une armoire ou sous un fauteuil), de dialogues (monologues, apartés, quiproquos) ne prennent sens que par la présence du public. Le théâtre de Marivaux, dans ses échanges d'identités, repose tout entier sur la connivence avec le public, seul maître des doubles sens. Dans *L'Avare* de Molière, et son fameux monologue de la cassette (IV, 7), Harpagon s'adresse directement au public de la salle. Cas particulier, le théâtre de Guignol sollicite constamment la participation des spectateurs et intègre leurs réactions dans la pièce.

Par ailleurs, le langage au théâtre n'est pas que celui des dialogues : tout, des mouvements sur scène aux costumes, des lumières aux accessoires, est discours, représentation, adresse au public. En somme, plusieurs énonciations coexistent, le théâtre pouvant même être défini comme un art de la **polyphonie***, puisque les discours, comme les sens, se diffractent en plusieurs modes d'expression comme en diverses énonciations.

3.2 DIALOGUE DE LA SCÈNE ET DE LA SALLE

Ce dialogue de la scène et de la salle a bien entendu été théorisé à tous les âges du théâtre. Sans même envisager les grandes théories, d'Aristote à Hugo, en passant par Boileau, force est de constater que presque toutes les pièces de théâtre sont précédées d'une **préface**, analyse de la réception espérée par le dramaturge, de la visée morale de sa pièce ou commentaire *a posteriori* de la première représentation.

Dès Aristote et sa *Poétique* sont envisagés les rapports de la scène et du public : si la tragédie est composée dans le but de donner du « plaisir », elle doit aussi avoir une visée plus noble, celle de « purger et tempérer » les passions des spectateurs, dans ce qu'elles ont « d'excessif et de vicieux ». Le théâtre classique, à travers son idéal du *placere et docere*, vise à une action morale de la représentation. Racine justifie ainsi, dans sa préface, le caractère scandaleux de *Phèdre* (1677) : « ni tout à fait coupable, ni tout à fait innocente », elle est un personnage propre à « exciter la compassion et la terreur ». À travers la punition des fautes, Racine dit mettre au jour « la vertu », dénoncer le « désordre » des passions et la « difformité » des vices. Quant à Molière, il fonde la portée morale de ses comédies dans une aptitude à corriger les ridicules des mœurs par le rire. Les drames bourgeois comme romantiques trouveront ensuite dans le pathétique ou l'identification aux enfants du siècle le vecteur d'une action sur le public par la représentation. Tout théâtre vise ainsi une action discursive, théorisée au XXe siècle par Antonin Artaud, expliquant, dans le second manifeste du *Théâtre de la cruauté* (1933), le besoin d'émotions fortes du public par la quête d'un « état poétique », un « état transcendant de vie ». Brecht, lui, se démarque, dans son *Petit Organon pour le théâtre* (1948) de pièces reposant sur l'identification : le *Verfremdungseffekt*, effet de distanciation, devant permettre, par une série de procédés (pancartes...) de ménager l'esprit critique du public, pour conserver toute son efficacité au message politique et idéologique du dramaturge. Mais, que l'effet recherché soit la distanciation ou l'identification, le théâtre reste tribune, adresse à un public. La représentation est aussi discours, des enjeux idéologiques, au sens le plus large du terme, doublent les enjeux proprement dramatiques.

3.3 DIALOGUE DU TEXTE ET DE LA MISE EN SCÈNE

Le metteur en scène apparaît dans le premier XIXe siècle. Hugo est ainsi à la fois dramaturge et metteur en scène de ses pièces, comme l'illustrent les didascalies qui envahissent ses pièces. Adresses directes (« on doit supposer, durant toutes les scènes qui suivent, qu'il y a assez d'espace entre les deux groupes de conjurés, pour que ce qui se dit dans l'un ne soit pas nécessairement entendu par l'autre », *Cromwell*, I, 6), prise en compte des lumières, des déplacements des acteurs, du ton, des costumes, des accessoires, tout se combine pour rendre la mise en scène explicite. Jean Genet dicte lui aussi le sens de son œuvre au metteur en scène et aux acteurs. *Comment jouer* Les Bonnes (1947) précède la pièce, et des notes en bas de page, au sein même du texte, énoncent les conditions de sa représentation : « Les metteurs en scène doivent s'appliquer à mettre au point une déambulation qui ne sera pas laissée au hasard : les Bonnes et Madame se rendent d'un point à un autre de la scène, en dessinant une géométrie qui ait un sens. » En effet, une **mise en scène** peut être, au-delà même d'un sens donné à l'œuvre ou d'une lecture, une création, **une œuvre en soi**. La vision d'un Patrice Chéreau ou d'un Georges Lavaudant peuvent totalement transformer une pièce. Lorsque ce dernier met en scène *Lorenzaccio* à la Comédie Française (1988), faisant retentir un tube de Mickaël Jackson lors d'une entrée en scène d'Alexandre de Médicis, ou distribuant au même acteur les rôles d'Alexandre et de Côme, c'est une interprétation de l'Histoire comme cycle et permanence qui s'écrit à travers ces choix.

Ainsi le théâtre ne peut se définir que dans cette **polysémie paradoxale** (à la fois texte *et* spectacle vivant), dans ce balancement presque contradictoire entre l'éphémère (le temps de la représentation, toujours unique) et le permanent (le temps figé de l'écrit), dans cette rencontre des acteurs et d'un public, la réception des uns influant sur le jeu des autres, dans ce jeu de comédiens, fait de répétition et d'improvisation, signe même du théâtre, genre de la variation. Art des tensions, le théâtre puise dans ces entre-deux son inépuisable richesse. Genre de la contrainte comme de la liberté, il est par essence un espace paradoxal.

L'ANALYSE LITTÉRAIRE
LE THÉÂTRE

4. LECTURES
4.1 MONOLOGUE ET REPRÉSENTATION

« […] (*Il s'assied sur un banc.*) Est-il rien de plus bizarre que ma destinée ? Fils de je ne sais pas qui, volé par des bandits, élevé dans leurs mœurs, je m'en dégoûte et veux courir une carrière honnête : et partout je suis repoussé ! J'apprends la chimie, la pharmacie, la chirurgie, et tout le crédit d'un grand seigneur peut à peine me mettre à la main une lancette vétérinaire ! – Las d'attrister des bêtes malades, et pour faire un métier contraire, je me jette à corps perdu dans le théâtre : me fussé-je mis une pierre au cou ! Je broche une comédie dans les mœurs du sérail. Auteur espagnol, je crois pouvoir y fronder Mahomet sans scrupule : à l'instant un envoyé… de je ne sais où se plaint que j'offense dans mes vers la Sublime Porte, la Perse, une partie de la presqu'île de l'Inde, toute l'Égypte, les royaumes de Barca, de Tripoli, de Tunis, d'Alger et de Maroc : et voilà ma comédie flambée, pour plaire aux princes mahométans, dont pas un, je crois, ne sait lire, et qui nous meurtrissent l'omoplate, en nous disant : *chiens de chrétiens !* – Ne pouvant avilir l'esprit, on se venge en le maltraitant. – Mes joues creusaient, mon terme était échu : je voyais de loin arriver l'affreux recors[1], la plume fichée dans sa perruque : en frémissant je m'évertue. Il s'élève une question sur la nature des richesses ; et, comme il n'est pas nécessaire de tenir les choses pour en raisonner, n'ayant pas un sol, j'écris sur la valeur de l'argent et sur son produit net sitôt je vois du fond d'un fiacre baisser pour moi le pont d'un château fort, à l'entrée duquel je laissai l'espérance et la liberté. (*Il se lève.*) »

BEAUMARCHAIS, *Le Mariage de Figaro* (1784), acte V, scène 3 (extrait), Gallimard-Folio, 1999, p. 206-208.

Le **monologue** de Figaro est connu pour être un des plus longs du théâtre français. Mais il est aussi un morceau de bravoure en raison de sa proximité avec une narration romanesque : Figaro, seul, malheureux car il croit que sa future femme a donné rendez-vous au comte Almaviva, se replie sur lui-même et livre une réflexion sur sa destinée baroque, « bizarre ». Autre trait qui singularise ce monologue, en particulier dans notre extrait, le théâtre parle ici de lui-même. Figaro se met en scène en tant qu'auteur de « comédie », évoque le problème de la censure mais aussi des droits d'auteur, autant de questions pour lesquelles Beaumarchais a combattu et qui ont valu à l'auteur de voir sa pièce, écrite en 1778, représentée pour la première fois en avril 1784. Ainsi ce monologue tire aussi sa force de sa véhémence, de sa portée sociale et idéologique, de sa gravité inattendue dans une comédie.

– **Dramaturgie de la parole.** Par ailleurs, ce monologue confère une dimension unique à Figaro qui, de simple personnage théâtral, va devenir un véritable mythe, doté d'une épaisseur romanesque. Il s'agit en effet d'une réelle révolution

---

1. Assistant d'un huissier lors des contraintes par corps.

dans la conception du héros théâtral : Figaro n'est pas ici mis en scène dans la position classique du héros sûr de lui ou luttant contre ses dilemmes intérieurs. Les **didascalies** spatiales qui encadrent notre extrait le décrivent assis, position symbolique de la situation fâcheuse dans laquelle se trouve Figaro à la fin de la pièce, puisqu'il se croit trompé par Suzanne. Mais, comme il le déclarait déjà dans *Le Barbier de Séville* (I, 2), Figaro se « presse de rire de tout, de peur d'être obligé d'en pleurer ». Son rire, dans ce monologue, sera celui de la satire sociale, menée sous une forme presque **dialogique*** (interrogatives, exclamatives), jouant de **registres** variés, pour mieux animer la réflexion du héros sur sa place dans le monde. Si le monologue théâtral est traditionnellement un espace où le héros peut « se dire », dans ses doutes, ses excès ou ses passions, ici il ne s'agit pas pour Figaro de se livrer à une introspection mais de dire sa vie, d'extérioriser son parcours. Roturier, soumis aux aléas de fortune, Figaro accuse son maître de ne s'être que « donné la peine de naître » avant de décrire dans le détail sa vie d'aventurier, en un roman de formation miniature. Figaro voit les accidents du hasard devenir un destin, comme le montre l'ironique litanie des métiers et ses rimes en [i]. Le rythme, le style haché, l'accumulation de malheurs jusqu'à l'acmé de la Bastille donnent l'impression que Figaro ne pourra jamais rattraper son destin. Pris dans une condition, Figaro devient un **symbole pré-révolutionnaire**, en lutte pour survivre, modèle de probité dans un monde corrompu. Il tente de parvenir par le savoir, l'écriture, mais reste toujours en marge. Chaque espoir, dans la vie de Figaro, est suivi d'une chute, selon la loi des destinées picaresques.

Réalisme ? Figaro est aussi un **personnage particulier** parce que son auteur se projette en lui. Décrivant les mystifications des auteurs de son siècle pour échapper à la censure (*auteur espagnol, dans les mœurs du sérail*), Beaumarchais joue d'un registre tragi-comique, entre amertume et gaieté : mieux vaut mourir qu'écrire du théâtre… L'ironie est omniprésente, le dramaturge se moquant tant de ses propres écrits « brochés[1] » que d'une censure analphabète. Au rire succède la sentence : « Ne pouvant avilir l'esprit on se venge en le maltraitant. » Figaro, qui rit de ses malheurs, les voit pourtant s'inscrire sur son corps : « Mes joues creusaient. » Comme le neveu de Rameau, personnage de Diderot, Figaro vit, au sens propre « à corps perdu ». Mais Figaro s'*évertue*, verbe d'action, il renaît par l'ironie puisque, pour sortir de ses difficultés financières, il donne un essai sur l'argent ! Ce nouvel élan vital échoue, Figaro se retrouve à la Bastille. Mais la didascalie finale de notre extrait vient nier cette chute qui semblerait définitive : Figaro *se lève*, mouvement

---

1. *Brocher* est un terme d'édition : les ouvrages brochés sont plus légers et moins sérieux que les ouvrages reliés. Beaumarchais joue de la polysémie du verbe, ici synonyme de *bâcler*.

symbolique tant de son aptitude à toujours rebondir que de sa voix contestataire et revendicatrice.

En somme, ce monologue est à proprement parler une **révolution**, tant idéologique que théâtrale. Résumé haletant d'une vie baroque, prise de position sociale, il présente un héros nouveau, un roturier mis au centre de la scène, un héraut politique. Le monologue se fait récit et satire, annonçant tant 1789 que les années 1830, celles du drame romantique dans lequel Hugo clamera que « la liberté littéraire est fille de la liberté politique ».

4.2 LE THÉÂTRE DANS LE ROMAN

« Mon plaisir s'accrut encore quand je commençai à distinguer derrière ce rideau baissé des bruits confus comme on en entend sous la coquille d'un œuf quand le poussin va sortir, qui bientôt grandirent, et tout à coup, de ce monde impénétrable à notre regard, mais qui nous voyait du sien, s'adressèrent indubitablement à nous sous la forme impérieuse de trois coups aussi émouvants que des signaux venus de la planète Mars. Et – ce rideau une fois levé – quand sur la scène une table à écrire et une cheminée assez ordinaires, d'ailleurs, signifièrent que les personnages qui allaient entrer seraient, non pas des acteurs venus pour réciter comme j'en avais vu une fois en soirée, mais des hommes en train de vivre chez eux un jour de leur vie dans laquelle je pénétrais par effraction sans qu'ils puissent me voir, mon plaisir continua de durer ; il fut interrompu par une courte inquiétude : juste comme je dressais l'oreille avant que commençât la pièce, deux hommes entrèrent par la scène, bien en colère, puisqu'ils parlaient assez fort pour que dans cette salle où il y avait plus de mille personnes on distinguât toutes leurs paroles, tandis que dans un petit café on est obligé de demander au garçon ce que disent deux individus qui se collettent ; mais dans le même instant, étonné de voir que le public les entendait sans protester, submergé qu'il était par un unanime silence sur lequel vint bientôt clapoter un rire ici, un autre là, je compris que ces insolents étaient des acteurs et que la petite pièce, dite lever de rideau, venait de commencer. »

Marcel PROUST, *À l'ombre des jeunes filles en fleurs* (1918),
Flammarion-GF, 1987 (2 vol.), t. I, p. 103-104.

Cet extrait a pour objet la **fascination qu'exerce le théâtre** sur le jeune narrateur de *La Recherche*, enfin autorisé par ses parents à aller voir La Berma jouer *Phèdre*. Mais la rencontre tant différée avec « l'objet inconcevable et unique de tant de milliers de mes rêves » sera une suite de déceptions et de désillusions. Première surprise, entrant dans la salle de spectacle, accompagné de sa grand-mère, le narrateur naïf se rend compte qu'il n'y a qu'une scène, « contrairement à ce que m'avaient représenté mes imaginations enfantines » et que pourtant tout spectateur « se sent le centre du théâtre ».

– **Troubles**. Centré sur le *plaisir*, mot inaugural de notre extrait, ce texte retranscrit la découverte par un enfant de l'univers codé de la représentation théâtrale, en un registre qui mêle mélancolie et ironie. Lieu par excellence de l'illusion, le théâtre l'est plus encore ici, sous le regard d'un narrateur qui ne comprend rien à ce qui se passe et tente d'analyser des éléments disparates pour accéder à la compréhension. Le plaisir confus naît d'abord d'une **accumulation de sensations** auditives (*bruits confus, entend, trois coups*) et visuelles (*distinguer, regard, voyait*). Le théâtre est mystère, confusion des sens (*confus, impénétrable*), entre offrande (*s'adressèrent indubitablement à nous*) et opacité (*rideau baissé*). Paradoxalement, à mesure que des éléments proprement théâtraux apparaissent, c'est l'**incompréhension** qui s'accroît (*s'accrut, grandirent*). Le désir est tel qu'il devient trouble et brouille la perception, comme le montrent les deux comparaisons particulièrement incongrues et ironiques (*comme on en entend sous la coquille d'un œuf, des signaux venus de la planète Mars*) par lesquelles le narrateur adulte se moque *a posteriori* de ses naïvetés enfantines.

– **Temps et espace**. Et en effet, tout se brouille : le « je » englobé dans un « nous » rassurant (*notre regard, nous voyait, à nous*), la salle confondue avec la scène, le voir absorbé par l'ouïe. Même si la représentation théâtrale se déroule dans sa **chronologie** (*le rideau baissé, les trois coups, le rideau levé, les rires, la pièce de lever de rideau*), tout est noyé dans un flot d'impressions subjectives et faussées. Appariant deux regards, Proust donne à son lecteur des éléments de compréhension qui échappent à son personnage. Pourtant ce dernier, se référant à une expérience antérieure, croit décrypter le spectacle, comme le montre l'emploi du verbe « signifier » mais tout est de nouveau confondu (les acteurs seraient des hommes montés comme « par effraction » sur la scène). L'illusion n'est donc plus sur scène mais dans la salle, Proust inverse avec ironie et délices l'ordre du théâtre, à travers le regard de son personnage, confondant réalité et fiction et trouvant cependant un réel plaisir dans cette illusion des sens (*mon plaisir continua de durer*). Peu à peu le narrateur mesure cependant une certaine incongruité dans la situation (ces hommes parlent *fort*, le public écoute puis rit), *comprend* et rapporte enfin le terme technique qu'il connaissait (*la petite pièce, dite lever de rideau*) à une pratique théâtrale.

En somme, cet extrait déploie un état de conscience, détaille chaque élément d'une perception candide et joue de la découverte d'un univers codé. L'affabulation du narrateur, certes risible, source du plaisir du lecteur cette fois, retrouve cependant l'essence du spectacle, qui, par la magie de l'illusion théâtrale, nous transporte en un ailleurs qui devient l'unique réalité pendant toute la durée de la représentation.

Lectures conseillées

ARISTOTE, *La Poétique*, Le Livre de Poche, 1990.

ARTAUD (Antonin), *Le Théâtre et son double* [1933], Gallimard, 1964.

DIDEROT (Denis), *Le Neveu de Rameau*, Flammarion-GF, 1983, *Paradoxe sur le comédien*, Flammarion-GF, 1981.

DUMUR (Guy), éd., *Histoire des spectacles*, Gallimard-La Pléiade, 1965.

DUVIGNAUD (Jean), *Le Théâtre et après*, Casterman, 1971.

GOUHIER (Henri), *Le Théâtre et l'Existence*, Vrin, 1987.

HUGO (Victor), *Préface de Cromwell* ; *William Shakespeare*, in HUGO, *Œuvres complètes. Critique*, Laffont-Bouquins, 1985.

IONESCO (Eugène), *Notes et contre-notes*, Gallimard, 1966.

JOMARON (Jacqueline), éd., *Le Théâtre en France*, Armand Colin, 1989.

LARTHOMAS (Pierre), *Le Langage dramatique*, PUF, 1980.

ROUSSEAU (Jean-Jacques), *Lettre à M. d'Alembert sur les spectacles*, Flammarion-GF, 2001.

SCHERER (Jacques), *La Dramaturgie classique en France*, Nizet, 1950.

UBERSFELD (Anne), *Lire le théâtre I, II, III*, Belin, 1996.

CHAPITRE 18
LA POÉSIE

1. POÉSIE ET INSPIRATION
2. HISTOIRE D'UN GENRE
3. « VAPEURS, NI VERS NI PROSE » (XAVIER FORNERET, 1838)
4. COMPOSANTES POÉTIQUES
5. LECTURES

1. POÉSIE ET INSPIRATION

De par sa seule étymologie – *poiein, faire* (au sens de *créer*) –, la poésie est la **création** par excellence. Art lié à la musique, souffle divin inspiré aux hommes par les muses[1], chanteuses divines, filles de Zeus et de Mnémosyne (la mémoire), la poésie est pour l'Antiquité non *un* genre précis, mais *le* genre le plus noble, lié à l'ensemble des domaines de l'art (tragédie, comédie, danse) et même de la pensée. Le terme allemand de *Dichtung* conserve cette indétermination, qui n'est pas une imprécision mais le signe d'une poésie source de toute création. Cependant, la poésie antique est classée en trois grandes « catégories » : la **poésie dramatique** (appelée aujourd'hui théâtre), la **poésie épique** et la **poésie lyrique**. Mais quelle que soit sa forme, elle est un acte d'allégeance du créateur à sa muse, comme le montre l'adresse initiale d'Homère dans l'*Odyssée* : « C'est l'homme aux mille tours, Muse, qu'il me faut dire [...]. Viens, ô fille de Zeus, nous dire, à nous aussi, quelques-uns de ses exploits. » La poésie *procède* de l'**inspiration** à laquelle le poète est soumis. Ainsi Platon, dans *Ion*, nie la *technè* (l'art, la technique) au profit de l'inspiration, de la suggestion divine : les « beaux poèmes ne sont ni humains ni faits par des hommes, mais divins et faits par des dieux [...]. Les poètes ne sont que les interprètes des dieux, puisqu'ils sont possédés, quel que soit le dieu particulier qui les possède ». Les Grecs distinguent en effet trois « possessions » qui vont nourrir la tradition occidentale de l'inspiration :

---

[1]. Celles-ci sont au nombre de neuf : Calliope (poésie épique), Clio (histoire), Polymnie (pantomime, poésie lyrique), Euterpe (musique), Terpsichore (danse), Erato (élégie), Melpomène (tragédie), Thalie (comédie) et Uranie (astronomie).

– La **poésie orphique**, chant lyrique du désespoir, se nourrit du regret et du souvenir, du temps qui passe, de solitude et de malédiction. Des *Regrets* de Du Bellay (« Je me plains à mes vers si j'ai quelque regret ; / Je me ris avec eux, je leur dis mon secret, / Comme étant de mon cœur les plus sûrs secrétaires ») aux deuils de Bonnefoy, en passant par le spleen baudelairien, la poésie est ce chant des « sanglots » :

> « Rien ne nous rend si grands qu'une grande douleur. […]
> Les plus désespérés sont les chants les plus beaux,
> Et j'en sais d'immortels qui sont de purs sanglots. »
>
> Alfred DE MUSSET, *La Nuit de mai.*

– La **poésie dionysiaque** est, quant à elle, inspirée par l'ivresse, les paradis artificiels, comme dans *Les Fleurs du mal* (1857) de Baudelaire ou le fameux « Il faut être toujours ivre. Tout est là : c'est l'unique question. […] De vin, de poésie ou de vertu, à votre guise. Mais enivrez-vous » du *Spleen de Paris* (1869) mais aussi *Alcools* d'Apollinaire (1913), ou, avant lui « Mauvais sang » de Rimbaud (« Faim, soif, cris, danse, danse, danse, danse ! », *Une saison en enfer*, 1873).

– La **poésie apollinienne**, enfin, poésie pure, se donne pour quête le mystère du monde et du langage, l'ordre caché des choses, le déchiffrement, l'énigme. Tout est signe, la poésie se doit de dire la matière et de la transformer en verbe. Les *Pièces* de Ponge (1962) comme, plus tôt, *Les Chimères* de Nerval (1853) ou les *Charmes* de Paul Valéry (1922) disent l'inépuisable mystère, « À la matière même un verbe est attaché… » (Nerval, *Vers dorés*).

Ces trois traditions se mêlent, tout au long de l'histoire de la poésie, comme dans tout recueil, chaque poète luttant avec l'inspiration et définissant, dans chacune de ses pièces, un rapport au monde, à soi, au langage.

2. HISTOIRE D'UN GENRE

Pour Aristote, dans sa *Poétique*, comme pour l'Antiquité, la poésie rejoint donc toute forme de création littéraire : les œuvres épiques d'Homère ou dramatiques de Sophocle, versifiées, sont de la poésie.

Au **Moyen Âge**, la poésie est le fait des trouvères[1], qui, tels les aèdes grecs, chantent les hauts faits de héros et exaltent les valeurs guerrières ou les amours chevaleresques, comme dans la légende de Tristan et Yseult. Les textes, soumis au chant et à l'oralité, évoluent au gré des versions, la poésie se fait peu à peu roman : ainsi l'épopée poétique

---

[1]. En langue oïl, ou troubadours, en langue oc.

de Chrétien de Troyes (*Lancelot*, 1170 et *Perceval*, 1175) devient épopée en prose, au xve siècle, chez Malory (*La Mort d'Arthur*). Parallèlement, des formes se fixent, le lai, le rondeau, la ballade, chez Villon. Du Moyen Âge à la **Renaissance** s'opèrent en effet de profondes transformations : l'**alexandrin**, utilisé dès le xiie siècle, supplante peu à peu le décasyllabe en tant que vers noble, le **sonnet**, hérité de Pétrarque, est introduit en France, la poésie n'est plus seulement destinée au chant mais à la lecture, les poètes, liés à leurs mécènes, se sédentarisent. Les poètes de la Pléiade luttent pour une Renaissance de l'Antiquité (contre la tradition médiévale) tout en imposant la *Défense et illustration de la langue française* (Du Bellay, 1549). Les Arts poétiques fleurissent durant toute la Renaissance, commentant les préceptes d'Horace et de Cicéron. Entre imitation et innutrition, la poésie s'engage dans les guerres religieuses du temps (A. d'Aubigné, *Les Tragiques*), réfléchit au lien de la littérature et du pouvoir, élargit le champ de son inspiration, des *Amours* (Ronsard) aux engagements poétiques et politiques. Avant la rigueur classique, la poésie baroque, perle irrégulière selon son étymologie, dit la fluidité du monde, le vacillement des valeurs, l'incertitude du signe, *memento mori* (« Souviens-toi que tu vas mourir ») ou conscience tragique de la condition humaine.

Le XVIIe **siècle** se veut celui de l'harmonie et de l'équilibre mesuré. Dans son *Art poétique* (1674), Boileau s'exclame :

> « Enfin Malherbe vint, et, le premier en France,
> Fit sentir dans les vers une juste cadence,
> D'un mot mis en sa place enseigna le pouvoir,
> Et réduisit la muse aux règles du devoir. »

Ressaisissement tant des errances baroques que des raffinements précieux, le classicisme fixe règles, convenances et bienséances, des formes comme du vocabulaire. La poésie est avant tout un « bien dire » : « Ce que l'on conçoit bien s'énonce clairement, / Et les mots pour le dire arrivent aisément » (Boileau). C'est au cours de ce siècle également que le terme de *poésie* voit son usage se restreindre dans la langue française pour désigner les seuls textes en vers.

Le XVIIIe **siècle** abandonne la poésie aux jeux galants et badinages de salon. Mais les conceptions théoriques se renouvellent : Diderot, sans écrire lui-même de textes versifiés, affirme la prépondérance de l'enthousiasme, ébranlement de l'esprit, et les notions classiques du beau et de l'harmonie se voient contestées au profit du sublime par les recherches esthétiques (abbé du Bos, Burke, Kant, Diderot). Chénier sert de transition avec le XIXe **siècle**, à tort considéré comme l'âge d'or du seul roman. Lamartine, Hugo, Musset font de la poésie l'instrument d'une interrogation sur soi, sur le monde et sur le mystère de la création. Le poète, mage, prophète, est un guide. Thèmes et vocabulaire poétiques sont profondément transformés par la révolution romantique, comme le clame Hugo dans *Les Contemplations* (« Réponse à un acte d'accusation ») :

> « Et sur les bataillons d'alexandrins carrés,
> Je fis souffler un vent révolutionnaire.
> Je mis un bonnet rouge au vieux dictionnaire.
> Plus de smot sénateur ! Plus de mot roturier ! »

Le vers libéré des contraintes classiques s'ouvre dès lors à toutes les **expérimentations** et **explorations**, de la dernière partie du siècle aux créations plus contemporaines : correspondances (Baudelaire), art pur (les Parnassiens), délire des sens, mystères de l'inconscient (Nerval, surréalistes), exploration du **langage*** et de ses limites (Mallarmé, Valéry). Niant jusqu'à sa forme versifiée, avec le **poème en prose** (Aloysius Bertrand, Baudelaire), la poésie se fait voyance, comme l'exprimait déjà Rimbaud, en 1871, dans sa *Lettre à Paul Demeny* :

> « Voici de la prose sur l'avenir de la poésie [...]. Je dis qu'il faut être *voyant*, se faire *voyant*. Le Poète se fait *voyant* par un long, immense et raisonné *dérèglement de tous les sens*. Toutes les formes d'amour, de souffrance, de folie ; il cherche lui-même, il épuise en lui tous les poisons, pour n'en garder que les quintessences. Ineffable torture où il a besoin de toute la foi, de toute la force surhumaine, où il devient entre tous le grand malade, le grand criminel, le grand maudit, – et le suprême Savant ! – Car il arrive à l'*inconnu* ! »

De l'Antiquité aux recherches les plus contemporaines, le poète est bien cet alchimiste du verbe, savant et fou, et pour paraphraser Rimbaud, inventeur d'inconnu réclamant des formes nouvelles.

3. « VAPEURS, NI VERS NI PROSE » (XAVIER FORNERET, 1838)

Recouvrant toute forme de création littéraire dans l'Antiquité, le terme de *poésie* est aujourd'hui encore **polysémique**, désignant à la fois un objet (le poème), une technique (la composition de poèmes), une émotion (ce qui charme l'esprit), voire une catégorie esthétique, et non plus générique (*le poétique*). La poésie échappe même à des critères strictement formels, puisque la structure versifiée, régulière ou libre[1], a été

---

1. L'invention du vers libre se situe autour de 1870, de « Marine » et « Mouvement », *Illuminations* rimbaldiennes. Il s'agit de vers de rythme variable, conservant cependant la disposition en « lignes ».

mise à mal depuis près de deux siècles, les artistes ayant « jeté le vers noble aux chiens noirs de la prose » (Hugo). Prose et poésie s'apparient dans les poèmes en prose, mais aussi dans le théâtre ou le roman poétiques, que l'on pense à *Ondine* de Giraudoux (1939), *Le Grand Meaulnes* d'Alain-Fournier (1913), *Un balcon en forêt* (1958) de Julien Gracq, ou même *Les Misérables* de Hugo (1862), « vrai poème » selon Rimbaud. À l'inverse, Supervielle, Cendrars ou Saint-John Perse pratiquent une poésie narrative. Dans *Le Roman inachevé* d'Aragon (1956), les pièces successives composent autant de « chapitres » d'un unique poème. Quant au *Tournesol* d'André Breton (*Clair de terre*, 1923), il s'agit d'un véritable récit initiatique.

De même, les **genres poétiques** ne sont plus des modes de reconnaissance simples, peu de poètes publient aujourd'hui des recueils de sonnets[1], d'odes ou d'élégies. Les sujets ou les registres ne sont pas plus des critères définitionnels : vouée à la célébration de l'amour, du deuil, du monde comme du langage, la poésie peut être également morale, philosophique, politique. Pratiquée par les philosophes (Voltaire) comme par les résistants (Aragon), elle se plie à la satire, à la polémique, à l'ironie. Mais elle peut aussi être ludique, ce qui ne nuit pas à sa portée esthétique, avec les cadavres exquis des surréalistes ou les expérimentations de l'Oulipo[2], ou, bien avant, avec les jeux badins et galants des poètes de la Renaissance (Marot). De plus, tout objet peut devenir poétique, comme l'ont montré les romantiques, Baudelaire célébrant la ville, la charogne et la laideur *(Les Fleurs du mal)*, Claudel chantant le porc (*Connaissance de l'Est*, 1900-1907) ou Ponge l'huître, le cageot et le galet (*Le Parti pris des choses*, 1942).

Si les critères formels ou thématiques disparaissent, d'autres peuvent s'y substituer, comme le rythme, le travail sur les ressources du langage et surtout l'image. Par ailleurs, la poésie repose sur un pacte de lecture particulier, elle est par excellence « **œuvre ouverte** », puisqu'une partie de son sens lui est donnée par son lecteur. Elle rejoint, plus que toute autre forme littéraire, la **fonction poétique** du langage*, telle que Jakobson a pu la définir dans ses *Essais de linguistique générale* (1963), elle est un énoncé centré sur la forme du message et non pas seulement sur son sens. Elle est donc un « mode de communication » particulier, intransitif (se prenant lui-même pour valeur), puisque, comme l'écrit Pierre Reverdy dans la revue *Nord-Sud* en octobre 1917, justifiant la suppression de la ponctuation comme les dispositions typographiques nouvelles : « Chaque œuvre porte, liées à sa forme spéciale, les indications utiles à l'esprit du lecteur. » Sans doute est-ce là le seul critère formel de la poésie

---

1. J. Roubaud ou P.-J. Jouve l'ont fait. Pour une analyse technique du sonnet, voir chapitre 1 (5.2. lecture du *Tombeau de Charles Baudelaire* de Mallarmé).
2. « L'Ouvroir de Littérature Potentielle », né en 1960, autour de Queneau, Roubaud, Perec, est un laboratoire d'expériences poétiques autour de contraintes formelles ; voir chapitre 8 (2.3).

que l'on peut, aujourd'hui encore, considérer comme pertinent : toute œuvre poétique forme système, définissant, dans son écriture même, son langage comme sa réception. Tout poème peut ainsi être lu comme un *Art poétique*.

4. COMPOSANTES POÉTIQUES

4.1 « DE LA MUSIQUE AVANT TOUTE CHOSE » (VERLAINE)

Lié dès l'Antiquité au chant et à la musique, le fait poétique se manifeste dans une **tension** entre des **structures sémantiques** et des **structures rythmiques et sonores**. À la fois célébré et nié, le fameux « aboli bibelot d'inanité sonore » de Mallarmé dit la vacuité de l'objet tant par les mots que par les sons. Ainsi, composé de vers réguliers ou libres, en prose, ou même totalement libéré de toute syntaxe, tout poème se distingue de l'emploi courant du langage, du mécanisme de la parole, car il lui superpose des répétitions, des **isotopies* sonores** (assonances, allitérations, harmonies imitatives), un usage particulier des mots. Paul Valéry, dans *Variété* (1924), souligne ainsi « l'indissolubilité du son et du sens ». Dans les textes versifiés, le mètre (alexandrin, décasyllabe…), les effets de coupes, d'enjambement, de rimes (plates, croisées, embrassées), les structures strophiques, l'alternance de rimes masculines et féminines, les accents sont une systématisation de cette recherche d'un rythme, d'une musique. Cette quête peut aller jusqu'à la suppression totale de la ponctuation, comme dans *Alcools* d'Apollinaire, afin de laisser tout son souffle au vers, ou la volonté de rivaliser avec le silence, par des blancs, une disposition typographique « trouée » comme dans les œuvres, contemporaines, d'André du Bouchet, inspirées de la quête mallarméenne de l'absolu, au risque de l'impuissance et de la disparition du langage.

En somme, le poète est une sorte de musicien, usant du langage comme d'un instrument. D'ailleurs une pièce poétique, au sens de morceau musical, s'écoute, afin de jouer des diérèses et synérèses, de moduler les accents, entendre les harmonies imitatives, portées par les assonances et allitérations. Mais elle se lit également, du fait des rimes pour l'œil, des répartitions strophiques, de l'agencement des mots et des espaces sur la page. Partagé entre l'écrit et l'oral, entre ses recherches visuelles et sonores, le poème suggère toujours une autre lecture, comme le soulignait Mallarmé dans sa préface à *Un coup de dés jamais n'abolira le hasard* (1897), fondant la nouveauté de son poème dans « un espacement de la lecture » et « une mobilité de l'écrit ». Musique et tableau, le poème joue de la diction comme de la typographie du texte, comme dans les *Calligrammes* d'Apollinaire (1918), poussant à son paroxysme la vocation du texte poétique à l'image.

4.2 LE POÈME, ALPHABET D'IMAGES :
« A NOIR, E BLANC, I ROUGE, U VERT, O BLEU : VOYELLES »
(RIMBAUD)

Pierre Reverdy analyse l'**image poétique** comme le « rapprochement de deux réalités plus ou moins éloignées » fixant une loi à ce surgissement : « Plus les rapports des deux réalités rapprochées seront lointains et justes, plus l'image sera forte – plus elle aura de puissance émotive et de réalité poétique » (*Nord-Sud*, mars 1918). L'image, à entendre ici au sens de figure[1], est à la fois *mimèsis**, représentation du réel, et effet sensible, fondant sa nouveauté comme son expressivité sur un écart entre l'évidence et l'inattendu. Comme l'écrit Gérard Genette (1966), elle est « comme une deuxième langue à l'intérieur de la première ».

L'éclosion de l'image, sorte d'acte de naissance du poème, est objet d'analyse, depuis l'Antiquité, deux traditions s'opposant, comme l'a montré Paul Valéry : celle de l'**inspiration** et celle du **travail**. Souffle divin, surgissement tout à la fois « spontané » et « despotique », selon les termes baudelairiens, l'inspiration est, en particulier, la règle des surréalistes, cultivant le dérèglement des sens, les télescopages fortuits de termes, « l'étincelle » (André Breton, *Premier manifeste du surréalisme*, 1924). Boileau, à l'opposé, dans son *Art poétique*, mettait en avant la nécessité du travail et de la composition rigoureuse et régulière : « Hâtez-vous lentement ; et, sans perdre courage, / Vingt fois sur le métier remettez votre ouvrage : / Polissez-le sans cesse et le repolissez ; / Ajoutez quelquefois, et souvent effacez. » Mot d'ordre classique auquel fera écho, près de deux cents ans plus tard, le « Sculpte, lime, ciselle ; / Que ton rêve flottant / Se scelle / Dans le bloc résistant ! » des Parnassiens (Théophile Gautier, *L'Art*, 1857). Nombre de recueils poétiques mettent en abyme cette double postulation de la création, la muse rebelle et le travail harassant, tels *Les Regrets* de Joachim du Bellay ou *Les Fleurs du mal* de Baudelaire. La vocation poétique est ainsi dépeinte par nombre d'artistes, depuis l'Antiquité, comme une élection paradoxale, source de mélancolie, de spleen, d'un rejet des hommes. Comme l'écrit Mallarmé, « Le poète impuissant qui maudit son génie / À travers un désert stérile de Douleurs » voit cependant *l'Azur* se lever et triompher…

Mais quelle que soit l'origine du verbe, consciente ou non, née de l'inspiration ou du labeur, le langage crée un monde, et, à son tour donne à voir, change notre perception des choses. La fameuse image d'Eluard, « la terre est bleue comme une orange », marque l'imaginaire collectif. Lorsque « les mots font l'amour », comme l'écrit André Breton, le monde se transforme. Certes l'image n'est pas le propre de

---

1. Voir chapitre 7.

la seule poésie, le roman ou le théâtre, voire l'essai, usent de cette figure, et elle ne doit pas conduire à considérer la poésie comme un genre « décoratif ». L'image est plutôt le mot en ce qu'il se « détache de ce qu'il nomme » (Aragon, *Le Roman inachevé*), donne à voir, à entendre, à sentir et à toucher, ouvre aux correspondances. Comme l'écrit Paul Ricœur dans *La Métaphore vive*, « la croyance que les mots possèdent une signification qui leur serait propre est un reste de sorcellerie, le résidu de la théorie magique des noms ». De fait, le langage poétique est symbole, à la fois arbitraire et motivé. Il est allusion intelligible, palliant le défaut des langues, pour reprendre les termes mallarméens, à la fois mot, son et image, « disparition vibratoire » :

« Je dis : une fleur ! et, hors de l'oubli où ma voix relègue aucun contour, en tant que quelque chose d'autre que les calices sus, musicalement se lève, idée même et suave, l'absente de tous bouquets. »

Stéphane MALLARMÉ *Crise de vers*.

4.3 « TROUVER UNE LANGUE » (RIMBAUD)

En somme, la poésie n'est pas représentation du réel mais **création d'une réalité différente** à travers le prisme d'une sensibilité au monde et du langage. Michel Collot (1988) définit ainsi les trois pôles qu'engage l'expérience poétique : un sujet, un monde, un langage. Le langage poétique est **interprétation de soi et du monde**, univers non objectif mais perçu. Ainsi, signifiant au-delà du seul sens des mots qui le compose, le poème repose sur le processus fondamental de la *connotation** : tout en conservant leur sens dénoté, les mots se chargent de valeurs symboliques nouvelles. Néologismes et inventions formelles se combinent avec des écritures archaïsantes, retour au sens étymologique des termes, deux manières d'investir le langage de sens nouveaux. Ainsi *Les Illuminations* de Rimbaud (1873), recueil de la modernité s'il en est, dont le titre polysémique renvoie, parmi d'autres lectures, aux enluminures médiévales. Le réel se voit ressaisi, dans un jeu entre tradition et modernité, toute métaphore puisant sa richesse dans une histoire de la langue poétique, comme le fameux vers d'Eluard, « la courbe de tes yeux fait le tour de mon cœur » célébrant tant le regard de la femme aimée que toute une histoire de la poésie pétrarquisante.

Éternelle quête formelle, dans un équilibre paradoxal, la poésie, tout en ne cessant de remettre en question ses formes, puise dans sa tradition images, codes et langage, assoit sa modernité sur son histoire. Rimbaud, dans sa fameuse *Lettre à Paul Demeny*, relevait déjà ce paradoxe, sur lequel repose la richesse comme l'**hermétisme**, parfois, de la création poétique, écrivant que la poésie, dans sa quête d'inconnu, fonde l'éternel, que l'avenir « serait encore un peu la Poésie grecque ». L'étymologie même du mot vers, du latin *versus*, participe du verbe *verto*, tourner, est bien le signe de la vocation fondamentale de la poésie à une éternelle quête d'elle-même, comme à un ressaisissement du silence en langage. En somme, la poésie est prise entre deux constats, celui de Mallarmé « La chair est triste, hélas ! et j'ai lu tous les livres » et celui de Francis Ponge, « tout reste à dire ».

5. LECTURES

5.1 JEUX POÉTIQUES

« Anne par jeu me jecta de la Neige,
Que je cuidoys[1] froide, certainement :
Mais c'estoit feu, l'experience en ay je,
Car embrasé je fus soubdainement.
Puis que le feu loge secrettement
Dedans la Neige, où trouveray je place
Pour n'ardre[2] point ? Anne, ta seule grace
Estaindre peult le feu que je sens bien,
Non point par eau, par neige, ne par glace,
Mais par sentir[3] un feu pareil au mien. »

Clément Marot, *Épigrammes*, XXIV (1528), *in* MAROT, *Œuvres poétiques*, Garnier, 1993, t. 2, p. 215.

– **Le poème comme don.** La poésie de Clément Marot est trop souvent considérée comme un élégant badinage. Or, sous les apparences d'un jeu amoureux et superficiel – le jet d'une boule de neige, métaphore de la naissance de l'amour –, le poète définit sa muse, non plus inspiratrice divine et éthérée mais jeune fille proche et familière, Anne d'Alençon, jeune dame de la cour s'adonnant ici, loin de toute étiquette, à un jeu d'enfant. Ce **dizain** fonctionne donc comme un don, la définition d'une voix et d'une inspiration, la vignette doit être lue comme un **art poétique**. Entre gravure et texte littéraire, cet emblème joue de la **métaphore**, figure centrale de la poésie amoureuse, pour faire du texte une forme de dessin. Ainsi l'épigramme – à l'origine pièce de vers qui servait d'inscription sur une tombe ou un arc de

---

1. Croire à tort.
2. Brûler.
3. En sentant.

triomphe, exprimant un vœu –, connue sous le titre de « dizain de neige », est dotée d'une fonction à la fois symbolique et esthétique. Le jeu amoureux est le prétexte d'une quête de perfection formelle.

— **Effets de formes.** Le poème s'ouvre sur la circonstance anecdotique, le jeu de neige, contrastant immédiatement avec la première impression visuelle donnée par le texte, un poème carré dans sa forme : un dizain de décasyllabes, la structure de chaque vers, en 4 + 6, venant reprendre en miroir la composition même du dizain, un quatrain (au passé) suivi d'un sizain (au présent). Ainsi, dès l'*incipit** du poème, s'instaure un contraste entre une forme savante, presque mathématique dans sa rigueur, et une énonciation simple et riante. Même jeu entre la simplicité apparente du prénom, Anne, et l'identité de cette muse, grande dame de la cour ; entre le mètre choisi, le **décasyllabe**, vers français, naturel (au contraire du noble alexandrin) et le jeu savant du dizain ; entre le jet de neige, badin et amoureux, et les jeux sonores et formels qui en découlent. Ainsi le prénom qui ouvre le poème sert de matrice sonore à l'ensemble du texte reprenant les (e) et les (a) de Anne. De même le jeu devient l'objet de **paronomases ludiques** (v. 1 : *jeu, jecta, neige* ; v. 2 : *je* ; *Anne, place, grace, glace* dans le sizain), de paragrammes (*neige/en ay je*), de rimes léonines (*jeu/ feu*). Le jeu poétique de Marot consiste à transformer une métaphore banale, héritée de Pétrarque, code de toute poésie amoureuse, en jeu savant. La naissance de l'amour est décrite dans ses étapes : une circonstance anodine, un retournement – *mais* –, une conséquence – *car* –, comme dans l'embrasement progressif de l'amoureux poète qui perd ses repères (voir les renversements de constructions syntaxiques en v. 3 et 4 qui miment le bouleversement ou l'illogique rapprochement de *cuidoys* et *certainement* au v. 2). La force d'un destin amoureux s'énonce dans des adverbes dont la lourdeur, accentuée par les rimes, vient dire la puissance (*certainement, soudainement, secrettement*). L'amour naissant provoque le jeu et l'interrogation, la recherche d'un lieu (*loge, dedans, où, trouver place*), la quête d'un espace qui sera celui du poème. Anne, de sujet du premier quatrain, devient interlocutrice, figure de l'Autre, dans le sizain. Le poète demande *grâce* (sens même du prénom Anne en hébreu et reprise phonique du prénom), échange et don en retour : Marot attend une protection de la dame honorée et célébrée, qui ici n'est pas seulement apostrophée mais mise en scène.

Réponse à *L'Art d'aimer* d'Ovide, qui conseille aux amants de pratiquer la danse et les jeux (« Pratique mille jeux ; il est honteux qu'une femme ne sache pas jouer. À la faveur du jeu souvent naît l'amour »), relecture des métaphores qui structurent le *Canzoniere* de Pétrarque, ce dizain de neige travaille un imaginaire des formes. Le jet est jeu : à la boule de neige répond un dizain, au jeu enfantin un jeu poétique, aux sens esthétiques bien plus sérieux que le simple badinage amoureux.

5.2 POUVOIRS POÉTIQUES

À la voix de Kathleen Ferrier

> « Toute douceur toute ironie se rassemblaient
> Pour un adieu de cristal et de brume,
> Les coups profonds du fer faisaient presque silence,
> La lumière du glaive s'était voilée.
>
> Je célèbre la voix mêlée de couleur grise
> Qui hésite aux lointains du chant qui s'est perdu
> Comme si au-delà de toute forme pure
> Tremblât un autre chant et le seul absolu.
>
> Ô lumière et néant de la lumière, ô larmes
> Souriantes plus haut que l'angoisse ou l'espoir,
> Ô cygne, lieu réel dans l'irréelle eau sombre,
> Ô source, quand ce fut profondément le soir !
>
> Il semble que tu connaisses les deux rives,
> L'extrême joie et l'extrême douleur.
> Là-bas, parmi ces roseaux gris dans la lumière,
> Il semble que tu puises de l'éternel. »

Yves Bonnefoy, *Hier régnant désert*, « Le Chant de sauvegarde » (1958), *in* BONNEFOY, *Poèmes*, Gallimard-Poésie, 1982, p. 159.

Célébration d'une cantatrice anglaise (1910-1953) qui connut une carrière fulgurante, ce poème de Bonnefoy est tout entier dédié à une voix « mêlée de couleur grise » à la tessiture particulière, de contralto, et à une femme disparue, dont le poète salue la mémoire. Hommage et tombeau (v. 5, « Je célèbre la voix »), le poème dépasse la voix particulière, unique, celle de Kathleen Ferrier, dont le nom n'apparaît que dans le titre, pour se faire quête d'un « autre chant et le seul absolu », « l'éternel » : celui de la poésie.

– **Intertextes**. Bonnefoy travaille en effet sur de nombreux **échos**, faisant de son texte le creuset de toute une tradition : forme poétique du tombeau, hymne aux « pays du brouillard » des *Filles du feu* de Nerval, qui ont elles aussi des voix de contralto, *cygne* (v. 11) baudelairien et mallarméen (le glaive et les brouillards sont aussi des métaphores privilégiées de ces deux poètes), correspondances de la voix et de la couleur, chanson grise de Verlaine... En somme, l'hommage à une **voix** se fait actualisation d'un **héritage poétique**, pour mieux délimiter l'espace de sa propre voix de poète, ce « vrai lieu », recherche constante d'Yves Bonnefoy. Poésie de l'entre-deux, « qui hésite » (v. 6) entre « deux rives / L'extrême joie et l'extrême douleur » (v. 13-14), ces vers sont à la fois *requiem* et chant de vie, le mouvement même du texte mimant cet envol d'un « adieu » (première strophe) vers « la lumière » et « l'éternel » des deux vers finaux.

– **Une tension**. Le premier quatrain expose l'objet de la quête, celle d'une totalité (« toute », « se rassemblaient ») au-delà des contraires (douceur et ironie, coups et silence). La poésie est saisie simultanée des contraires, rassemblement, unité des « extrêmes ». C'est en mettant vie et mort en correspondance que la poésie peut « puise[r] l'éternel », comme l'énonce le dernier vers. La forme même du poème dit ce balancement incertain vers le rassemblement, cette **hésitation** : régularité (quatre quatrains, alternance de « rimes » masculines et féminines) et irrégularité (dans le mètre qui mêle alexandrins, endécasyllabes et décasyllabes) s'apparient pour composer une manière de sonnet, irrégulier et atypique, à l'image de ces « rimes », qui sont davantage des rapprochements sonores, retrouvant la voix, « de cristal et de brume » de la cantatrice. Dans cette strophe, l'adieu, explicite au vers 2, devient le moment d'une (re)naissance, d'un surgissement poétique. Le **deuil** n'est pas absolu, il est un « presque silence », qui se fait correspondances, à travers des métaphores picturales (*lumière, voile*) ou musicales (*coups, silence*).

– **Force du chant**. La deuxième strophe transforme l'adieu en hymne, l'imparfait se mue en présent, la perte n'est qu'illusoire, les « lointains du chant » comme cet « au-delà » demeurent. Seule la femme a disparu, le chant « autre » et « seul absolu » reste, certes encore vacillant (*hésite, comme si, tremblât*), mais déjà transcendant. Cet ailleurs est chanté dans la strophe suivante, anaphore d'invocations, quadruple apostrophe, envolée lyrique unissant les contraires, comme le programmait le quatrain initial : « lumière » et « néant de la lumière », larmes et sourire, réel et irréel. Les mouvements reprennent cette figure du chiasme, unissant envol et plongée. Les *e* caducs disent le « presque silence », l'imperfection grammaticale (« comme si [...] tremblât ») figure la recherche formelle. La litanie se fait mélopée et crée, à travers un réseau d'objets poétiques, une présence incertaine. Kathleen est presque Ophélie, muse éteinte d'un ailleurs poétique trouvé dans la mort. Il revient au dernier quatrain d'affirmer cette présence/absence, cette unité paradoxale (« il semble »), cet effacement du « je » du poète en voix éternelle et absolue. La mort se fait connaissance, dépassement et ressourcement, expérience sinon mystique, du moins poétique. La cantatrice est bien muse, « tu » de l'altérité inspiratrice et initiatrice. Le temps et la matière sont effacés au profit du chant poétique qui se nourrit des correspondances comme des antithèses. La poésie est en cela tradition comme nouveauté, irrégularité formelle comme quête de perfection et d'indicible, conjuration de la mort au profit d'une présence purement poétique.

LECTURES CONSEILLÉES

ARISTOTE, *La Poétique*, Le Livre de Poche, 1990.
BOILEAU (Nicolas), *L'Art poétique*, Nouveaux Classiques Larousse, 1972.
CHARPIER (JACQUES) et SEGHERS (Pierre), *L'Art poétique* [anthologie d'arts poétiques], Seghers, 1956.
COLLOT (Michel), *La Poésie moderne et la Structure d'horizon*, José Corti, 1988.
CORNULIER (Benoît de), *Théorie du vers (Rimbaud, Verlaine, Mallarmé)*, Seuil, 1982.
GENETTE (Gérard), *Figures I*, Seuil, 1966.
GLEIZE (Jean-Marie), *Poésie et figuration*, Seuil, 1983.
GOUVARD (Jean-Michel), *La Versification*, PUF, 1998.
HORACE, *Art poétique*, Les Belles Lettres, 1989.
JOUBERT Jean-Louis, *Genres et formes de la poésie*, Armand Colin, 2003.
MALLARMÉ (Stéphane), *Œuvres*, Gallimard-La Pléiade, 1951.
MOLINO (Jean) et TAMINE (Joëlle), *Introduction à l'analyse linguistique de la poésie* (2 tomes), PUF, 1982.
PLATON, *Ion*, Les Belles Lettres, 1964.
RICŒUR (Paul), *La Métaphore vive*, Seuil, 1975.
TADIÉ (Jean-Yves), *Le Récit poétique*, PUF, 1978.
VALÉRY (Paul), *Variété*, *in* VALÉRY, *Œuvres*, t. I, Gallimard-La Pléiade, 1957.

CHAPITRE 19
L'ESSAI

1. UN HÉRITAGE AMBIGU
2. L'ESSAI COMME EXPÉRIENCE ET TENTATIVE
3. UNE QUÊTE DE SOI
4. LECTURE : ESSAI ET IDÉES

1. UN HÉRITAGE AMBIGU

L'essai est **un genre aux contours flous** dont on fait souvent un pratique fourre-tout. La tentation est forte en effet d'étiqueter « essais » ces écrits qui semblent inclassables parce qu'ils n'appartiennent pas aux grands genres reconnus de la poésie, du théâtre ou du roman. « Les écrivains donnent souvent ce nom », écrivait ainsi Pierre Larousse dans son *Grand Dictionnaire universel*, « à des ouvrages dont le sujet, la forme, la disposition ne permettent pas de les classer sous un titre plus précis, dans un genre mieux déterminé ». Cette faible cohérence générique de l'essai a son heureux revers : il est probablement le genre le plus libre de contraintes, alliance « d'une herméneutique et d'une audace aventureuse » (Starobinski, 1985).

L'étymologie du terme *essai* renvoie aux notions de **pesée** et de **tentative**. Montaigne le premier s'empara de ces significations et, s'inspirant des épîtres latines de Cicéron ou de Pline le Jeune comme des dialogues platoniciens et de la tradition du commentaire, fonda le genre en publiant ses *Essais* en 1580. C'est l'Angleterre qui poursuivit l'entreprise, par l'intermédiaire notamment de Francis Bacon, le premier à employer le terme d'*essai* pour désigner un véritable genre littéraire dans l'intitulé de ses *Essais de morale et de politique* (1592). Étroitement lié à la philosophie avec Locke ou Hume, l'essai profite de l'effervescence romantique pour, au début du XIXe siècle, se rapprocher de la littérature. Le XXe siècle, en lui confiant ses multiples interrogations, assurera par là même son essor.

L'essai apparaît en effet, dans la tradition du **genre délibératif**, comme un lieu ouvert aux idées et au débat. Texte de prose, qui n'accueille que marginalement fiction ou poésie, sans totalement les exclure toutefois, il se définit par son orientation argumentative et éventuellement polémique. Il se veut discours novateur à **visée persuasive**[1]. Son but, comme le définit Locke dans son *Essai sur l'entendement humain* (1690), est la « chasse » de la vérité. Mais il s'agira d'une vérité personnelle et que l'essayiste, se méfiant des conceptions *a priori*, s'efforcera de construire au fil de l'écriture. L'essai est la pensée en mouvement.

2. L'ESSAI COMME EXPÉRIENCE ET TENTATIVE

Ennemi de l'esprit de système, l'essai hérité de Montaigne refuse dogmatisme et pédantisme. Il tend ainsi à se différencier de la rigueur de la démonstration scientifique comme de la prétention à l'exhaustivité qui caractérise le *traité*. L'essayiste expérimente, propose des hypothèses dont il envisage l'échec éventuel. Il accepte par ailleurs de les soumettre lui-même à l'examen et à la contradiction en les doublant constamment d'un métalangage* critique. Aussi sa démarche, faisant constamment retour sur elle-même pour évaluer la pertinence de ses réflexions, tient-elle davantage du tâtonnement hésitant que de l'affirmation péremptoire. L'essai, s'il tente de débusquer la vérité, opte en effet pour une pratique heuristique du **doute**, dont le scepticisme de Montaigne a fourni le premier exemple. L'essai interroge plus qu'il n'explique ou démontre. Écrit didactique paradoxal car tiraillé entre timidité et proposition, suspension du jugement et assertion, l'essai, selon Pierre Glaudes et Jean-François Louette (1999), relève ainsi d'une pratique contrastée de la « véridicité conditionnelle ».

La **structure de l'essai** se ressent de ces tentatives, corrections et interruptions. Sauts et gambades traduisent alors le développement dynamique de la pensée de l'essayiste. Extravagance et fantaisie caractérisent en effet l'ordre d'apparition des thèmes débattus. « Que sont-ce ici aussi, à la vérité », s'interroge Montaigne, « que grotesques et corps monstrueux, rapiécés de divers membres, sans certaine figure, n'ayant ordre, suite ni proportion que fortuite ? » (*Essais*, livre I). Diderot adoptera également une telle discontinuité structurelle, en laissant dans *De l'interprétation de la nature* « les pensées se succéder sous (sa) plume, dans l'ordre selon lequel les objets se sont offerts à (sa) réflexion ». Habit d'Arlequin, l'essai n'en obéit pas moins à une forme d'ordre, mais souterrain, tout d'échos et de rappels, et incite le lecteur à relier diverses pièces abordant parfois à cent pages d'intervalle des sujets similaires.

La présentation décousue de l'essai n'est d'ailleurs pas qu'un pis-aller, mais joue un rôle pragmatique* de premier plan. Elle semble en effet reproduire fidèlement aux yeux du lecteur le surgissement, dans l'instant, de l'idée et de ses corrections succes-

---

[1] Sur ces rapports entre le genre délibératif, l'argumentation et la persuasion, voir chapitre 11.

sives. Autant dire qu'elle se veut gage de l'honnêteté intellectuelle de l'auteur, qui prétend alors ne rien dissimuler de ses réflexions et de leur enfantement parfois douloureux.

3. UNE QUÊTE DE SOI

L'essayiste, d'ailleurs, ne cherche guère à s'effacer de son texte. Bien au contraire, s'il renonce à l'exhaustivité, c'est également parce qu'il n'a que faire de la froide objectivité. L'écriture de l'essai manifeste une très forte **implication de l'énonciateur**. C'est lui qui mène l'enquête, formule ses hypothèses et en revendique à l'occasion la partialité. Il n'hésite pas non plus à animer son texte de ses sentiments, lui conférant une tonalité amusée ou indignée. S'il est en prise sur la réalité extérieure, l'essai se doit donc constamment de soumettre sa matière au prisme du moi de l'essayiste.

Là se situe, dès Montaigne, le cœur de l'essai. « C'est moi que je peins », « Je suis moi-même la matière de mon livre », annonce-t-il dès l'avertissement « Au lecteur ». L'audace de certaines affirmations des *Essais* – « J'ose non seulement parler de moi, mais parler seulement de moi » (livre II) – explique d'ailleurs le discrédit du genre à l'époque classique, farouchement opposée à toute exposition du moi de l'écrivain. Si l'essai entretient par conséquent des liens avec l'**autobiographie**, il s'en distingue par sa dynamique propre. L'essayiste ne se considère pas comme le repère stable auquel adosser son entreprise mais bien comme un objet à découvrir et à construire progressivement. L'essai n'est donc pas le récit d'une existence conçue comme totalité figée mais bien la quête d'un moi complexe et fuyant qui se donnera à lire dans les multiples réflexions qui jalonneront l'écriture. Un « connais-toi toi-même » résonne comme en écho, page après page. Si l'essai peut prétendre réconcilier l'universel et le particulier, c'est précisément grâce à cette inclination à l'égotisme. La profondeur est en effet à débusquer dans ces notations subjectives que multiplie à l'envi l'essai, et non dans l'observance peureuse de quelque *doxa**.

S'il est un discours centré sur le moi, l'essai ne saurait en revanche se réduire à une parole autistique et narcissique. Il multiplie au contraire les appels à la **participation** active du lecteur. Son imperfection même semble laisser libre cours à la réflexion de son destinataire. Il appartient en effet au lecteur de poursuivre le débat inauguré par l'essayiste en extrapolant à partir des prémisses fournies par le texte. L'essai se veut accessible, parfois proche de la simplicité de la conversation familière. Son auteur tend dès lors à se percevoir comme un médiateur. Ce n'est pas un hasard si le genre paraît ainsi lié, tout particulièrement aujourd'hui, à diverses entreprises de vulgarisation. Le « plaisir d'écrire » que Jean Starobinski (1985) affirme inséparable de la pratique de l'essayiste participe en outre d'une stratégie globale de séduction du lecteur. Pointes, paradoxes inattendus ou périodes enflammées prennent en effet le risque d'opacifier quelque peu la teneur du message pour s'assurer la bienveillance de celui que par ailleurs l'auteur n'hésitera pas, le cas échéant, à prendre directement à témoin et parfois avec violence. C'est à un « tour d'escrime » que Montaigne invitait ainsi son lecteur. L'essai, dans son orientation dialogique, partage en effet avec les discours polémiques, comme le pamphlet par exemple, cette volonté de réveiller son lecteur en l'ouvrant à l'altérité. C'est la raison pour laquelle, acte de liberté, l'essai est aussi et avant tout « un genre civique » (Glaudes et Louette, 1999, p. 163).

4. LECTURE : ESSAI ET IDÉES

« Le cercle des fragments
Écrire par fragments : les fragments sont alors des pierres sur le pourtour du cercle : je m'étale en rond : tout mon petit univers en miettes ; au centre, quoi ? Son premier texte paru ou à peu près (1942) est fait de fragments ; ce choix est alors justifié à la manière gidienne « parce que l'incohérence est préférable à l'ordre qui déforme ». Depuis, en fait, il n'a cessé de pratiquer l'écriture courte : tableautins des *Mythologies* et de *L'Empire des signes*, articles et préfaces des *Essais critiques*, lexies de *S/Z*, paragraphes titrés du *Michelet*, fragments du *Sade II* et du *Plaisir du texte*. Le catch, il le voyait déjà comme une suite de fragments, une somme de spectacles, [...] il regardait avec étonnement et prédilection cet artifice sportif, soumis dans sa structure même à l'asyndète et à l'anacoluthe, figures de l'interruption et du court-circuit. [...] Aimant à trouver, à écrire des *débuts*, il tend à multiplier ce plaisir : voilà pourquoi il écrit des fragments : autant de fragments, autant de débuts, autant de plaisirs (mais il n'aime pas les fins : le risque de clausule rhétorique est trop grand : crainte de ne savoir résister au *dernier mot*, à la dernière réplique). »

Roland Barthes, Roland BARTHES par Roland Barthes, Seuil, 1975, p. 89-90.

L'essai est friand de **réflexivité** : son mouvement même, étranger à tout dogmatisme, le pousse à interroger l'écriture qui le constitue. Or, le **fragment** s'impose comme la matrice d'une réflexion tous azimuts. Au gré de 226 fragments, Barthes aborde ainsi des sujets fort divers, de « La Fiction » à « Charlot » en passant par « Le Sexy » et des souvenirs-prétextes tels que « Quand je jouais aux barres ». Le livre s'émiette, privilégiant, selon la tradition inaugurée par Montaigne, « interruption » et « court-circuit ». À la fois proche et distinct de l'**autobiographe**, comme en témoigne l'alternance ambiguë des pronoms personnels le désignant, l'essayiste part à la recherche de cette absence qui trône au centre du « cercle des fragments » et que l'écriture rogne peu à peu : le **moi**. « Quoiqu'il soit fait apparemment d'une suite d'"idées", écrit Barthes quelques pages plus loin, « ce livre n'est pas le livre de ses idées ; il est le livre du Moi, le livre de mes résistances à mes propres idées ».

Le **dialogisme*** de l'essai en fait une chambre d'échos où résonnent et sont glosés d'autres textes : à la citation de Gide succède ainsi l'inventaire des ouvrages antérieurs de l'auteur. C'est bien, enfin, le **surgissement de l'idée** dans sa spontanéité que traduit le choix d'un fragment que Barthes, dans la même page, nomme « *rush* ». L'essai se veut la trace de ce goût des débuts, et son écriture un geste premier toujours recommencé, une proposition sans cesse relancée. L'écriture de l'essai, intimement liée – surtout chez Barthes – au désir, rechigne à conclure par un « dernier mot », une épitaphe, et opte au contraire pour une imperfection synonyme d'**ouverture** et de vie.

LECTURES CONSEILLÉES

ANGENOT (Marc), *La Parole pamphlétaire. Contribution à une typologie des discours modernes*, Payot, 1982.

DELANNOI (Gil), « Éloge de l'essai », *Esprit*, août-septembre 1986, n° 8-9, p. 183-187.

GLAUDES (Pierre) et LOUETTE (Jean-François), *L'Essai*, Hachette Supérieur, 1999.

LUKACS (Georges), « À propos de l'essence et de la forme de l'essai », *in* G. LUKÀCS, *L'Âme et les Formes* [1910], Gallimard, 1974, p. 12-33.

MACÉ (Marielle), *Le Temps de l'essai*, Belin, 2006.

MATHIEU-CASTELLANI (Gisèle), *Montaigne. L'Écriture de l'essai*, PUF, 1988.

OBALDIA DE (Claire), *L'Esprit de l'essai*, Seuil, 2005.

STAROBINSKI (Jean), « Peut-on définir l'essai ? », *Cahiers pour un temps*, Publications du Centre Georges-Pompidou, 1985, p. 185-196.

CHAPITRE 20
L'ÉCRITURE DE SOI

1. PRATIQUES AUTOBIOGRAPHIQUES
2. « CE QU'ON DIT DE SOI EST TOUJOURS POÉSIE » (RENAN)
3. ÉCRIRE POUR L'AUTRE
4. LECTURE : L'ÉCRITURE DU CORPS

1. PRATIQUES AUTOBIOGRAPHIQUES

Si le verbe « écrire » n'est pas nécessairement transitif, il implique cependant un agent, un « je » qui peut être conjointement sujet et objet de l'écriture, auteur et matière même du récit. D'une certaine manière, tout **écrivain** compose à partir de soi, de ses expériences, de sa subjectivité et l'on connaît l'affirmation de Flaubert en ce sens ; « Madame Bovary, c'est moi. » Cependant, un roman n'exprime jamais totalement son **auteur**, quels que soient les liens – biographiques ou psychologiques – que l'on peut déterminer entre Adolphe et Benjamin Constant ou Saint-Preux et Jean-Jacques Rousseau qui fit le héros de *La Nouvelle Héloïse* « aimable et jeune, lui donnant au surplus les vertus et les défauts que je me sentais ». La seule complète écriture de soi serait donc l'**autobiographie**, quelle que soit sa forme : narration rétrospective organisée (mémoires, confessions), confidences rapportées au jour le jour (carnets, journaux intimes), parfois textes poétiques (comme le « Je naquis au Havre un vingt et un février / en mil neuf cent et trois » de Raymond Queneau, *Chêne et chien*, 1937), correspondances… Une place particulière doit être réservée au « roman autobiographique » ou « autofiction* », dans lesquels le personnage, fictif, est un double de l'auteur : ainsi le « je » de la *Recherche* proustienne ou Octave, l'enfant du siècle de Musset (« pour écrire l'histoire de sa vie, il faut d'abord avoir vécu ; aussi n'est-ce pas la mienne que j'écris », *La Confession d'un enfant du siècle*, 1836). Mais si Sartre est un peu Antoine Roquentin, narrateur de *La Nausée* (1938), il est davantage Poulou, l'enfant des *Mots* (1964), dans son apprentissage de la lecture et de l'écriture.

De fait, comme l'a montré Philippe Lejeune (1975), l'autobiographie se caractérise moins par son histoire – après les deux modèles fondateurs que sont les *Confessions* de saint Augustin et *Les Essais* de Montaigne, le genre se développe au XVIIIe siècle – que par l'inscription, dans le texte même, d'un « **pacte** » se définissant par le « contrat de lecture » qu'il propose : le pacte autobiographique, véritable déclaration d'intention, pose l'identité de l'auteur, du narrateur et du personnage, et souligne que l'emploi de la **première personne** – ce que Gérard Genette (1972) appelle la narration « autodiégétique » dans sa classification des voix* du récit – rassemble trois identités de fait identiques. Cette énonciation particulière apparie le « je » du passé et le « je » du présent de l'écriture. Toujours selon Philippe Lejeune, cette « identité du nom » peut être établie de deux manières :

– **implicitement** lorsque le titre (*Histoire de ma vie, autobiographie* – G. Sand) dissipe tout doute ou que le narrateur prend des engagements vis-à-vis du lecteur dans la section initiale du texte ;

– **explicitement** lorsque le nom que se donne le narrateur-personnage dans le texte est le même que celui de l'auteur sur la couverture.

Mais il est des autobiographies sans pacte, comme *Les Mots* de Sartre qui s'ouvre sur l'histoire d'une famille, certes narrée à la première personne, avant que l'identité de ce « je » ne soit révélée par l'apparition d'un « docteur Sartre » qui a un petit-fils, « moi ». Toutefois, de toute évidence, l'identité **auteur/narrateur/personnage** est consubstantielle au genre autobiographique, le fait que le « moi » devienne objet d'écriture, personnage, soulevant par ailleurs un certain nombre de questions.

2. « CE QU'ON DIT DE SOI EST TOUJOURS POÉSIE[1] » (RENAN)

Comment parler de soi ? l'écriture de soi est une construction impliquant un dédoublement nécessaire, le déploiement d'une distance, un travail sur un « je est un autre ». Nathalie Sarraute, dans *Enfance* (1983), donne à son récit la forme même de cet écart, à travers un dialogue entre elle-même et son double : « – Alors, tu vas vraiment faire ça ? "Évoquer tes souvenirs d'enfance"… Comme ces mots te gênent, tu ne les aimes pas. Mais reconnais que ce sont les seuls mots qui conviennent […] – Oui, je n'y peux rien, ça me tente, je ne sais pas pourquoi. » Dès lors se posent la question d'une **connaissance possible de soi par soi** mais aussi celle de la part du **mensonge**, volontaire ou non, du déguisement des faits. À l'affirmation de sincérité absolue d'un Rousseau, on peut opposer la dualité signifiante d'un Sartre : « Ce que je viens d'écrire

---

1. Ernest RENAN, *Souvenirs d'enfance et de jeunesse* (1883), Préface.

est faux. Vrai. Les deux à la fois. » Car peut-on se connaître ? Peut-on raconter son propre passé sans le reconstruire ?

Image « mythique » de soi, l'autobiographie est aussi la mise en forme d'une **vision du monde**, d'un ordre cohérent. Les chapitres de toute autobiographie sont autant d'étapes dans la découverte du réel et la construction d'une personnalité. L'écriture mime un *processus*, celui de Sartre dans sa volonté de se défaire de son enfance bourgeoise de « caniche d'avenir », même s'il sait « qu'on se défait d'une névrose, on ne guérit pas de soi », celui de Michel Leiris dans l'aveu de ses fantasmes et de ses angoisses. La lecture de soi se double parfois d'un discours sur le siècle, comme dans les *Mémoires d'outre-tombe* de Chateaubriand (1850), embrassant le cours d'une vie mais aussi la fin de l'Ancien Régime, la Révolution, le Consulat, l'Empire, la Restauration et sa chute. Le **récit autobiographique** est en somme un témoignage sur soi comme sur une époque, il est le **genre de l'énonciation mixte**, juxtaposant narration et discours. Chaque récit de soi est soumis à une vision globale, à une logique, au service d'une argumentation ou d'une démonstration. L'enfance devient destin : « Le sort m'avait en quelque sorte rivé dès l'enfance à la fonction que je devais accomplir » (Renan, *Souvenirs d'enfance et de jeunesse*).

Discours sur le monde et/ou sur soi, l'autobiographie reste une vision reconstruite *a posteriori*, ce qui renforce sa **cohérence** : l'écrivain maîtrise par l'écriture ce qui peut lui avoir échappé dans la vie réelle, domine ainsi le cours d'une vie. Dans *Les Confessions*, « Rousseau » construit « Jean-Jacques », et, plus généralement, toute écriture de soi se rapproche d'un roman d'apprentissage par la découverte d'une vocation, d'un devenir écrivain. Quel que soit le registre adopté, celui de la nostalgie ou de la distanciation ironique, le style est un « écart » et implique un langage, sur soi, sur le monde, sur l'écriture. En définitive, l'écriture de soi révèle sans doute davantage le moi présent que le moi passé.

3. ÉCRIRE POUR L'AUTRE

L'écriture sur soi est d'autre part indissociable d'un dialogue avec la société, le monde et la tradition du genre autobiographique. Ainsi Sartre achevant *Les Mots* sur un intertexte ironique : « Tout un homme, fait de tous les hommes et qui les vaut tous et qui vaut n'importe qui » (paraphrasant le « si je ne vaux pas mieux au moins je suis autre » de Rousseau). Mais le dialogue qui sous-tend le récit est principalement mené avec le **lecteur**, l'autobiographie répondant à un besoin avoué, ou plus implicite, de reconnaissance. Que le lecteur soit désigné ou significativement absent (comme dans les pages liminaires de *L'Âge d'homme* de Leiris), c'est avec ce « tu » ou ce « vous » que le « je » dialogue constamment, par une pratique récurrente de l'invocation, de la justification, du commentaire ou de la prolepse*. « Je termine ici ces souvenirs, en demandant pardon au lecteur de la faute insupportable qu'un tel genre fait commettre à chaque ligne. L'amour-propre est si habile en ses calculs secrets, que, tout en faisant la critique de soi-même, on est suspect de ne pas y aller de franc jeu » (Renan, *Souvenirs d'enfance et de jeunesse*). Image de l'altérité, mais aussi de la complicité, le lecteur se voit soumis à un texte en apparence narcissique mais qui intègre l'autre à sa construction. En somme, l'auteur d'une autobiographie, être en rupture, à part, singulier sinon unique, se veut exemplaire, dans sa recherche d'un autre lui-même, son lecteur idéal.

4. LECTURE : L'ÉCRITURE DU CORPS

« Je viens d'avoir trente-quatre ans, la moitié de la vie. Au physique, je suis de taille moyenne, plutôt petit. J'ai des cheveux châtains coupés courts afin d'éviter qu'ils ondulent, par crainte aussi que je ne développe une calvitie menaçante. Autant que je puisse en juger, les traits caractéristiques de ma physionomie sont : une nuque très droite, tombant verticalement comme une muraille ou une falaise, marque classique (si l'on en croit les astrologues) des personnes nées sous le signe du Taureau ; un front développé, plutôt bossué, aux veines temporales exagérément noueuses et saillantes. Cette ampleur de front est en rapport (selon le dire des astrologues) avec le signe du Bélier ; et en effet je suis né un 20 avril, donc aux confins de ces deux signes : le Bélier et le Taureau. Mes yeux sont bruns, avec le bord des paupières habituellement enflammé ; mon teint est coloré ; j'ai honte d'une fâcheuse tendance aux rougeurs et à la peau luisante. Mes mains sont maigres, assez velues, avec des veines assez dessinées ; mes deux majeurs, incurvés vers le bout, doivent dénoter quelque chose d'assez faible ou d'assez fuyant dans mon caractère.

Ma tête est plutôt grosse pour mon corps ; j'ai les jambes un peu courtes par rapport à mon torse, les épaules trop étroites par rapport aux hanches. Je marche le haut du corps incliné en avant ; j'ai tendance, lorsque je suis assis, à me tenir le dos voûté ; ma poitrine n'est pas très large et je n'ai guère de muscles. J'aime à me vêtir avec le maximum d'élégance ; pourtant, à cause des défauts que je viens de relever dans ma structure et de mes moyens qui, sans que je puisse me dire pauvre, sont plutôt limités, je me juge d'ordinaire profondément inélégant ; j'ai horreur de me voir à l'improviste dans une glace car, faute de m'y être préparé, je me trouve à chaque fois d'une laideur humiliante. »

Michel LEIRIS, *L'Âge d'homme* (1939), Gallimard-Folio, p. 25-26.

– **Une ouverture**. Cet *incipit** débute par un **autoportrait déroutant** et semble exclure totalement le lecteur, Leiris s'adressant à un autre soi-même, comme dans un miroir. La phrase d'ouverture explicite le titre de l'œuvre : 34 ans, l'« âge viril », début de l'inscription du corps dans le temps qui passe mais aussi seuil symbolique, date post-christique qui signe l'entrée dans l'âge d'homme et, en un jeu de mots, la fin de l'âge d'or. Le texte oscille ainsi constamment entre faits authentiques (34 ans, détails physiques...) et distorsion par l'interprétation (« la moitié de la vie », astrologie...). Leiris lie **récit objectif** et **discours* poétique**, fondant le style si particulier de son écriture de soi. La sécheresse de ton, la lucidité, la banalité du vocabulaire (« avoir », « être », simples chevilles de construction) soulignent une volonté d'observation de soi quasi scientifique, sans fard, même stylistique. Les limites habituelles de la confession sont déplacées ; le mal-être naît d'un rapport gauche au corps. Les complexes physiques sont les plus difficiles à avouer. Ce seuil doit être dépassé. « Je suis de taille moyenne, plutôt petit » : l'être se réduit à la taille, laissant percer l'abjection de soi. L'isotopie* de la moyenne, de l'entre-deux, prend une connotation négative de médiocrité. Les effets de l'âge sont vécus dans la crainte et la répulsion (« calvitie menaçante »), le corps semble échapper à l'homme, les cheveux difficiles à discipliner ou les veines « exagérement saillantes » donnant l'impression que l'intérieur du corps veut jaillir, déchirer l'enveloppe...

– **Distance.** « Autant que je puisse en juger » : le *je* sujet d'étude se **dédouble** pour faire apparaître le *je* objet d'analyse, doutant de l'objectivité possible du regard de soi à soi. D'ailleurs Leiris recherche les traits saillants de son visage, les caractéristiques de son corps, ces choix étant la marque même d'une subjectivité (« front », « crâne », « mains » : il s'agit bien là de détails se rapportant à un écrivain). Le physique devient lieu, espace d'écriture, scénographie d'un malaise, d'abord sous le double signe de la ligne droite (« nuque très droite », « verticalement », « muraille », « falaise ») et de la courbe (« bossué », « veines »).

– **Distanciation.** L'astrologie vient alors **parodier le discours*** physiognomonique : à l'intersection même de la science et de la croyance superstitieuse, l'astrologie dit l'entreprise autobiographique. Leiris est un homme comme les autres (il n'est jamais que douze signes) et pourtant singulier (au croisement de deux signes) ; se lire comme un « Taureau », c'est à la fois parodier les interprétations astrologiques et mettre en abyme l'esthétique tauromachique de son œuvre... Enfin, c'est dire l'inanité de toute volonté objective dans l'écriture de soi.

Leiris nie toute valeur esthétique à son corps, soumis à une laideur quotidienne (« habituellement »), à une rougeur constante, celle de la peau, des yeux, comme de la « honte ». Le rapport au corps est de plus en plus négatif et clinique : de **banal**, il devient repoussant, abject et presque simiesque. C'est ce dégoût qu'il s'agit de rendre. Là est la seule communication, indirecte, avec le lecteur, par ailleurs absent en tant qu'interlocuteur. L'autobiographie est ainsi pour son auteur une manière de « mettre en lumière certaines choses pour soi en même temps qu'on les rend communicables à autrui ». Le regard « sans complaisance » de Leiris dissèque un corps difforme, bancal, à la limite du monstrueux. Tout masque est en effet inutile : les vêtements ne cachent rien et ne servent qu'à opérer une transition entre la médiocrité corporelle et sociale.

Les modalisateurs du texte soulignent un rapport négatif à soi. « Plutôt » pourrait même apparaître comme le résumé du texte : dire une chose et son contraire ou rechercher le juste milieu permettent d'approcher une certaine vérité de soi. Le comble du regard négatif est atteint dans les deux dernières phrases : se croiser « à l'improviste » dans le miroir apparaît comme une véritable humiliation. Redoubler ce regard dans l'écriture, se réfléchir, permettent d'espérer une opération à valeur cathartique.

Lectures conseillées

« L'Autobiographie », *Revue d'histoire littéraire de la France*, Paris, 1975, n° 6.

« Le Travail du biographique », *La Licorne*, Poitiers, 1988, n° 14.

BEAUJOUR (Michel), *Miroirs d'encre, Rhétorique de l'autoportrait*, Seuil, 1980.

GENETTE (Gérard), *Figures III*, Seuil, 1972.

GIRARD (Alain), *Le Journal intime*, PUF, 1963.

LEJEUNE (Philippe), *Je est un autre*, Seuil, 1980 ; *Le Pacte autobiographique*, Seuil, 1975 ; *L'Autobiographie en France*, A. Colin, 1998.

Magazine littéraire, Les Écritures du moi, de l'autobiographie à l'autofiction, n° 409, mai 2002.

MATTHIEU-CASTELLANI (Gisèle), *La Scène judiciaire de l'autobiographie*, PUF, 1996.

MAY (Georges), *L'Autobiographie*, PUF, 1979.

MIRAUX (Jean-Philippe), *L'Autobiographie. Écriture de soi et sincérité*, Nathan, coll. « 128 », 1996.

ROUSSET (Jean), *Narcisse romancier. Essai sur la première personne dans le roman*, José Corti, 1972.

STAROBINSKI (Jean), « Le Style de l'autobiographie », *Poétique*, Paris, 1970, n° 3, p. 257-265.

BIBLIOGRAPHIE GÉNÉRALE

Albouy (Pierre), *Mythographies*, José Corti, 1976.
Aristote, *La Poétique*, trad. M. Magnien, Le Livre de Poche, 1990.
Auerbach (Erich), *Mimésis. La Représentation de la réalité dans la littérature occidentale*, trad. C. Heim, Gallimard, 1968.
Bakhtine (Mikhaïl), *La Poétique de Dostoïevski*, trad. I. Kolitcheff, Seuil, 1970.
Barthes (Roland), *Le Degré zéro de l'écriture* [1953], « L'effet de réel » [1968], *S/Z* [1970], « Théorie du texte » [1973], *Le Plaisir du texte* [1973], in R. Barthes, *Œuvres complètes*, éd. É. Marty, Seuil (3 tomes), 1993-1995.
Bataille (Georges), *La Littérature et le Mal*, Gallimard, 1957.
Bénichou (Paul), *Morales du grand siècle*, Gallimard, 1948.
Benveniste (Émile), *Problèmes de linguistique générale* (2 tomes), Gallimard, 1966-1974.
Biasi (Pierre-Marc de), *La Génétique des textes*, Nathan, coll. « 128 », 2000.
Blanchot (Maurice), *L'Espace littéraire*, Gallimard, 1955.
Bordas (Éric), *Les Chemins de la métaphore*, PUF, 2003.
Bordas (Éric), éd., *Romantisme*, n° 148 [*Style d'auteur*], 2010.
Borgès (Jorge Luis), *Conférences*, trad. Fr. Rosset, Gallimard, 1985.
Breton (André), *Manifeste du surréalisme* [1924], Gallimard, 1985.
Cohn (Dorrit), *La Transparence intérieure. Modes de représentation de la vie psychique dans le roman*, trad. A. Bony, Seuil, 1981.
Compagnon (Antoine), *Le Démon de la théorie. Littérature et sens commun*, Seuil, 1998.
Deleuze (Gilles), *Logique du sens*, Minuit, 1969.
Derrida (Jacques), *L'Écriture et la Différance*, Seuil, 1967.
Duchet (Claude), éd., *Sociocritique*, Nathan Université, 1979.
Duchet (Claude), et Vachon (Stéphane), éd., *La Recherche littéraire : objets et méthodes*, Montréal-Saint-Denis, XYZ éditeur & PUV, 1998.
Dufour (Philippe), *Le Réalisme*, PUF, 1998.
Eco (Umberto), *L'Œuvre ouverte*, trad. Ch. Roux de Bézieux, Seuil, 1965.
Eco (Umberto), *Les Limites de l'interprétation*, trad. M. Bouzaher, Grasset, 1992.
Gardes-Tamine (Joëlle), *Pour une nouvelle théorie des figures*, PUF, 2011.
Genette (Gérard), *Figures I, II & III*, Seuil, 1966, 1969, 1972 ; *Nouveau discours du récit*, Seuil, 1983 ; *Fiction et diction*, Seuil, 1991.
Ginzburg (Carlo), *Mythes, emblèmes, traces. Morphologie et histoire*, trad. M. Aymard et al., Flammarion, 1989.
Girard (René), *Mensonge romantique et vérité romanesque*, Grasset, 1961.
Glaudes (Pierre) éd., *La Représentation dans la littérature et les arts. Anthologie*, Toulouse, PUM, 1999.
Goux (Jean-Paul), *La Fabrique du continu*, Seyssel, Champ-Vallon, 1999.

GRACQ (Julien), *En lisant en écrivant*, José Corti, 1982.
GREIMAS (Algirdas Julien), *Du sens. Essais sémiotiques*, Seuil, 1970.
GRÉSILLON (Almuth), *Éléments de critique génétique. Lire les manuscrits modernes*, PUF, 1994.
HAMBURGER (Käte), *Logique des genres littéraires*, trad. P. Cadiot, Seuil, 1986.
HAMON (Philippe), « Un discours contraint », *in Littérature et réalité*, Seuil, 1982, p. 119-181.
HAMON (Philippe), *Texte et idéologie*, PUF, 1984.
HERSCHBERG PIERROT (Anne), *Stylistique de la prose*, Belin, 1993.
HERSCHBERG PIERROT (Anne), *Le Style en mouvement*, Belin, 2005.
ISER (Wolfgang), *L'Acte de lecture. Théorie de l'effet esthétique*, trad. É. Sznycer, Bruxelles, Mardaga, 1985.
JAKOBSON (Roman), *Questions de poétique*, trad., Seuil, 1973.
JAKOBSON (Roman), *Essais de linguistique générale*, trad. N. Ruwet, Minuit, 1981.
JARRETY (Michel), *La Critique littéraire française au XXe siècle*, PUF, 1998.
JAUSS, Hans Robert, *Pour une esthétique de la réception*, trad. Cl. Maillard, Gallimard, 1978.
JENNY (Laurent), *La Parole singulière*, Belin, 1990.
KARABÉTIAN (Étienne), *Histoire des stylistiques*, Armand Colin, 2000.
KRISTEVA (Julia), *Sèméiotiké. Recherches pour une sémanalyse*, Seuil, 1969.
KRISTEVA (Julia) et GROSSMAN (Évelyne), éd., *Textuel*, n° 37 [*Où en est la théorie littéraire ?*], Publications du département « STD » de l'université de Paris 7, 2000.
MACHEREY (Pierre), *À quoi pense la littérature ?*, PUF, 1990.
MAZALEYRAT (Jean) et MOLINIÉ (Georges), *Vocabulaire de la stylistique*, PUF, 1989.
MELANÇON (Robert), NARDOUT-LAFARGE (Élisabeth) et VACHON (Stéphane), éd., *Le Portatif d'histoire littéraire*, Montréal, Publications du département d'études françaises de l'Université, 1998.
MERLEAU-PONTY (Maurice), *La Prose du monde*, Gallimard, 1969.
MESCHONNIC (Henri), *Critique du rythme. Anthropologie historique du langage*, Lagrasse, Verdier, 1982.
MESCHONNIC (Henri), *De la langue française*, Hachette, 1997.
MITTERAND (Henri), *Le Regard et le Signe*, PUF, 1987 ; *L'Illusion réaliste*, PUF, 1994.
MOLINO (Jean), « Les genres littéraires », *Poétique*, 1993, n° 93, p. 3-28.
PATOCKA (Jan), *L'Écrivain, son « objet »*, trad. É. Abrams, POL, 1990.
PHILIPPE (Gilles) et PIAT (Julien), éd., *La Langue littéraire. Une histoire de la prose en France*, Fayard, 2008.

POULET (Georges), *Les Métamorphoses du cercle*, Plon, 1961.
RABATÉ (Dominique), *Poétiques de la voix*, José Corti, 1999.
RANCIÈRE (Jacques), *La Parole muette. Essai sur les contradictions de la littérature*, Hachette, 1998.
RICHARD (Jean-Pierre), *Poésie et profondeur*, Seuil, 1955.
RIFFATERRE (Michaël), *La Production du texte*, Seuil, 1979 ; « L'illusion référentielle », in *Littérature et réalité*, Seuil, 1982, p. 91-118.
ROBERT (Marthe), *La Vérité littéraire*, Grasset, 1981.
ROUSSET (Jean), *Forme et signification. Essais sur les structures littéraires de Corneille à Claudel*, José Corti, 1962.
SARTRE (Jean-Paul), *Qu'est-ce que la littérature ?*, Gallimard, 1948.
TODOROV (Tzvetan), *Introduction à la littérature fantastique*, Seuil, 1970.
TODOROV (Tzvetan), *Poétique de la prose*, Seuil, 1971.
TODOROV (Tzvetan), *La Notion de littérature*, Seuil, 1987.
TOURSEL (Nadine) et VASSEVIÈRE (Jacques), *Littérature : textes théoriques et critiques*, Nathan Université, 1994.
WEINRICH (Harald), *Le Temps*, trad. M. Lacoste, Seuil, 1971.

GLOSSAIRE

Actance : potentialité et rôle syntaxique effectif d'une unité linguistique sur son entourage.
Actant (actantiel) : unité agissante dans la syntagmatique d'un récit, non nécessairement assimilable à un personnage (ex. : l'amour est un actant du théâtre classique, l'honneur en est un autre).
Analepse : retour en arrière.
Aspect : catégorie grammaticale par laquelle le locuteur décrit sa perception de la réalisation effective du procès.
Axiologie : manifestation langagière de toute forme de subjectivité (ex. : modalisateurs : sans doute, certainement, il faut, etc.).
Captatio benevolentiæ : en latin, « captation de la bienveillance » ; désigne tout procédé rhétorique visant à provoquer la sympathie du récepteur.
Champ : domaine restreint à l'intérieur duquel se déploient des phénomènes observables (ex. : champ lexical, champ sémantique).
Cliché : renvoie à du langagier déjà connu, identifié comme banalisé ; on distingue les clichés de langue (expressions toutes faites, ex. : « personne n'est parfait ») des clichés de style (ex. : usage d'une métaphore banalisée).
Connotation : processus d'addition de valeur(s) sémique(s) au signifié dans la réalisation du signe ; contenu secondaire d'une unité linguistique dont le plan de l'expression est déjà constitué par une dénotation.
Contexte : cadre spatio-temporel d'énonciation.
Cotexte : environnement verbal immédiat.
Déictique : catégorie linguistique de certaines unités lexicales ou grammaticales qui ne les rend compréhensibles qu'en fonction de leur situation d'énonciation (ex. : « je, tu, ici, maintenant »).
Déixis : désignation directe d'un référent par une unité langagière.
Dénotation : contenu primaire d'une unité linguistique dont aucun des deux plans constitutifs (signifiant/signifié) n'est déjà un langage.
Dialogal : relève du dialogue échangé entre deux locuteurs.
Dialogisme (dialogique) : dialogisation *interne* d'un discours produit par un seul locuteur, qui pense à d'éventuels allocutaires.
Dictum : contenu de l'énoncé (notion, représentation).
Diégèse : vocabulaire de la narratologie ; désigne le cadre de l'histoire, distinct du discours narratif.
Discours : résultat verbal concret de la prise de possession du matériau langagier par un sujet individuel.
Doxa : contenu des discours de l'idéologie d'une époque, assimilable aux lieux communs admis.

Ellipse : suppression ou omission d'une partie des signifiants de l'énoncé, non incompatible avec l'intelligibilité du message.
Énallage : figure de substitution (« nous » de majesté pour « je », présent pour futur proche, etc.).
Énoncé : produit de l'énonciation.
Énonciation : activité de mise en discours ; acte individuel de création par lequel un locuteur met en fonctionnement la langue.
Esthétique : en philosophie, science du beau dans la nature et dans l'art ; plus largement, discours sur la cohérence de la représentation artistique.
Feuilleté : métaphore pour désigner la superposition polyphonique de plusieurs discours.
Horizon d'attente : dans le vocabulaire de l'esthétique de la réception (jauss), désigne le contexte culturel du lectorat.
Hypertexte : texte de référence, par rapport auquel, ou contre lequel un autre texte s'écrit (ex. : l'*Odyssée* est l'hypotexte de l'hypertexte qu'est *Ulysse* de Joyce).
Hypotaxe : marque explicite d'une relation subordonnante.
Idiolecte : usage de la parole propre à un individu (ex. : l'idiolecte célinien, qui désigne un vocabulaire original, une diction, qui n'appartiennent qu'à Céline).
Incipit : séquence textuelle inaugurale (ex. : « Longtemps, je me suis couché de bonne heure », Proust).
Intrigue : agencement et organisation des événements fictionnels présentés dans un récit ou au théâtre.
Isotopie : effet de la récurrence discursive d'un même sème produisant dans le texte des relations d'équivalence entre les termes qui les supportent.
Item : article, unité simple.
Langage : moyen de communication utilisé par les communautés humaines ou animales. Chez les humains, la faculté de langage se réalise dans les langues.
Langue : système de signes fonctionnant comme un code, reposant sur des conventions, et pré-existant aux membres de la communauté qui l'utilisent à des fins de communication.
Linguistique : étude scientifique du langage et des langues.
Littérarité : caractère esthétique de ce qui n'appartient qu'à la littérature, et définit un texte comme *littéraire*.
Macrostructure : structure englobante, qui excède toute limite textuelle ou générique (ex. : une figure de pensée comme l'ironie est une macrostructure intellectuelle).
Mathésis : principe de connaissance et d'information.

Méta- : en grec, « qui se rapporte à soi-même » ; métadiscours : discours sur le discours, métatexte : texte sur le texte, etc.
Métaphore : figure (trope, car figure *de mot*) d'analogie, procédant par recoupements sémiques de deux unités superposées en une désignation commune.
Microstructure : structure minimale de signification, d'occurrence ponctuelle (ex. : un trope isolé).
Mimèsis **(mimétique)** : principe d'imitation guidant la représentation.
Modalité : principe de conditionnement énonciatif général, qui définit le type de la séquence verbale (ex. : une modalité jussive passe, le plus souvent, par un impératif) ; la littérature est soumise à des modalités sociales, esthétiques et autres, qui conditionnent la production du texte.
Mode : principe de classement des verbes selon les diverses façons dont le locuteur peut concevoir et présenter le procès.
Modus : manifestation linguistique de l'attitude psychique du locuteur à l'égard du *dictum* qu'il énonce (assertion, question, injonction, etc.).
Narrataire : instance réceptrice du discours narratif, inscrite dans le texte même du récit, pendant fonctionnel du narrateur et projection formelle du lecteur empirique.
Narrateur : instance productrice du discours narratif, inscrite dans le texte même du récit, pendant fonctionnel du narrataire et parfois projection formelle de l'auteur.
Paradigme : ensemble des unités qui peuvent commuter avec une unité linguistique donnée, c'est-à-dire paraître dans le même contexte (ex. : tableau des flexions d'un verbe donné comme modèle d'un groupe).
Parataxe : relation subordonnante non explicitée, ou relation coordonnante (syndétique ou asyndétique).
Paratexte : texte de présentation qui « entoure » le texte principal : préface, titre, etc.
Parole : mise en œuvre individuelle, appropriation du code linguistique qui se réalise en un discours.
Poétique : théorie *interne* de la littérature, qui rend compte du fait littéraire en tant que forme particulière de langage et de production du sens ; liée à l'étude des genres (poétique de la tragédie, poétique du récit, etc.).
Polyphonie : superposition de plusieurs énoncés à l'intérieur d'une énonciation unique.
Pragmatique : étymologiquement, caractérise tout ce qui est « relatif à l'action », et désigne toute recherche susceptible d'avoir des applications pratiques ; en lin-

guistique, étude des effets de sens et de valeur de l'énonciation : démarche selon laquelle la représentation que nous avons d'un phénomène n'est constituée que de l'ensemble des aspects pratiques de ce phénomène. Plus généralement, désigne une approche analysant les effets du texte sur le lecteur.
Prédicat : ce que le locuteur énonce à propos du thème.
Procès : signifié du verbe ; ce peut donc être, selon le cas, une action, un état, une relation, etc.
Prolepse : anticipation.
Référent : réalité extra-linguistique (effective ou fictive, concrète ou abstraite) conceptualisée par le signifié.
Rhème : vocabulaire de la grammaire textuelle ; information nouvelle dans une phrase, qui complète un thème précédemment énoncé, lequel se rattache au contexte antérieur.
Rhétorique : art du discours dans l'Antiquité, visant à rendre celui-ci le plus convaincant possible ; désigne toute la dimension volontariste et travaillée des mises en énonciation.
Scénographie : espace langagier du contexte d'énonciation.
Sémantique : étude des significations des unités de langue et de leur combinaison dans les mots, les phrases et les énoncés.
Sème : unité minimale de signification (ex. : *chaise*, quatre sèmes : « pour s'asseoir », « sur pieds », « pour une personne », « avec dossier »).
Sémiosis : principe de désignation par signes.
Sémiotique : science des signes servant à la communication, verbaux ou non verbaux.
Signe : tout objet, forme ou phénomène qui représente autre chose que lui-même.
Signifiant : face sensible (phonique et/ou graphique) du signe linguistique.
Signifié : concept de représentation à quoi renvoie le signifiant pour un locuteur et un récepteur connaissant le code de la langue.
Socialité : caractère social, c'est-à-dire collectif et historique, politique, d'un phénomène.
Sociolecte : usage de la parole propre à un groupe social (ex. : le sociolecte étudiant, le sociolecte journalistique).
Structuralisme : courant intellectuel des années 1960-1970, issu de la linguistique, travaillant à dégager les principales unités fondatrices des structures signifiantes, littérales ou symboliques.
Structure : ensemble d'unités solidaires, mais pas nécessairement interdépendantes.

***Supra*-segmental** : réalisation linguistique qui dépasse les unités segmentées par la morphologie du mot ou de la phrase pour s'étendre au-delà des ensembles ponctuels (ex. : le rythme est phénomène *supra*-segmental).

Syntagme : combinaison, sur la chaîne parlée, de deux ou plusieurs unités consécutives ; les unités s'enchaînent les unes aux autres et contractent des rapports fondés sur le caractère linéaire de la langue, qui exclut la possibilité de prononcer deux éléments à la fois.

Système : ensemble organisé par des unités qui sont interdépendantes.

Texte (textuel) : unité linguistique de support écrit correspondant à une énonciation, formant un ensemble soumis à des codes structurels de signification.

Thème : notion posée (supposée connue par référence à un énoncé préalable, ou à la situation extra-linguistique) ; ce à propos de quoi l'on dit quelque chose.

Topos : lieu commun (au pluriel, *topoï*).

Transtextualité : phénomène de changement, d'évolution, d'un support textuel à un autre (ex. : la réécriture en prose d'un texte en vers, l'adaptation d'un récit en pièce de théâtre, etc.).

Voix : unité d'énonciation identificatrice, qui inscrit la présence d'un ou de plusieurs sujets(s) à l'intérieur des instances de discours.

260063 – (II) – OSB 80° – BTT
Dépôt légal : février 2015 – Suite du tirage : juillet 2016
Dépôt légal de la 1re édition : juillet 2005

Achevé d'imprimer par Dupli-Print à Domont (95)
N° d'impression : 2016063441
www.dupli-print.fr

Imprimé en France